不忘初心　牢记使命……

领导干部的六重修为

于立志　著

LINGDAO GANBU DE
LIUCHONGXIUWEI

浙江人民出版社

目　录 contents

第三章
忠于使命，道德修养抵千金

第四章

不辱使命，当官不要想发财

第五章

肩负使命，增强本领补短板

第一章

牢记使命，坚定理想和信念

LAOJI SHIMING，JIANDING LIXIANG HE XINNIAN

不能忘记为什么出发

在人生的道路上，许多共产党人对未来充满憧憬，有自己的理想，并不是只追求衣食无忧。若想不做精神上的贫穷者，若使人生不在平庸中度过，让生命放射出光辉，首先要把理想信念作为安身立命的主心骨，作为修身立业的压舱石。树立理想是开启灿烂人生当中的首要问题。理想是人生各个时期中不可或缺的。有了明确的奋斗目标，就有了使命感，有了昂扬进取的精神状态，激发生命的活力，展现潜在的能力。

2016年7月，在庆祝中国共产党成立95周年大会上，习近平同志强调指出："走得再远、走到再光辉的未来，也不能忘记走过的过去，不能忘记为什么出发。面向未来，面对挑战，全党同志一定要不忘初心、继续前进。"① 习近平总书记从8个方面深入阐述了"坚持不忘初心、继续前进"的要求。我们共产党人的初心，就是为共产主义、中国特色社会主义而奋斗的理想信念，这是共产党人的行动指南，也是激励每个党员砥砺前行的力量源泉。

人民的利益高于一切，为谋人民的幸福而尽心竭力，是党性

① 习近平：《在庆祝中国共产党成立95周年大会上的讲话》，人民出版社2016年版，第8页。

的集中表现，是共产党人权力观的根本要求，是党员干部道德规范的本质内容。《共产党宣言》表明，马克思主义和它指导下的共产党人的初心和使命，就是为绝大多数人谋利益。党的十九大对中国共产党人的初心和使命作了集中概括、明确表述：“为中国人民谋幸福，为中华民族谋复兴。”

习近平同志提出“不忘初心、继续前进”，是一种驱动全体共产党人继续前行的莫大鼓励。我们党从成立那天起，就肩负着团结带领全党全国各族人民实现民族独立、人民解放和国家富强、人民富裕的历史任务。坚定的理想信仰，是前进的号角、力量的源泉。中国共产党人的初心和使命就是为中国人民谋幸福，为中华民族谋复兴。我们行走在实现民族复兴的征程上，要不忘初心，永远保持建党时的奋斗精神，永远保持对人民群众的赤子之心。执政党的党员们有了高远的理想和信念，把党和人民的利益置于至高无上的位置，才能欣欣向荣、蓬勃发展。

彭湃（1896—1929），出身于地主家庭，家有“鸦飞不过的田产”。他17岁时东渡日本求学，学的是政治专业。一个偶然的机会，一篇日文译本——《马克思主义学说》引起了他的极大兴趣，从此走上了一心向着共产党的路子。回国后的彭湃，抛弃荣华富贵开展农民运动，1924年加入中国共产党，带领农民减租抗税，甚至当众烧掉田契，将家中土地分给佃户。即使在大革命失败后的白色恐怖下，他还坚持深入农村发动群众，在海陆丰建立革命根据地，创建中国第一个苏维埃政权。

夏明翰（1900—1928），出身豪绅家庭，1919年在衡阳参加学生爱国运动。1921年加入中国共产党，1927年春任全国农民协会秘书长兼武汉中央农民运动讲习所秘书，还动员弟弟妹妹投身农民运动。中共八七会议后，在湖南积极参加组织秋收起义。1928年2月，在汉口被敌人逮捕。1928年3月20日，夏明翰在武汉汉口余记里被杀，时年28岁。

是什么让这些富家子弟为了穷人的幸福，不惜散尽家产，直至献出生命？列宁说："共产主义者的心，至少有一半生活在未来。"作为一群革命理想高于天的人，从不考虑个人安危与现实私利，这就是理想的召唤，这就是信仰的力量。

不忘初心，是实现中华民族伟大复兴的重要保证，是知难而进、攻坚克难的力量源泉。不忘初心，也是一种爱之深、责之切的鞭策与规范。一代代共产党人，把理想和信念熔铸在血脉之中，体现了思想的纯洁、目标的纯净、行为的纯粹。肖华创作的《长征组歌》写道："雪皑皑，野茫茫，高原寒，炊断粮，红军都是钢铁汉，千锤百炼不怕难。雪山低头迎远客，草毯泥毡扎营盘。风雨侵衣骨更硬，野菜充饥志越坚。官兵一致同甘苦，革命理想高于天。"自从盘古开天地，三皇五帝到如今，有这样的无与伦比的革命壮举吗？有如此扭转乾坤的神奇伟力吗？有这样伟大辉煌的成就吗？没有！中国的历史进入了崭新的纪元，沧桑的华表有了神圣的尊严，人民扬眉吐气，祖国春光明媚，生活欣欣向荣。

一个人主要是活在精神生活中，首先要有崇高理想和执着追求。有什么样的理想和追求，就有什么样的路径和行为。1818年5月5日，马克思诞生在德国特里尔城的一个律师家庭。早在中学时代，17岁的他就树立了为人类幸福而工作的远大志向。马克思在《青年在选择职业时的考虑》中如是说："如果我们选择了最能为人类福利而劳动的职业，那么，重担就不能把我们压倒，因为这是为大家而献身；那时我们所感到的就不是可怜的、有限的、自私的乐趣，我们的幸福将属于千百万人，我们的事业将默默地，但是永恒发挥作用地存在下去，而面对我们的骨灰，高尚的人们将洒下热泪。"马克思一生不断学习，勤奋钻研，著书立说，发现了资本主义这个"人间地狱"的秘密，构建起马克思主义思想体系，给全世界无产阶级和人类的彻底解放提供了伟大的思想武器。坚持马克思主义，要使马克思主义成为每个共产党员的坚定信仰，而且要成为大多数中国人民的信仰。

十九大党章规定：“中国共产党党员是中国工人阶级的有共产主义觉悟的先锋战士。中国共产党党员必须全心全意为人民服务，不惜牺牲个人的一切，为实现共产主义奋斗终身。”党的十九大报告开宗明义，提出不忘初心、牢记使命，对当代共产党人“从哪里来、到哪里去、为谁奋斗、怎么担当”作出了响亮回答。习近平同志在报告的开篇明确提出：“不忘初心，方得始终。中国共产党人的初心和使命，就是为中国人民谋幸福，为中华民族谋复兴。这个初心和使命是激励中国共产党人不断前进的根本动力。”[①] 如果说，“为人类福利而劳动”是马克思作出的职业选择和人生选择，那么中国共产党人正是以马克思为精神坐标，立下“始终要把人民放在心中最高的位置”的誓言，并且转化成“为人民谋幸福”的行动。

党的十九大闭幕仅一周，习近平同志就带领中央政治局常委，专程前往上海和浙江嘉兴，瞻仰上海中共一大会址和浙江嘉兴南湖红船，回顾建党历史，重温入党誓词，宣示新一届党中央领导集体的坚定政治信念。

金子永远都会发光，真理始终被人信仰。马克思以洞若观火的锐利眼光和卓尔不群的思维方式，通过《共产党宣言》号召全世界无产者联合起来，吹响了埋葬旧世界、创造新世界的革命号角。《共产党宣言》第一次对新诞生的科学社会主义学说作了最全面、最系统、最深刻、最精练、最精彩的说明，被称之为“壮

① 习近平：《决胜全面建成小康社会　夺取新时代中国特色社会主义伟大胜利——在中国共产党第十九次全国代表大会上的报告》，人民出版社 2017 年版，第 1 页。

丽的日出”。马克思诞辰200周年前夕，习近平同志又带领中央政治局集体重温《共产党宣言》，感悟和把握马克思主义真理力量。回望来时的路，正是为了永远保持共产党人的奋斗精神，永远保持对人民的赤子之心。习近平同志指出：“马克思给我们留下的最有价值、最具影响力的精神财富，就是以他名字命名的科学理论——马克思主义。这一理论犹如壮丽的日出，照亮了人类探索历史规律和寻求自身解放的道路。”①马克思主义之所以具有跨越国度、跨越时代的影响力，就是因为它植根人民之中，为人民指明了实现自由和解放的道路，揭示出人类社会的发展规律及其未来前景。

重温初心，是为了不忘初心，坚定理想信念。牢记使命，才能清醒地认识我们肩上的历史责任，才能自觉地为实现历史使命而奋斗。行走在实现民族复兴征程上的党，必须坚定不移地做到“不忘初心、继续前进”，永远保持建党时的奋斗精神，永远保持对人民的赤子之心。我们党员领导干部，所从事的职业、所承担的事业、所肩负的责任，注定与党密不可分。不忘初心，最根本的就是必须时刻牢记自己是党的人，坚定理想。理想是内心深处的追求和坚守，也是砥砺前进的不竭动力，必须把共产党人的崇高理想种在心里，不断提升理论水平和精神境界，解决好思想庸俗、思想浮躁、思想脆弱等问题，坚定政治立场，保持政治定力，锻造“金刚不坏之身”，在党爱党，在党为党，不改初衷，矢志不渝。

领导干部要自觉用马克思主义科学理论武装头脑，把理想信念建立在对科学理论的理性认同上。习近平同志指出，理想信念是共产党人精神上的“钙”，没有理想信念，理想信念不坚定，

① 习近平：《在纪念马克思诞辰200周年大会上的讲话》，人民出版社2018年版，第6页。

精神上就会“缺钙”，就会得“软骨病”。习近平同志强调，“坚定理想信念，坚守共产党人精神追求，始终是共产党人安身立命的根本”。理想和信念是党员干部从业理政之魂，能使人具有崇高的人生目的，具有高尚的情操和勇于献身的品格，在事关大局、事关方向、事关根本的原则问题上清醒坚定，思想上政治上行动上与党中央保持高度一致，才能战胜诱惑，远离腐败的陷阱。坚定理想信念，理政用权就有了正确的方向，战胜诱惑就有了钢铁屏障。

实践的观点与实践性开辟了共产主义的实践途径。理想信念是否坚定，不仅是一个思想认识问题，更是一个实践问题，要通过实践来检验，用实际行动来证明。只有树立高远的志向，做中国特色社会主义的坚定信仰者和忠实践行者，把个人的奋斗与国家的前途、民族的命运、人民的幸福结合在一起，知难而进不言难，迎难而上不畏难，破解一道又一道难题，攻克一个又一个险阻，才能在实现中国梦的伟大实践中创造自己的幸福人生。我们要尊崇党章，信守誓言，知行合一——胸怀共产主义远大目标，并把这种远大理想落实到脚踏实地、扎扎实实做好当前的本职工作上，始终保持良好的精神状态，敢于面对矛盾和问题，在答好时代之卷的过程中矢志不渝地为中国特色社会主义事业不懈奋斗。

理想抱负须坚定

如何在宝贵的人生中演绎好这首理想之歌，此乃人生的真谛。人生若要做天地间第一等人，成天地间第一等事，便必须立天地间第一等志！唯志立后，才能坚韧不拔，不达到目标，死不罢休。理想描绘出生命的曲线，增添生命的光辉。只有那些怀抱理想、奋斗不息的人，才能冲刺到人生的终点，捧回事业成功的金杯。

孔子认为“三军可夺帅也，匹夫不可夺其志”。在孔子看来，“立志”成为个体确立自我的先决条件，是个人存在的标识和依据，体现了个人的社会价值。它是人类祛除各种世俗欲望的良药，是使生命呈现旺盛而永久生机的根本原因。许多有志者都树立远大的理想。从秦末陈胜的鸿鹄之志，到杜甫的“致君尧舜上，再使风俗淳”，从陶渊明描述的没有贫富差别的“世外桃源”，到孙中山的“驱除鞑虏，恢复中华”，都反映了他们立改造天地、创造历史的第一等大志，展现了至善至美、兼济天下的理想抱负。

理想因其远大而为理想，信念因其执着而为信念。大凡有作为的人，无不具有超人一等的理想；而其行动，亦必循其理想方针向前迈进，使之配合理想目标，日益接近成功的终点。98 年前的春天，在浙江义乌分水塘村一间久未修葺的柴屋中，陈望道潜心将《共产党宣言》翻译成中文，工作时将墨汁当成红糖吃掉而浑然不觉，甚至感觉墨比糖还要甜。这，是信仰的味道。

“中山主义非无补，卡尔思潮集大成。从此天涯寻正道，他年另换旧旗旌。”这是朱德在 1926 年写的。在诗中，他还郑重表明自己的志向与追求：“我本江南一鲰生，十年从事亚夫营。身经沧海羞逃世，力挽狂澜岂为名。”马克思主义奠定了共产党人坚定理想信念的理论基础。共产主义远大理想激励了一代又一代共产党人英勇奋斗，成千上万的烈士为了这个理想献出了宝贵生命。

“龙华授首照丹心，浩气如虹烁古今，千树桃花凝碧血，工人万代仰施英。”在《忆赵世炎烈士》一诗中，吴玉章高度评价了工人运动领袖赵世炎。1927 年 3 月 21 日，上海工人举行了第三次武装起义。在武装起义中，赵世炎身先士卒，勇敢地冲锋陷阵。经过 30 多个小时的激战，起义队伍打败了军阀部队。

由于遭叛徒出卖，1927年7月2日，赵世炎不幸被捕。他受尽严刑拷打，始终坚贞不屈。他慷慨激昂地说：“志士不辞牺牲，革命种子已经遍布大江南北，一定会茁壮成长起来，共产党必将取得胜利。”7月19日，赵世炎英勇就义，把26岁的青春和满腔热血献给了革命事业。

理想的定义，是最上乘、极精美的，是止于至善、日新又新的。今天，我们尤其需要树立坚定的理想，“不能因现实复杂而放弃梦想，不能因理想遥远而放弃追求”，哪怕是面对平凡的现实，也要在内心保持一份笃定、一份坚信。列夫·托尔斯泰说：“理想是指路明灯，没有理想，就没有坚定的方向，而没有方向，就没有生活。”“有了理想和信念，石头在水上也能漂流”，此言道出了信仰的神奇力量。信仰乃是对崇高价值目标的敬仰和追求，关乎人的精神境界，关乎政党的目标指向，关乎民族的兴衰成败。美国诗人惠特曼认为，“没有信仰，就没有名副其实的品行和生命。”没有理想的人，必然少了拼搏的激情和奋斗的方向。

作为万物之灵、七尺之躯，决不该对社会无用，“生无益于当时，死无闻于后世”，首先要确立明确的人生目标：努力做出仰无愧于前辈、俯不负于后人的事情来。荣获事业的成功，永远属于具有崇高理想、坚定信念的艰苦奋斗的人们。凡是不满足现状、勇于开拓进取的为政者、专门家的日日新之业绩，无不根源于崇高理想，无一不是理想家。马克思、恩格斯曾辛辣地批判封建社会主义说，它“半是挽歌，半是谤文，半是过去的回音，半是未来的恫吓”，他们是“把无产阶级的乞食袋当作旗帜来挥舞”。“但是，每当人民跟着他们走的时候，都发现他们的臀部带有旧的封建主义纹章，于是哈哈大笑，一哄而散。”有了为之奋斗的理想和信念，能使人具有崇高的人生目的，庄严的社会责任感和历史使命感，能使人具有高尚的情操和勇于献身的品格。奥斯特洛夫斯基说得好："理想对我来说，具有一种非凡的魅力。"

坚定共产主义的理想和信念，是一代代共产党人一生中政治修养的要义，战胜艰难险阻的精神支柱，开创伟大事业的力量源泉，拒腐防变的思想武器。综观习近平同志的系列重要讲话，"理想"一词的出现频率约在百次左右。他在谈及坚持共产主义时特别强调，作为党章明确规定的内容，作为我们党一贯明确坚持的理想，我们要坚定信念，坚信它是具有科学性的。如果觉得心里不踏实，就去钻研经典著作，《共产党宣言》多看几遍。习近平同志指出："把我国56个民族、13亿多人紧紧凝聚在一起的，是我们共同经历的非凡奋斗，是我们共同创造的美好家园，是我们共同培育的民族精神，而贯穿其中的、更重要的是我们共同坚守的理想信念。"①

中国梦的提出，就是向全党全社会发出了高扬理想旗帜的战略号召。习近平同志说，共产主义远大理想和社会主义信念，是共产党人的立身之本，是我们党具有先进性的根本标志。共产党员有了这样的理想信念，站得就高了，眼界就宽了，心胸就开阔了，就能坚持正确的政治方向，科学地观察事物、判断形势，在胜利和顺境时不骄不躁，在困难和逆境时不消沉不动摇，经受住各种考验。习近平同志指出："只要我们永不动摇信仰、永不脱离群众，我们就能无往而不胜。"②习近平同志在论述理想信念问题时使用了"凝魂聚气""强基固本""返璞归真""固本培元"等词汇。

习近平同志关于坚定理想信念、坚守共产党人精神追求的重要论述，站在时代发展的高度，紧扣党员、干部的实际，思想内容丰富，观点鲜明精辟，既一脉相承又与时俱进，既言之切切又

① 习近平：《习近平谈治国理政》，外文出版社2014年版，第39页。

② 人民日报社理论部编：《深入学习习近平同志重要论述》，人民出版社2013年版，第2页。

期望殷殷，为当代中国共产党人胸怀共产主义远大理想、坚持和发展中国特色社会主义，注入了强大的动力。

理想是引航的灯塔，信念是推进的风帆。有的党员干部对党的理想信念产生了动摇，对马克思主义信仰不坚定，对中国特色社会主义缺乏信心，台上讲慷慨正义之词，台下想升官发财之路。许多事实说明，理想的动摇是最危险的动摇，信念的危机是最致命的危机，理想信念的丧失就会走错路。贪官犯罪的原因，往往是从思想上蜕化变质开始的。

实现中华民族复兴的伟大梦想，必须以崇高理想信念为支撑。有什么样的理想信念，就有什么样的执政行为。理想、信念决不是空洞、抽象的，也不是可有可无的芥末小事，而是具体、实在的，是精神生活的核心，深刻影响和制约着党员干部的思想和行为。入党誓词字字铿锵："为共产主义奋斗终身，随时准备为党和人民牺牲一切。"理想信念不论在过去、现在和将来都丝毫不能动摇。理想和信念出问题，必然招致"邪气附身"，就会出一系列的问题。

牢固树立精神支柱

共产党人最重要的党性就是坚定的理想信念。有了坚定的理念信念，就有了政治灵魂和正确方向，就在心中高高耸立起了精神支柱，让精神支柱之树在生命绿洲常青。理想信念、精神支柱比金钱、粮食更重要。一个人只要有精神支柱相伴，生命就充实就完美，活得就有质量。"志不立，天下无可成之事。"如果精神支柱倒塌，觉得极度空虚，就会出一系列问题。正如德国诗人歌德所言，人们的生活就像旅行，精神是导游者。没有导游者，目标会丧失，力量也会化为乌有。

理想，是人们对未来的向往和追求，是一个人的政治信仰和世界观、人生观、价值观在奋斗目标上的具体体现，是工作、学习、生活的根本动力，是人生的事业与生活的精神支柱。党的十九大报告指出：“共产主义远大理想和中国特色社会主义共同理想，是中国共产党人的精神支柱和政治灵魂，也是保持党的团结统一的思想基础。”

理想信念是指引人生的奋斗目标、成就人生的前进动力、完善人生的精神境界。理想信念一旦形成，就积淀为思想意识的内核，成为人的内心世界的精神支柱。为共同理想奋斗的精神支柱就是一面旗帜，同时又是一种联系人的最强有力的纽带。孙中山的“天下为公”思想，曾将多少仁人志士凝聚在争取民族独立和振兴中华的旗帜下。马克思、恩格斯的《共产党宣言》，使不同肤色、不同民族、不同语言的人们从这里找到了伟大的精神力量，为崇高的社会理想不懈奋斗、前仆后继，不惜抛头颅、洒热血。我们党之所以能够在残酷环境中生存，在艰苦奋斗中壮大，在改革开放中强盛，成为长期执政的党，正是源于共产党人对理想信念的坚守。一代代共产党人，把理想信念融入血脉，镌刻下思想的纯洁、目标的纯净、行为的纯粹。

在我们最困难的时期，共产主义的理想是我们的精神支柱。邓小平之所以能经受住“三落三起”的考验，一个重要原因是他对共产主义事业具有坚定的信念，在困难和挫折面前始终抱着乐观主义态度，不失望、不气馁，不放弃真理和信念，并为之奋斗不息。“理想因其远大而为理想，信念因其执着而为信念。”

有些人为什么开始时奋发有为、锐意进取，后来却管不住自己，思想蜕变，走进高墙铁窗？究其根本原因，是理想信念丢了，精神支柱倒了。大量事实表明，一个党员干部蜕化变质，往往始于理想信念上的动摇。一些腐败分子之所以堕落，根源就在于理想信念的丧失，精神支柱的坍塌，迷失了自我，坑害了自我。只讲索取不讲奉献，只讲人情不讲原则，只讲关系不讲党性，只讲义气不讲正气，不珍惜名誉，不珍重人格，不信马列信鬼神，不问苍生问“大师”，不树立正确的权力观、利益观，就必然会自食其果、身败名裂。

一个个违法违纪案件一再告诫我们：理想信念动摇是最危险的动摇，理想信念滑坡是最危险的滑坡。领导干部在信仰上退却一尺，就会在行动中滑出一丈，无视党的纪律和规矩，最终导致政治变节、思想变质、生活变腐、斗志变衰，形成恶劣的政治生态。志莫移，志移身必斜；眼莫花，眼花心必乱；意莫贪，意贪德必失；手莫伸，伸手必被捉！

保持思想纯洁、队伍纯洁的核心，是胸怀共产主义理想。党员干部只有在理想信念的校准之下，才能在个人利益和公共利益之间做好选择题，在能力要求和水平不足之间做好填空题，才能做好思维、行为等方面的改错题，交出一份高分答卷，人生才有不同寻常的意义。

精神支柱是政党组织、党员干部的理想信念和精神状态。坚定的理想信念是一切政党的生命所系和力量所在，一个政党生命力的强弱取决于其对理想信念的忠诚程度。共产党人政治上的清醒与坚定，行为上的高尚与廉洁，都来自崇高的理想信念。历史和现实一再启示我们，在新的历史条件下，我们要立于不败之地，不负重托，不辱使命，就必须坚守共产党人的理想信念。

“柱弱而屋坏，辅弱而国倾。”对共产党人来说，最可怕的敌人，就是失去理想信念。如果共产主义理想动摇了，中国特色社会主义信念丢掉了，在行动上失去了共产主义思想体系和中国特色社会主义理论的指导，世界观、人生观、价值观就会扭曲，精神家园就会坍塌，就不能正确地贯彻执行党的路线、方针、政策，就会目光短浅，满足现状，思想空虚，没有远大的目标追求，缺乏高尚的精神境界，精神萎靡不振，缺乏开拓创新的动力和活力，失去对事业对生活的追求，就会有太多的眼前利益，缺乏无私奉献的品格。正确的东西没有去占领，错误消极的东西就会乘虚而入，甚至会导致思想道德失落，精神支柱崩溃。江苏省海安县农业委员会原主任郑华在忏悔书中剖析自己腐败堕落的原因时说："慢慢地，我工作中的激情减退了，认为只要把上级领导交代的事情做好就行了，人生的理想缺失了，认为主义是空的，现实是真的，钞票是实的，享受是应该的。"党的领导干部在任何时候、任何情况下都不能动摇共产主义理想和中国特色社会主义信念。如果发生了动摇，就会改变前进方向，丧失精神动力。

经过长期努力，中国特色社会主义进入了新时代。我们正处在实现"两个一百年"奋斗目标的历史交汇期，第一个百年目标要实现，第二个百年奋斗目标要开篇。我们应当经常反省自身，在理想信念问题上做愚公不做叶公，始终不渝地高举中国特色社会主义伟大旗帜，坚定道路自信、理论自信、制度自信、文化自信。"要依靠文化自信坚定理想信念"，用中华优秀传统文化、革命文化、社会主义先进文化铸牢理想之魂。要在大是大非面前保持高度的政治警觉，不为各种错误观点和干扰所左右，政治信仰不变，政治立场不移，政治方向不偏，全身心地为实现共产主义理想而奋然前行，始终为党尽职、为民造福。

理想使奋斗生辉

为共同理想奋斗是人们建功立业的精神力量，伟大的目标可以产生为社会尽责的精神动力。因此，树立科学的社会理想和恰当的个人理想，必将激发建功立业的动力。共产主义远大理想和社会主义信念，是共产党人的立身之本，是我们党具有先进性的根本标志。有了理想化为信仰，有了方向和动力，就一定能成功。

最近热播的电视剧《初心》，生动刻画了甘祖昌的感人事迹。他戎马半生荣膺将军之衔，却主动放弃大城市的生活，回到故乡当农民，带领乡亲拔穷根。他淡泊名利、为党为民，真正做到了“共产党人不能享清福，要艰苦奋斗一辈子”，因而被世人永远铭记。如果说人生是小舟，那么理想就是引航的灯塔，信念就是推进的风帆。没有理想信念的人生，就像失去了方向和动力的小船，在生活的波浪中随处漂泊，甚至会沉没于急流险滩。

习近平同志在2018年1月5日学习贯彻党的十九大精神研讨班开班式上发表重要讲话强调，不忘初心，牢记使命，就不要忘记我们是共产党人，我们是革命者，不要丧失了革命精神。昨天的成功并不代表着今后能够永远成功，过去的辉煌并不意味着未来可以永远辉煌。时代是出卷人，我们是答卷人，人民是阅卷人。要实现党和国家兴旺发达、长治久安，全党同志必须保持革命精神、革命斗志，勇于把我们党领导人民进行了97年的伟大社会革命继续推进下去，决不能因为胜利而骄傲，决不能因为成就而懈怠，决不能因为困难而退缩，努力使中国特色社会主义展现更加强大、更有说服力的真理力量。

职务的提升，权力的增大，理想信念也不是随之自然地增强。理想和信念出问题，也就动摇了共产党人的根本政治立场，就必然会偏离正确的政治方向，就会出一系列的问题。从功臣到罪人，往往只一步之遥；从公仆到贪官，往往也仅一念之差，而这个“念”就是理想信念，理想信念动摇了，追求和行为必将随之变化。

不讲共产主义，不信共产主义，哪有共产党员的气味？丧失了理想信念，就会丧失立身之本，就会造成理念上糊涂，政治上动摇，最终导致经济上变质，蜕化堕落。一些领导干部思想导向、奋斗方向、价值取向发生嬗变，理想和信念出问题，必然招致“邪气附身”，经不住权力、金钱、美色的考验，就会出一系列的问题。

习近平同志在党的十九大报告中庄严宣告，中国共产党人的初心和使命，就是为中国人民谋幸福，为中华民族谋复兴。今天，我们不忘初心、牢记使命，从根本上说，就是不能忘记人民是我们的衣食父母，始终把以人民为中心作为一切工作的出发点和落脚点，把坚持党的根本宗旨作为一切行动的基本准则。总书记强调，没有远大理想，不是合格的共产党员，离开现实工作而空谈远大理想，也不是合格的共产党员。他充满信心地指出，只要我们毫不动摇坚持和发展中国特色社会主义，就一定能实现奋斗目标。他说：“一个不图私利，不图清福，只图为社会、为人民多做贡献，为共产主义理想而奋斗的人，在领导岗位上，即使工作苦些、累些，他的心里也是充实的，这种充实感对他来说就是一种无穷的乐趣。”①

十九大新党章第三十六条规定：党的各级领导干部必须“具有共产主义远大理想和中国特色社会主义坚定信念，坚决执行党的基本路线和各项方针、政策，立志改革开放，献身现代化事业，在社会主义建设中艰苦创业，树立正确政绩观，做出经得起实践、人民、历史检验的实绩”。理想使奋斗生辉，追求使人生更美。信仰需要仰视而守，更需俯身而行。只要我们坚守理想信念，忠诚地践行党的纲领，坚定对中国特色社会主义的理论自信、道路自信、制度自信、文化自信，始终不渝地为崇高的事业而奋斗，就一定能形成排山倒海、无坚不摧的磅礴力量，开创更加辉煌、更加美好的未来。

---

① 习近平：《摆脱贫困》，福建人民出版社 1992 年版，第 29 页。

共产主义理想信念具有崇高性，但是这种崇高性并不像有的人所理解的那样高不可攀。把理想转变成现实的中介是实践。只有把树立共产主义理想和信念同建设中国特色社会主义的目标结合起来，在本职工作中创造佳绩，才是对共产主义理想忠诚的表现。我们应当牢记自己在鲜红的党旗下的宣誓，用行动实践自己的庄严誓言。应当经常问一问自己：加入共产党是为什么，当干部应当做什么，将来身后留点什么？审视自己理想信念的坚定性，学习习近平新时代中国特色社会主义思想，践行社会主义核心价值体系，牢固树立正确的世界观、人生观、价值观，立鸿鹄之志，养浩然之气，提高人文素养，升华精神境界，正确看待权力、地位、名利，把个人的前途与祖国和民族的命运连在一起，把个人的工作与中国特色社会主义伟大事业连在一起，把人生的亮点展现在中华民族的伟大复兴中，为推进新时代党的事业作出应有贡献。

世间“忠”为何物

我们从圣贤的竹简中，拜读忠诚的价值；我们从英雄的佳行中，感受忠诚的高尚；我们从公仆的故事里，品味忠诚的魅力。忠诚是一个人非常重要的品质。“忠诚所感金石开，勉建功名垂竹帛。”——忠诚能够感动金石那样坚硬的东西，能勉励自己建功立业，名垂青史。

忠诚胜于能力，忠诚可以受益终生。凡是心智不盲、想做出一番事业的人，都应重视忠诚、培养忠诚，忠于党、忠于国家、忠于人民。忠诚，在人类所有的高贵禀性中，无疑更有价值。忠诚，向来是中华民族无上的至德，是立身于世的根本，是执政为民之瑰宝。忠诚之人的名字会更具含金量，更能受到周围的人信任、容纳。不管在哪个朝代哪个社会，这种忠诚品质始终弥足珍贵。

竭忠尽瘁，是中华传统文化推崇的一个极其重要的道德要求和价值取向。“忠诚”是古之贤者一生追求的重要品质。“夫忠而能仁，则国德彰；忠而能智，则国政举；忠而能勇，则国难清。故虽有其能，必由忠而成也。仁而不忠，则私其恩；知而不忠，则文其诈；勇而不忠，则易起乱。是虽有其能，以不忠而败也。”“天下至德，莫大乎忠”（《忠经》），即看人之大节，识官之大德，关键是看忠诚，把忠于信仰、忠于国家、忠于人民作为必备的政治品质和毕生操守。“忠”是儒家处理人际关系的基本原则之一。孔子提出：“君子行事以忠信为主。”曾子认为孔子一以贯之的道是“忠恕”。《论语》提到“忠”这一道德规范共有15次。孔子的学生子路向老师请教如何为政，得到的回答是：“居之无倦，行之以忠。”在位时不要疲倦懈怠，执行政令要忠心耿耿、尽心竭力。人要做到至公无私、始终如一、竭诚尽责就是“忠”的表现。至贵至重的历史文化，除去了忠勇的事迹，其分量定然大为减轻。对党绝对忠诚，要害在“绝对”两个字，就是唯一的、彻底的、无条件的、不掺任何杂质的、没有任何水分的忠诚。

“精忠报国”成为岳飞终生遵奉的信条。岳飞的抗金斗争，是一场反对外族入侵的正义战争。岳飞的脑子里装满了国家、民族、百姓，没给自己留下一点点位置。岳飞功劳很大，住宅却极其简陋。他谢绝高宗为他建造宅第，与许多官员争相建造豪宅形成鲜明对比。他引用霍去病的话来作为解释：“北虏未灭，臣何以为家？”满朝君臣为之感动。

忠诚是中华民族永不褪色的传统美德。忠诚是一种职业道德，更是一种高尚品格。马融认为，忠诚是人性中最光辉的一面，“天下至德，莫大乎忠”。古往今来，无论做官，还是为人，忠诚都是一种值得敬佩的品质。令人难忘的忠义之士，被一个个历史故事竞相传颂，被一代又一代人奉为楷模。

忠诚是一种发自内心的情感，服从内心的信仰与信念，尽心竭力为国家、为集体、为群众多做好事。陆逊是三国时期的军事家、政治家，历任吴国大都督、上大将军、丞相。忠诚是陆逊成长无烦恼的秘诀之一。《三国志》作者陈寿谈到陆逊为国尽忠时，颇为动容。“人无忠信，不可立于世”（北宋理学家程颐）。文天祥在国家和民族危难之时挺身而出，视死如归，用生命书写“人生自古谁无死，留取丹心照汗青”，是忠诚的最好诠释。历代仁人志士所处的历史时代不同，但都以自己的行为作出响亮的回答。

忠诚是一种操守，也是一种坚守，俯仰立信于天地，行止无愧于良心，扛住压力，抵制诱惑。忠诚这一品德、品格、品行，是一种高于云天的信念。朱德早年参加了反清革命的同盟会。他在滇军中由少尉排长干起，在讨袁和军阀混战中一直升至少将旅长，名震川滇，但是他对黩武争权深感厌倦，于是主动离开月收入大洋数以千计的滇军。不久，朱德千里迢迢从云南赴上海，找到陈独秀，提出加入中国共产党：“如果为了个人的享受，我就不会来找共产党了，我可以回到军阀部队中去，可以成就个人的功名利禄，但我正因为要抛弃这些，为国家和民族的利益而奋斗，所以，我才选择了共产党！”尽管这次朱德被拒之门外，但是他没有失望，以一颗忠诚之心跨出国门到德国柏林，找到了旅法党支部负责人周恩来，最终才成为一名共产党员。

忠诚是古今中外所有民族、政权、政党极为珍视的、至高至上的政治品质。中国共产党从来都把忠于人民、忠于祖国等作为自己的基本立场和执着追求。叶剑英在革命处于危急关头时，不考虑个人安危，英勇斗争。1935 年 9 月 8 日，张国焘对抗中央北上的决定，背着朱德等同志给他的心腹陈昌浩发了一份密码电报，命令右路军南下，企图分裂红军和党中央。电报来时，陈昌浩正在一个政治会议上发言，电译员译完电文即交给了参谋长叶剑英。叶剑英看了电文，预感事态严重，于是借口去厕所，离开会场，把电报交给了毛泽东。9月10日凌晨2点钟，毛泽东率红三军突然离开周围驻有张国焘两个军的危险地区，快速北上，胜利到达陕北。有一次毛泽东高度赞扬叶剑英："他救了党，救了红军，救了我们这些人。"

忠诚不是"迂腐"，而是一种品质，一种责任，更是一种美德。忠诚是党员干部的根本操守，也是一种坚守，俯仰立信于天地，行止无愧于良心，扛住压力，抵制诱惑。黄林华在《忠诚之心　人之大德》一文中，讲述了在陈云故居的现场教学中，他心灵受到的震撼：1938年，33岁的陈云与19岁的于若木在延安结为伉俪。结婚那天，于对陈说：从今天开始，我就完全属于你了，你可不能骗我啊！在这以后漫长的人生岁月中，战乱与和平、得志与失意、操劳与赋闲、坎坷与辉煌，复杂而又固执地编织着陈云的一生。但无论圆缺阴晴抑或风霜雪雨，陈云与于若木相濡以沫，终生如一。陈云弥留的时候，对于若木断断续续地吐出了四个字："我——没——骗——你！"从这个细节中，我看到了这位革命家的一颗忠诚之心。它让我更加深刻地理解了在许多与党、国家、民族命运攸关的历史时刻，面对义与利、是与非时，陈云所作出的选择……一言以蔽之，"忠诚"而已焉！

"对党忠诚"，这是每个党员入党时面向党旗进行入党宣誓时的庄严承诺。忠诚是一个人的品质，不二其志、不讲条件、不求回报、尽职尽责、坦率诚信、忠贞不渝、光明磊落。自中国共产党诞生后的战争年月，无数共产党人浴血奋战，视死如归。方志敏对党和革命事业的赤胆忠心，令人肃然起敬。江姐面对敌人的严刑拷打，坚贞不屈，"你们可以打断我的手，杀我的头，要组织是没有的”，“竹签子是竹子做的，共产党员的意志是钢铁铸成的”，这是何等的忠诚！新中国成立以来，成千上万的英雄模范，哪一个不是一腔赤胆，不是无限忠诚？忠诚是一种操守，也是一种坚守，可以扛住压力，抵制诱惑。它是一种不求回报的境界，而不是拿来沽名钓誉的工具。

“天下至德，莫大于忠。”党员领导干部忠诚于党，这是政治要求、态度立场，也是明大德之理。要做到在政治上不迷茫，思想上不偏向，是非上辨得清，始终保持头脑清醒，旗帜鲜明；在大风大浪面前，始终保持坚定立场，笃志躬行；在各种诱惑面前经得起考验，始终坚如磐石。武汉市委原常委、组织部长杨汉军把工作当学问、把职业当事业，迎难而上、追求卓越，常常放弃节假日休息，深入基层摸实情，咬定目标求实效，是一位名副其实的“拼命三郎”。杨汉军从不利用职权之便为自己谋取私利。在干部的选拔使用上，他始终坚持公道正派，从不搞厚此薄彼，不分亲疏远近，不看关系背景，真正让干部口服心服。

“亚忠诚”是处于忠诚与不忠诚之间的一种状态，犹如人身体的“亚健康”。有的党员、干部对党不忠诚，不信马列信鬼神、不为苍生只为己，把马列当作门面用，置党和人民利益于不顾；有的当两面派，善于表演作秀，说一套做一套、当面一套背后一套，“对党只说三分话，不可全抛一片心”；有的在部门利益和全局利益发生冲突时，往往是部门利益至上。有的口头上讲政治、顾大局，口头上叫得响，心里却不认同。有的人把忠诚当成口号，却不能言行一致，这是因为他没有从内心中把握忠诚。“人无忠信，不可立于世。”一个失去了忠诚的人，就失去了人们对你最根本的信任，最终怎么会有好结果呢？因此，不要为自己所获得的暂时利益沾沾自喜，因为你失去的可能远比获得的多，而且你所获得的东西可能最终还不属于你。

党员、干部要在千帆竞发的新时代洪流中，绝对忠诚于党和党的事业，政治品格、政治操守必须体现到实践中、落实到行动上。党的十九大报告指出："全党同志特别是高级干部要加强党性锻炼，不断提高政治觉悟和政治能力，把对党忠诚、为党分忧、为党尽职、为民造福作为根本政治担当，永葆共产党人政治本色。"党员干部要坚决维护以习近平同志为核心的党中央权威和集中统一领导，始终与党同心同德、同向同行。筑牢忠魂、勇于担当，时刻牢记第一身份是党员，第一职责是为党工作，严格履行党章规定的对党忠诚老实的义务，以实际行动诠释对党忠诚。对党的忠诚度必须是百分之百的，只有绝对，没有相对；只有一心，没有二心。"维护党的团结和统一，对党忠诚老实，言行一致，坚决反对一切派别组织和小集团活动，反对阳奉阴违的两面派行为和一切阴谋诡计"，这是党章规定的党员必须履行的义务。这就要求党员、干部必须与党同心同德、心心相印，决不阳奉阴违、口是心非，搞两面派、做两面人。

笃敬忠诚，首在服从。全党服从中央，就是要以服从形成制度约束，保证上行下效政令畅通。服从与盲从是两回事，盲从的客体是领导个人，出发点是个人利益。毛泽东就曾在《反对本本主义》中指出："盲目地表面上完全无异议地执行上级的指示，这不是真正在执行上级的指示，这是反对上级指示或者对上级指示怠工的最妙方法。"笃敬忠诚，不是单纯的知恩图报，不是盲目迷信和崇拜，而是忠于真理，忠于人民，忠于国家，忠于事业，敢想敢干，敢抓敢管，为了真理、为了事业义无反顾、无怨无悔。忠诚具有无私的奉献精神，主动追求卓越，总是尽最大努力把工作做得尽善尽美。

忠诚与否、忠诚的程度如何，是衡量履职尽责状况的标尺。"石可破也，而不可夺坚；丹可磨也，而不可夺赤。"忠诚是一种操守，是一种人格修养，更是一个人至高至上的品质，只有忠诚的人才会忠贞不渝、坦坦荡荡、光明磊落，才会不断提高、完善自己。忠诚是做人做事的基本立场，坦率诚信地与他人合作，真心实意地与他人相处，创造良好的可信的人际关系，给我们的工作和生活带来快乐。

忠诚履职的人，敢于从客观事实中引出正确结果，而不是违心地裁剪客观事实；敢于为真理鼓与呼，为正义论和争。特别是当客观实际与领导意图发生矛盾的时候，坚持说真话，是为是，非为非，有喜报喜，有忧报忧，抓住关键，抓住本质，决不隐瞒自己观点，不看领导眼色行事，不顺着领导的杆子爬。在大是大非面前旗帜鲜明，在风浪考验面前无所畏惧，在各种诱惑面前立场坚定，坚决抵制形形色色的否定、削弱、淡化党的领导的言行。

创造政绩是为了群众福祉，还是为了自己积攒政治资本，是衡量领导干部是否忠诚履职、正确对待群众、正确对待组织的试金石。是干事，还是作秀、折腾，要经过实践的检验，也要听听群众的评点。树政绩，是为群众谋利益，它应是帮群众所需、解群众所难、急群众所急，造福于民的实际行动，是群众看得见、摸得着、身受其惠的实事和好事。有的领导干部只重自己“政绩”，甚至只是为个人保官、升官、发财，热衷于上大项目、大工程，大投入小产出，盲目决策，劳民伤财，出现“前任建、后任拆”“新官不理旧账”的问题，被群众讥讽为“乱规划，天天挖，天天扒”；有的工程是后任不接前任“岗”，“一个将军一道令”，导致半拉子“政绩工程”。应树立“为人民群众创造政绩”的观念，对党和人民高度负责，而不以个人的进退荣辱为怀。

习近平同志在2018年新年贺词中指出，“以造福人民为最大政绩，想群众之所想，急群众之所急，让人民生活更加幸福美满。”[①] 共产党人的政绩只能来自为人民谋福祉，只能出自让群众看得见、摸得着、得实惠的实事，出自为后人作铺垫、打基础、利长远的好事。要保持革命精神、革命斗志，以“功成不必在我”的精神境界和“功成必定有我”的历史担当，在实现“两个一百年”奋斗目标、实现中华民族伟大复兴中国梦的新征程上努力创造无愧于时代的新业绩，决不能因为胜利而骄傲，决不能因为成就而懈怠，决不能因为困难而退缩。

习近平同志在参加十三届全国人大一次会议山东代表团审议时，强调领导干部干事创业“功成不必在我”，指出这并不是消极、怠政、不作为，而是要牢固树立正确政绩观，既要做让群众看得见、摸得着、得实惠的实事，也要做为后人作铺垫、打基础、利长远的好事，既要做显功，也要做潜功，不计较个人功名，追求人民群众的好口碑、历史沉淀之后真正的评价。“功成不必在我”告诫我们，共产党人创造政绩必须按客观规律办事，不可急功近利，拔苗助长，大搞劳民伤财的政绩工程，表面上政绩显赫，实则难以善终；要做为后人作铺垫、打基础、利长远的好事，才能创造出经得起实践检验、历史检验和人民检验的政绩。

忠诚是共产党人坚强党性的牢固支点，是一种高于云天的信念，是立人之脊梁，立事之规矩，是一种崇高的境界。忠诚是发自内心的情感，能在逆境中昂扬，在寂寞中坚守。十九大党章第三十五条规定：“党的干部是党的事业的骨干，是人民的公仆，要做到忠诚干净担当。”忠诚胜于能力，忠诚可以受益终生。没有忠诚，便没有成功。

忠诚是每个人必须具备的品德，是党员干部必备的政治品质，是一种统帅其他能力的核心。党员干部要始终做到忠诚于党，忠

① 习近平：《习近平主席新年贺词（2014—2018）》，人民出版社 2018 年版，第 5 页。

诚于人民，融入思想，见于行动，不掺任何杂质，没有任何水分。团体会因你的忠诚而不同，事业会因你的忠诚而添彩。忠诚，已成为衡量领导干部思想素质和政德水平高低的重要标准。忠诚会有忠诚的回报。忠诚这一道德规范和价值取向，赢得了组织和群众的信任，为你自己创造了好形象、好名声，使你拥有“无形资产”，让你的才华有一个施展的天地，有了可持续发展的前途。

忠诚是共产党人砥砺前行的座右铭，表现为忠于职守、默默耕耘的品格。对党忠诚，体现在态度和表象上，而且是由衷的、真诚的，体现在思维方式、行为方式和心理活动上。对党忠诚，就能出淤泥而不沾染、临诱惑而不动摇，遇迷雾而不迷失，体现了鞠躬尽瘁、死而后已的精神，能给人以信赖感。

讲政治：共产党人鲜明本色

讲政治，是党的优良传统和独特优势，是确保党和人民的事业沿着正确方向前进的根本保障，是党保持马克思主义执政党本质属性的有效路径，是解决党内突出问题的必然要求。旗帜鲜明讲政治，坚定推进党的政治建设，是马克思主义政党的本质特征，是保持党的政治生机和活力的重要法宝，是加强党的政治建设的根本遵循。旗帜鲜明讲政治是习近平党的政治建设思想的重要内涵，具有鲜明的时代特点、深远的理论意义和重大的现实意义。

在新的历史起点上，讲政治是推进伟大斗争、伟大事业、伟大工程、伟大梦想的力量源泉和根本保证。列宁指出：“一个阶级如果不从政治上正确地看问题，就不能维持它的统治，因而也就不能完成它的生产任务问题。”毛泽东曾多次告诫全党，不注意思想和政治，成天忙于事务，就会成为迷失方向的经济家和技术家，很危险。

有人问邓小平“长征是怎么过来的”，他回答：“跟着走！”短短三个字，道出了共产党人的政治觉悟。领导干部在党内和社会上处于重要位置，是“关键的少数”，必须牢固树立政治理想，正确把握政治方向，坚定政治立场，坚持政治站位，履行政治责任，把党在每个阶段的主张和当地实际情况结合起来，勇于担当，履职尽责，担当好使命。

讲政治是共产党人的鲜明本色。讲政治，是我们党补钙壮骨、强身健体的根本保证，是我们党培养自我革命勇气、增强自我净化能力、提高排毒杀菌政治免疫力的根本途径。习近平同志在党的十九大报告中指出，旗帜鲜明讲政治是我们党作为马克思主义政党的根本要求。什么时候全党讲政治、党内政治生活正常健康，我们党就风清气正、团结统一，充满生机活力，党的事业就蓬勃发展；反之，就弊病丛生、人心涣散、丧失斗志，各种错误思想得不到及时纠正，给党的事业造成严重损失。重视提高党员的政治觉悟，确保党员干部既葆有对党的事业的忠诚，又明晰以身许党许国的使命担当，是新时代推进党的建设伟大工程的重要意涵。

正确的政治方向和政治观点、坚定的政治立场、严格的政治纪律、丰富的政治经验、敏锐的政治鉴别力，内化为一个人的政治素养，使自己的政治能力与担任的领导职责相匹配，也就是我们通常所说的“讲政治”。不讲政治，就容易当政治理想上的“糊涂虫”和政治方向上的“墙头草”，会犯政治错误，甚至走向政治蜕变。党员、干部必须把讲政治作为第一位的要求，固政治之本、强政治之能。要自觉做政治上的明白人、老实人，遇事多想政治要求、办事多想政治规矩、处事多想政治影响。

讲政治不是空洞说教，而是具有现实针对性的问题导向；不是一时一地的，而是一以贯之的。不是老调重弹，而是党的建设的长期任务，使我们的党能够带领人民成功跨过“中等收入陷阱”“修昔底德陷阱”“塔西佗陷阱”等艰难险阻，努力实现中华民族伟大复兴的中国梦。对党员干部来说，落实讲政治的要求，最根本的就在于讲党性，提高政治觉悟。在守纪律、讲规矩上当先锋、作表率，做到政治信仰不变、政治立场不移、政治方向不偏。在牢固树立政治意识、坚持政治路线、强化政治特性、严明政治纪律、保持政治定力等方面切实把旗帜鲜明讲政治落到实处。

讲政治是党员干部的首要素质和立身之本。讲政治、有信念是“四讲四有”合格党员第一位的标准。必须牢固树立政治理想，把握政治方向，增强政治意识、大局意识、核心意识、看齐意识，在提高政治站位上作表率。就是对党绝对忠诚，“心中有党、心中有民、心中有责、心中有戒”，坚决同以习近平同志为核心的党中央保持高度一致而不另搞一套，坚决贯彻落实党中央各项决策部署，做到党中央提倡的坚决响应、党中央决定的坚决执行、党中央禁止的坚决不做。如实向党反映和报告情况，反对搞两面派，反对弄虚作假、虚报浮夸，反对隐瞒实情、报喜不报忧。服从组织而不讨价还价。

习近平同志反复强调，党员干部特别是领导干部要严守政治纪律和政治规矩，并告诫和警示党员干部，在政治上出问题，对党的危害不亚于腐败问题，有的甚至比腐败问题更严重。一些党员干部腐败堕落的深层次原因，其中最主要的是不讲政治。作为一名共产党员，要时刻保持清醒政治头脑、明确清晰政治观点、正确把握政治方向、坚定站稳政治立场。必须以高度的思想自觉、严格的政治要求、执着的表率行动讲政治，把讲政治常态化具体化，不为歪风所惑、不为暗流所动，“乱云飞渡仍从容”，始终坚守对马克思主义的信仰、对中国特色社会主义和共产主义的信念，严格遵守政治纪律，加强政治历练，使自己在政治上成熟，自觉抵制资产阶级腐朽思想和封建主义思想的侵蚀，筑牢拒腐防变的思想政治防线，保持先进性。

第二章

践行使命，总为人民谋幸福

JIANXING SHIMING，ZONGWEI RENMIN MOUXINGFU

心有人民　方得始终

孟子有言："民为贵，社稷次之，君为轻。"汉朝刘向曾说："善为国者，爱民如父母爱子、兄之爱弟，闻其饥寒为之哀，见其劳苦为之悲。"只顾个人欢乐，只能得到一时之乐，只会脱离民众。北宋张横渠曾说："为天地立心，为生民立命。"这种民本思想是传统文化中的宝贵元素，我们应当继承、发扬。

古代的圣贤从来不认为自己有什么了不起，心里总是想着老百姓。《礼记》第二十七章中说："古之为政，爱人为大。"大意是说，古人治理国家，把关心百姓看作最重要的事情。《论语·雍也篇》载，樊迟请教孔子什么叫聪明。答曰："务民之义，敬鬼神而远之，可谓知矣。"用现代语翻译就是，一个人活着要为民众着想，为民众谋利，为民众奉献。

屈原生活的时代，正是七雄相争并峙的战国后期。楚国自从被秦国打败后，丢失了汉中大片土地，一直受到秦国欺负。屈原见百姓受到战争灾难，十分痛心。他在《湘君》中写道：我哀怜着人民的生活多么艰苦，我长叹息禁不住要洒眼泪。他劝怀王爱护百姓，任用贤能，得到怀王的信任……

康熙是民本思想的倡导者和躬行者，他强调治国安邦以民为本，与民休养生息。《清圣祖实录》第151卷中康熙如是说："守国之道惟在修德安民，民心悦则邦本得，而边境自固，所谓众志成城者是也。”康熙从民本思想出发，轻徭役、薄税赋，鼓励农业种植，凡垦荒三年者免税；废除贵族的特权，还地于民。康熙的惠民政策，使清帝国成为当时世界上最为富庶的国家。

只有把人民放在心中最高的位置，真正掌握和实践了群众观点、群众路线，才算从根本上懂得政治，才能使讲政治真正落到实处。党在不同历史时期的任务有所不同，但都是为人民群众谋幸福。十九大党章明确指出：“新形势下，党面临的执政考验、改革开放考验、市场经济考验、外部环境考验是长期的、复杂的、严峻的，精神懈怠危险、能力不足危险、脱离群众危险、消极腐败危险更加尖锐地摆在全党面前。”

从我们党的奋斗历程和中华民族伟大复兴的征程来看，有一个结论，我们的工作和决策都要识民情、接地气，以人民利益为重、以人民期盼为念，把人民的向往作为自己的奋斗目标。民心向背直接关系到国家生死存亡和事业成败。民心是最大的政治。

当代共产党人必须与群众保持血肉联系，决不脱离群众，这一精神境界应当比古代的志士仁人更高，比他们做得更好。彭德怀说：“我们要像扫把一样供人民使用，而不要像泥菩萨一样让人民恭敬我们，称赞我们，抬高我们，害怕我们。”党员干部无论在哪个岗位和地方，无论担任什么职位，都要时时刻刻牢记自己是一名共产党员，牢固树立以人民为中心的发展思想，像焦裕禄那样，政治坚定，秉公用权，为民用权，按规则、制度、法律行使权力。

马克思有句名言：如果一个人只为自己活着，那么他的生命是黯淡的；只有为同时代人的完美，为他们的幸福而生活，才能使自己的生活具有意义。黑格尔曾经指出：“一种人毕生致力于拥有，另一种人毕生致力于有所作为。”一心渴望拥有、奢求，一旦没有达到目的，就会失落、痛苦。夙夜在公，心无旁骛，专心于事业的追求，就会感到充实，增添快乐，忘掉烦恼。马克思一生致力于“人的解放和自由全面发展”。为人民谋幸福的初心，以人民为中心的理念，体现着中国共产党人的追求，蕴藏着马克思主义的根脉，昭示着社会主义的本质。不忘这一份初心，才能不忘我们为什么而出发。

周恩来对人民的关怀无微不至。1966年3月8日凌晨，河北邢台发生地震，造成严重伤亡。周恩来当天就召开国务院紧急会议部署救灾，9日深夜赶到邢台。第二天下午，他来到受灾最严重的村子。群众听到周总理来了，都涌到一处空场。他登上一个大木箱讲话，发现老百姓迎风站着，坚决要求当地干部让群众掉过头去，他改为迎着风讲话，鼓励大家要“发展生产，重建家园”……

党在全国执政以来，尽管经历过这样那样的曲折，但全心全意为人民服务的宗旨始终没有变。坚持全心全意为人民服务的宗旨，是我们党的最高价值取向。实现人民的利益，得到人民群众的拥护，是衡量我们党的路线、方针和政策是否正确的最高标准。我们要把实现好、维护好、发展好最广大人民的根本利益作为出发点和落脚点，着眼于充分调动人民群众的积极性、主动性和创造性，满足人民群众的需要和促进人的全面发展。

始终要把人民放在心中最高的位置，始终全心全意为人民服务，始终为人民利益和幸福而努力工作，习近平同志深情讴歌伟大的人民，传递着深厚的为民情怀，彰显的是中国共产党执政最大的政治优势，体现了“坚持人民主体地位”的马克思主义政党最高原则。只有坚持中国特色社会主义道路，实现中华民族伟大复兴，才能为中国人民谋幸福；只有牢记党的宗旨，全心全意为中国人民谋幸福，才能坚持和发展中国特色社会主义，实现中华民族伟大复兴。党的十九大报告全文三万多字，其中多次强调“以人民为中心”、强调“人民利益”。“带领人民创造美好生活，是我们党始终不渝的奋斗目标。必须始终把人民利益摆在至高无上的地位，让改革发展成果更多更公平惠及全体人民，朝着实现全体人民共同富裕不断迈进。”党的十九大报告中这一重要论述，集中体现了人民至上的价值取向，具有深刻的理论意蕴和重要的指导意义。

始终把人民放在最高的位置，就要着力解决好人民最关心最直接最现实的利益问题，顺应人民群众对美好生活的向往。党的十九大报告明确提出，我国社会主要矛盾已经转化为人民日益增长的美好生活需要和不平衡不充分的发展之间的矛盾。进入新时代，社会主要矛盾发生了变化，人民日益增长的美好生活需要，是我们的奋斗目标。党的十九大报告发出号召：全党同志一定要永远与人民同呼吸、共命运、心连心，永远把人民对美好生活的向往作为奋斗目标，以永不懈怠的精神状态和一往无前的奋斗姿态，继续朝着实现中华民族伟大复兴的宏伟目标奋勇前进。党的十九大将“永远把人民对美好生活的向往作为奋斗目标”写进报告，使之成为永恒的、庄严的承诺，蕴含着党员干部为人民谋利益的深刻内涵，体现了共产党人无私奉献的肺腑之言。全心全意为人民谋幸福、全心全意地以人民为本，是我们党的全部追求，是党永恒的精神家园，是党执政的伦理底线。我们要让改革发展成果更多更公平惠及全体人民，要一件事情接着一件事情办、一年接着一年干，让人民群众在实现中华民族伟大复兴的历史进程中有较多的获得感和幸福感。

为人民谋幸福，就要亲民、爱民、敬民，更要为民。领导干部与群众的关系，犹如鱼水之间的生命交融，好比种子与土地之间密不可分。我们在电视里多次看到，习近平同志调研，很重视去贫困地区体察民情，到群众家里去走访的时候，言谈举止很自然，嘘寒问暖，与人民群众谈话都能说到要害处，说到点子上，也能了解到实际情况。我们要坚持走群众路线，保持与群众的血肉联系，减少应酬，多下基层，与群众“零距离”接触，查民情、知民意，了解群众真实的感情流露，在深入人心、将心比心、打动人心上下功夫，努力把工作做到群众心坎上，把为人民造福的事情真正办好办实，做到问题在基层发现，办法在基层产生，经验在基层总结，困难在基层解决，尤其是重大问题和突发性事件，要亲临现场，调查研究，妥善处理。

2018 年 3 月 7 日，习近平同志在广东代表团参加审议时强调，共产党就是为人民谋幸福的，人民群众什么方面感觉不幸福、不快乐、不满意，我们就在哪方面下功夫，千方百计为群众排忧解难。“我们所做的一切都是为人民谋幸福，为民族谋复兴，为世界谋大同。”习近平同志的话语，昭示了中国共产党人为信仰不懈奋斗的伟大历程。党员领导干部无论在哪个岗位和地方，无论担任什么职位，都要时时刻刻牢记自己是一名共产党员，像焦裕禄那样，政治坚定，秉公用权，为民用权，按规则、制度、法律行使权力，任何时候都不搞特权，不徇私情，求真务实，追求卓越。

人民的公仆就是把人民当成父母一样敬重、关爱，来不得半点虚假。我们要把全心全意为人民服务视为天职，当作座右铭，砥砺为民之志，恪守为民之责，善谋富民之策，多办利民之事，让人民身受其惠，随时感受到公平和正义。党员领导干部践行政德修养，不是“只为领导服务”，要时时为人民服务，用自己的“辛苦指数”换取群众的“幸福指数”，在群众的笑脸中实现人生梦想，还要引导、带动周围的党员、干部为人民服务，形成一个社会合力，就会产生较大的社会效果。

把人民放在最高的位置，就要虚心向人民学习，倾听人民呼声，汲取人民智慧。党的根基在人民，党的血脉在人民，党的力量在人民，党的成败也在人民。以人民为中心、执政为民，蕴含着党员干部为人民谋利益的深刻内涵，体现了共产党人无私奉献的肺腑之言。周恩来说，“领导地位并不能使你得到知识和经验，所以面向群众，汲取群众经验，十分必要”，“到人民中去生活，才能取得经验，学习到本事”。他一生坚持虚心向群众学习，认为：“在农村中，许多农民比我们勤劳勇敢，比我们有办法；在工厂中的广大工人，比我们能生产，比我们能创造；广大的劳动知识分子、学生，有的在许多方面比我们强。”在下基层调研时，他随时随地留心观察群众，一有机会就躬身向群众求教。

习近平同志说，时代是出卷人，我们是答卷人，人民是阅卷人。党员、干部是不是真正为人民谋幸福，关键要看群众满意不满意、答应不答应，最终要由人民来评判。人民的利益高于一切，为谋人民的幸福而尽心竭力，是党性的集中表现，是共产党人权力观的根本要求，是党员干部道德规范的本质内容。习近平同志指出：“全党同志一定要永远与人民同呼吸、共命运、心连心，永远把人民对美好生活的向往作为奋斗目标，以永不懈怠的精神状态和一往无前的奋斗姿态，继续朝着实现中华民族伟大复兴的宏伟目标奋勇前进。”①

习近平同志在党的十九届一中全会闭幕后与中外记者见面时的讲话中指出，我们要牢记人民对美好生活的向往就是我们的奋斗目标，坚持以人民为中心的发展思想，努力抓好保障和改善民生各项工作，不断增强人民的获得感、幸福感、安全感，不断推进全体人民共同富裕。这是我们党对全国人民的承诺，用朴实、生动、真切的语言表达了我们党全心全意为人民服务的宗旨和以人民为中心的发展思想。尽心竭力地为人民谋幸福，就是始终把人民群众的

① 习近平：《决胜全面建成小康社会　夺取新时代中国特色社会主义伟大胜利——在中国共产党第十九次全国代表大会上的报告》，人民出版社2017年版，第1页。

冷暖安危放在工作首位，从人民群众最现实、最关心、最直接的问题入手，把群众呼声作为第一信号，把群众需求作为第一任务，把群众满意不满意、高兴不高兴、赞成不赞成作为我们使用权力的出发点和落脚点，谨慎对待、正确运用手中的权力，用务实之心、谋事之心、创业之心为群众诚心诚意办实事、坚持不懈做好事。

实现中华民族伟大复兴的中国梦，必须坚持把维护广大人民群众的根本利益作为制定政策、开展工作的出发点和落脚点，不与群众争利益，呕心沥血为人民。我们要以诚心和虚心的态度，拜群众为师，向群众请教，问政于民，问需于民，问计于民，从中汲取智慧和力量，维护人民的利益，维护社会公平正义。

在人的一生中，职位是有限的，做官是暂时的，而事业是无限的，做人做事是长远的。做官能够做事，不做官也能够做事。如果只想升官而不想做事，做官只想自己谋利发财，把升官进爵作为人生终极目标，就违背了做官的真谛，到头来还有可能坏大事。因此，要立志做大事，不要立志做大官，做官要做到思想纯洁、作风质朴、工作务实、为人实在，始终为民谋利。

由“巨人安泰成败”说开

传说中的大英雄安泰，之所以健壮勇猛，天下无敌，是由于靠着哺育他的母亲大地神赋予他的力量。但他只要一离地，就会立刻失去力量，不堪一击。有名的敌手赫拉克勒斯就设法使安泰脱离地面，架空了他，在空中扼死了他。斯大林在《论党的工作缺点》中引用了这个故事，指出共产党与人民群众密切联系，始终是不可战胜的。刘少奇也曾指出：“我们党必须和广大群众保持密切的联系，如果和群众联系不好，就要发生危险，就会像安泰一样被人扼死。”[①]

历史的经验和教训值得注意和借鉴。李自成是来自最基层的群众，因为穷，领导穷人闹革命，得到群众响应，成为平民英雄。他领导农民起义军以星火燎原之势迅速壮大到百万之师，建立了大顺政权，随后又指挥百万大军以摧枯拉朽之势，横扫大半个中国，推翻了腐朽的明王朝，确实让人惊叹。

令人痛心的是，他攻入北京城后，支撑了一个多月即迅速败亡，由大胜转为大败。这种夺得了天下却又迅速失去政权的结局，在历史上极为罕见。原因便在于，胜利使李自成和许多将士忘乎所以，缺乏忧患意识，很快变得骄奢淫逸、腐化堕落起来。李自成原本“不好酒色”，也开始蓄养美女，沉迷声色，饮酒为乐。军中官兵从上到下花天酒地，贪图享乐。大堆的金银珠宝使他们眼花缭乱，革命精神迅速丧失，追赃变成了分赃，军纪败坏，掠夺民财，强占民女，竟然忘记了手握重兵的吴三桂，更忘记了在关外虎视眈眈、彪悍骁勇的清军。百姓认为大顺还不如大明，一股反对大顺政权的潮流迅速掀起。李自成终因腐败和骄傲，脱离群众，失去群众这个“大地”的支撑，最后丢了政权。

苏联共产党在拥有20万党员时取得革命胜利，在拥有200万党员时取得反法西斯战争胜利，却在拥有2000万党员时丢失了政权，根本原因也是脱离群众。苏联原社会科学院的一项问卷调查表明，被调查者中认为苏共代表工人利益的仅占4%，认为代表全体人民的占7%，认为苏共代表全体党员的也不过11%，认为苏共代表党的官僚和机关干部利益的高达85%！苏联在一夜之间，不费一枪一炮发生了剧变，从根本上说，是因为苏共严重损害了人民的权利和尊严，蜕变为一个庞大的官僚特权阶层，他

①《刘少奇选集》上卷，人民出版社1981年版，第397页。

们最关注的是自身的特殊权力和特殊利益。

“水能载舟，亦能覆舟”，这是亘古不变的真理。马克思、恩格斯认为，廉洁政府要取消一切特权，防止干部变成“在党内恣意作威作福的官僚”。习近平同志在党的十九大报告中强调：“只有以反腐败永远在路上的坚韧和执着，深化标本兼治，保证干部清正、政府清廉、政治清明，才能跳出历史周期率，确保党和国家长治久安。”[①] 我们共产党是靠人民起家的党，是为解放劳苦大众而建立的，是靠人民的支持取得政权并成为执政党的，是永远为人民的利益而奋斗的。如果我们脱离了群众，搞起腐败，没有人民的支持，就会失败，就会垮台。党和人民群众的关系，就如同安泰和大地的关系一样，须臾不可分离，片刻不能割裂。一旦脱离了人民群众，党就会失去优势、丧失力量的源泉。

有一首名为《江山》的歌曲唱道：“老百姓是山，老百姓是海，老百姓是共产党生命的源泉。”我们党植根于人民、源于人民，最大政治优势是密切联系人民群众，从人民群众中汲取营养、获得力量。党执政后的最大危险，是脱离人民群众，犹如希腊神话中的英雄安泰离开大地一样，就失去了生存能力。党脱离了群众，就犹如拔根于空中，断了其血源，失去生命力，岂能活哉？党的十九大报告指出：“人民是历史的创造者，是决定党和国家前途命运的根本力量。”我们不论职位高低、权力大小，都必须忠于人民，全心全意为人民服务，不能忘记群众利益、群众路线、群众力量和群众智慧。这是共产党员约束自身行为的最高准则，是党员干部价值观的主要内涵，是必须坚持的执政理念。

当领导归根结底为了什么？是为了个人享受权力的尊荣，还

① 习近平：《决胜全面建成小康社会　夺取新时代中国特色社会主义伟大胜利——在中国共产党第十九次全国大会上的报告》，人民出版社2017年版，第67页。

是真心实意为群众服务？不一样的动机衍生出不一样的工作路径：前者眼睛“朝上”，揣摩如何迎合上级领导的偏好，工作华而不实，一门心思为自己的职级待遇而“努力奋斗”，为自己多捞好处；后者眼睛“朝下”，无时无刻不在忧国忧民，工作务实，顾全大局，为民谋利，忘我工作。

以人民为重，以人民为先，为人民谋利，是领导干部最大的德，是保持共产党人纯洁性的重要体现，是共产党人毕生奋斗的永恒主题。习近平同志说，我们社会主义国家的一切权力，都是我们党领导全国各族人民经过新民主主义革命和社会主义革命取得和实现的，都是属于人民的；我们党作为执政党是代表工人阶级和全体人民在全国执掌政权，共产党员和领导干部手中的权力都是人民赋予的；我们所有党员和领导干部手中的权力，只能用来为人民谋利益，而绝不允许搞任何形式的以权谋私。

党的群众路线是党在一切工作中的根本工作路线。十九大党章规定：“党在自己的工作中实行群众路线，一切为了群众，一切依靠群众，从群众中来，到群众中去，把党的正确主张变为群众的自觉行动。”“一切为了群众，一切依靠群众”，回答了党的一切工作为了谁和依靠谁的问题，体现了党全心全意为人民服务的宗旨，指明了党的力量的来源是人民群众。“从群众中来，到群众中去”，规定了党根本的工作方法，回答了党如何领导群众去完成历史使命的根本方法问题。党的群众路线的丰富内涵聚焦到一点，那就是以人民为中心。

权力对公众而言，既可造福百姓，也可祸害事业；对个人而言，既可建功立业，也可腐化堕落。反对贪污腐败、建设廉洁政治，是共产党人一以贯之、孜孜以求的奋斗目标，是人民关注的重大政治问题。这个问题解决不好，就会给党的事业造成致命伤害，使国家陷入“政怠宦成，人亡政息”的历史周期率。人民群众是我们的衣食父母，是我们生命之所系，应当铭刻在心。习近平同志在党的十九大报告中指出：“加强作风建设，必须紧紧围绕保持党同人民群众的血肉联系，增强群众观念和群众感情，不断厚植党执政的群众基础。凡是群众反映强烈的问题都要严肃认真对待，凡是损害群众利益的行为都要坚决纠正。”①

百姓的口碑就是干部的金杯。干部吃着百姓的饭，穿着百姓的衣，是老百姓中的一员，得意不能忘形、得志切莫忘本，要不忘初心、牢记使命，始终装满“民心”，坚持以清廉形象服务人民，带头严守党纪国法，自觉管住权欲、管住物欲、管住情欲，向先进典型学习，把人生支点放在立党为公、执政为民上，保持自身清爽、干净、硬气，守好为人民服务的公心，牢记为人民谋幸福的使命，做廉洁用权的“规矩人”。在做群众工作时，不要忘记我是谁、为了谁、依靠谁，用一举一动维护好公仆形象。

要正确对待权力、地位和利益，正确对待组织、群众和自己，始终把为人民服务作为最高行动准则，在服务祖国、服务人民、服务科学发展中建功立业、实现自身价值。强化宗旨意识，把人民放在心中最高的位置，我们就能永立不败之地。对人民的感情真一分，干部的作风就会好一尺，我们的事业就会进一程。心中装着人民，就是要把人民当成父母一样敬重和关爱，来不得半点虚假。党员干部要矢志提高本领，真心为民服务，不断满足人民日益增长的美好生活需要，始终把群众的呼声当作第一信号，把群众的需要当作第一考虑，把解决群众最关心最现实的利益问题放在工作首位，作为检验作风纯洁性的试金石，不断圆人民对美好生活的向往之梦。

① 习近平：《决胜全面建成小康社会　夺取新时代中国特色社会主义伟大胜利——在中国共产党第十九次全国大会上的报告》，人民出版社 2017 年版，第 66 页。

心无百姓莫为官

早在先秦时期，先贤们就提出过“夙夜在公”等观点。从孟子“乐以天下、忧以天下”，到范仲淹“先天下之忧而忧，后天下之乐而乐”，主张为天下多数人谋利益。历史上那些兴利除弊、为人民做好事的人，被人们所怀念、敬仰和传颂，留下永远的口碑。

孟子认为，君王最大的快乐，不是个人声色犬马之乐，而是与民同乐。“乐民之乐者，民亦乐其乐；忧民之忧者，民亦忧其忧”。能以天下同忧乐者，必能得到民心，得民心者即可得天下。范仲淹几度被贬，皆因忧国直谏而遭祸，但依然不以己悲，怀忧天下，其才、其量、其正、其浩，一身而备数器的品德为后人树立了榜样。范仲淹在“立德、立功、立言”这三个方面，都成功地践行了中国文化中的“三不朽”精神，成为中华民族的宝贵精神财富。

“居庙堂之高，则忧其民；处江湖之远，则忧其君。是进亦忧，退亦忧。然则何时而乐耶？其必曰：先天下之忧而忧，后天下之乐而乐”……范仲淹的《岳阳楼记》可谓字字珠玑，是我国古代政治文明的高度总结，成为秉政者的资政醒言，饱含着范仲淹的政治追求和博大胸怀，成为古往今来每一位有志之士的共同心声。范仲淹的“先忧后乐”论，体现了这位大政治家、文学家向往君明臣贤、政治清明的治世理想。

党员干部要自觉打掉心里的小算盘，对个人的名誉、地位、利益，看得淡一些。习近平将范仲淹这句名言赋予新的时代意义，那就是为人民着想，把自己的幸福同人民的幸福紧紧连接在一起，为实现中华民族伟大复兴的中国梦而奋斗。“我们不舒服一点、不自在一点，老百姓的舒适度就好一点、满意度就高一点，对我们的感觉就好一点。”

心无百姓莫为官。有的人为官，做民众的牛，在服务和奉献中享受快乐。有的人做官，骑在民众头上作威作福，在攫取和占有中满足私欲。有的人心态冷漠，不顾民生，住高级别墅，养二奶小姘，欲壑难填，贪污巨款。群众期盼党员干部不做贪官、不当庸官，破除脑子里的“官本位”，甩掉工作中的“花架子”，遏制心中的“享乐欲”，根治生活中的“奢靡病”，严以用权，廉洁从政，苦干实干，多为老百姓做实事。群众对我们党员干部如何从政和为官的“期望值”很高，对大小贪官的贪腐行为，是非常痛心和失望的。

密切联系群众是我们各项工作的取胜之道，是党始终保持先进性的重要法宝。马克思在《青年在选择职业时的考虑》一文中写道：“历史承认那些为共同目标劳动因而自己变得高尚的人是伟大人物；经验赞美那些为大多数人带来幸福的人是最幸福的人。”党的十九大报告指出，中国共产党人的初心和使命，就是为中国人民谋幸福，为中华民族谋复兴。这个重要论述，体现了全心全意为人民服务的根本宗旨和立党为公、执政为民的执政理念，体现了我们党坚持人民创造历史、人民是真正英雄的唯物史观。“老百姓是山，老百姓是海，老百姓是共产党生命的源泉。”党离开了人民，就会垮掉。我们党的最大政治优势是密切联系群众，党执政后的最大危险是脱离群众。党的最根本的危机是群众不信任。民心向背，决定我们党的执政地位稳固还是动摇，得到群众拥护是我们党的根本利益。我们要开创伟大的事业，必须与人民群众保持血肉联系和鱼水关系。

做人民的公仆，以崇高的情怀把群众的冷暖苦乐放在心上，总为人民谋幸福，是共产党人的党性所要求的应有之义，也是政德修养的核心问题。习近平同志说过：“对于我们共产党人来说，老百姓是我们的衣食父母。要像爱自己的父母那样爱老百姓，为老百姓谋利益，带老百姓奔好日子。”“人民对美好生活的向往，就是我们的奋斗目标。”这是共产党人与人民群众真实关系的准确概括。

做人民的公仆，这是政德修养的核心问题。密切联系群众而不是疏远群众，不仅是态度问题、感情问题，更是共产党人党性的集中体现，这是大大小小执政规律中最根本的规律，也是方方面面执政要求中最本质的要求。要得到民众的拥护，就必须实行仁政，始终把人民放在最高的位置，多谋民生之利，多解民生之忧，在发展中补齐民生短板；就要把人民拥护不拥护、赞成不赞成、高兴不高兴、答应不答应作为衡量一切工作得失的根本标准。习近平同志曾说，党中央制定的政策好不好，要看乡亲们是哭还是笑。要是笑，就说明政策好。要是有人哭，我们就要注意，需要改正的就要改正，需要完善的就要完善。作家尹伟达说：“我们的老百姓是最好答对的：你对他有一点好，就千恩万谢；而老百姓也是最不好糊弄的：你坑害老百姓，他们就会指着你的后脊梁骂你。我们拿着人民的俸禄，就要对人民负责。要经常摸摸自己的胸口，看看是否问心无愧；也要经常摸摸自己的后背，看看后脊梁是否发凉。当为百姓呕心血，莫让世人指脊梁！”

群众在我们心里的分量有多重，我们在群众心里的分量就有多重。党员领导干部的道德境界，应该比封建士大夫要高得多。树立正确的权力观，是领导干部为政之德的根本体现。创造政绩为了谁，是为官从政、干事创业的核心问题。创造政绩是为了百姓福祉，还是为了自己积攒政治资本，结果迥然不同。

习近平同志在2018年新年贺词中指出，“以造福人民为最大政绩，想群众之所想，急群众之所急，让人民生活更加幸福美满。”[1] 习近平同志2018年在参加十三届全国人大一次会议山东代表团审议时，再次强调领导干部干事创业“功成不必在我”，指出这并不是消极、怠政、不作为，而是要牢固树立正确政绩观，既要做让老百姓看得见、摸得着、得实惠的实事，也要做为后人作铺垫、打基础、利长远的好事，既要做显功，也要做潜功，不计较个人功名，追求人民群众的好口碑、历史沉淀之后真正的评价。

“不要人夸颜色好，只留清气满乾坤。”泰戈尔说：“人的永恒的幸福不在于得到任何的东西，而在于献身于比自己更伟大的事业。”如何用权的问题，就是权为谁用的问题。树立正确的权力观，是领导干部为政之德的根本体现。要立志做大事，不要立志做大官，不要把升官进爵作为人生终极目标，而要将为人民多做好事、实事作为第一追求，有恒心有毅力，不贪一时之功、不图一时之名，立足发展大局，科学谋划、谨慎施策，真抓实干、敢于担当，一步一个脚印做下去，多做好事和实事，认真当好新时代的“答卷人”，体现出先进性和纯洁性，以优异业绩向党和人民交上满意答卷。

百姓口碑弥足珍贵

苏联作为世界上第一个社会主义国家，艰苦奋斗几十年，在第二次世界大战中不但没有被希特勒打垮，而且为第二次世界大战胜利立下大功；在20世纪六七十年代还发展成为能与美国抗衡的超级大国。谁能想到，这个超级大国在没有硝烟的和平环境中竟然土崩瓦解了。

---

① 习近平：《习近平主席新年贺词（2014—2018）》，人民出版社2018年版，第5页。

《学习时报》2015年11月10日刊登的《密切联系群众应从领导干部做起》一文认为，苏共亡党、苏联解体的一个深刻教训是苏共特权阶层长期严重脱离群众、漠视民众疾苦、背离人民利益。法国著名作家罗曼·罗兰于1935年6月23日至7月21日对苏联进行了为期近一个月的访问，他在访问期间亲眼见证了斯大林执政时期苏联特权阶层的种种腐败行径："宫廷中的上层达官显贵（即使应该得到这种恩赐）过着特权阶级的生活，但人民却仍然不得不为了谋取面包和空气（我想说的是住房）而进行艰苦的斗争。""在毗邻莫斯科的四郊，散布着一些在地图上没有标明的别墅（也包括高尔基的独家住宅），里面住着领导人及其客人，或者就是受到特别关照的作家。遇到宽阔的铺有卵石或柏油的道路，你问：'它们通向哪儿？'回答总是：'通向别墅。'道路沿线站着警察，他们也从树林中暗地里进行观察。在地平线上，可清楚地看到一幢位于树林中的雪白的漂亮疗养院。你问：'它供谁使用？'回答：'政府的上层成员。'""共产党的活跃成员利用其他特权（住房、食物、交通工具等）代替金钱，这些特权确保他们能过上舒适生活并拥有特殊地位。更不用说影响，他们利用影响为自己和自己的亲属谋利益。"

我们党97年来之所以能够由小到大，有扭转乾坤的伟力，一个重要原因就是我们党的领导人和广大党员干部始终坚持了为人民服务的宗旨，真诚为大多数人谋利益，取信于民。党员干部不论职位高低、权力大小，都是人民的勤务员。不论在什么年代，都要时刻牢记：共产党的唯一宗旨，党性的集中表现，就是全心全意为人民服务，人民的利益、人民的幸福、人民的尊严高于一切、重于泰山。这是共产党员约束自身行为的最高准则，是党员干部必须坚持的执政理念。党员领导干部无论在哪个岗位和地方，无论担任什么职位，都要像焦裕禄那样，政治坚定，秉公用权，为民用权，按规则、制度、法律行使权力，任何时候都不搞特权，不徇私情，求真务实，追求卓越。

习近平同志用实际行动让群众梦想成真，一句“人民对美好生活的向往就是我们的奋斗目标”的背后，是“时间都去哪儿了”的感慨和“夙夜在公”的工作状态。党中央新班子用实实在在的脚步走近群众，其背后折射的是共产党人执政为民的本色，反映出共产党人永不忘记党的执政根基。党的十九大报告强调：“人民是历史的创造者，是决定党和国家前途命运的根本力量。必须坚持人民主体地位，坚持立党为公、执政为民，践行全心全意为人民服务的根本宗旨，把党的群众路线贯彻到治国理政全部活动之中，把人民对美好生活的向往作为奋斗目标，依靠人民创造历史伟业。”

“人民”，是习近平同志治国理政话语的关键词。“一切为了人民、一切依靠人民”、“以人民为中心”、群众“获得感”，是他多次强调的话语；把群众路线贯彻到治国理政全过程，始终同人民想在一起、干在一起，是他身体力行的原则。习近平同志在党的十九大报告中强调：“凡是群众反映强烈的问题都要严肃认真对待，凡是损害群众利益的行为都要坚决纠正。”纠正只要个人利益而不要群体利益的倾向，使用权力不要掺杂任何私欲和私利，工作多做一些不要觉得吃亏，待遇稍差一点不要感到委屈，要为党和人民的事业勇挑重担，以个人的辛劳换取人民的富裕。为人处世多一些人格品位，少一点市侩习气，给人留下好的名声，决不做那些让人指脊梁骨的事情。

当岁月和无悔在一起，岁月才留下闪光的足迹。应求奖杯多，更求口碑好。在工作中享受奉献的快乐，真心认同这奖那奖不如人们夸奖，金杯银杯不如大家口碑。俯下身做人民的牛，站起来当人民的伞，待到晚霞烂漫时，金杯口碑颂。共产党员和领导干部要以先进人物为镜，砥砺为民之志，善谋富民之策，多办利民之事，让人民身受其惠，毫无保留地贡献自己的聪明才智，为人民建功立业，实现人生价值的最大化。

善于与群众沟通

领导干部“如何才能提高与群众沟通的本事？说什么话、怎么说话，是首要的问题。如果端着官架子、操着老爷腔，群众避之不及，更何谈与群众融为一体、打成一片？与群众沟通，就是要从改文风、改话风入手，用群众喜闻乐见的语言，甚至熟练运用‘土方言、歇后语’，那样才能穿越沟通的壁障，从语言沟通深入到心灵贴近”。[①]

沟通，是人们在互动过程中进行信息、知识与情报等交流、传递、交换和分享，并寻求反馈以达到相互理解的过程。经常与群众进行有效沟通，是保持与群众密切联系的基础，往往可以起到事半功倍的效果。

沟通时，要坦诚相见，用真感情，说真心话，不能用不冷不热、矫揉造作的假感情对待群众，不说那些言不由衷的空话、大话、套话和假话，只有这样，才能在沟通中叩开群众的心扉，达到沟通之目的。1954 年，时任团中央第一书记胡耀邦，在会见南阳二中师生时，兴味盎然地念起了他改过的南阳武侯祠中的那副对联：“心在人民，原无论大事小事；利归天下，何必争多得少得。”这样的语言，把为群众着想、为群众谋利益的博大胸怀表现得真切感人。

① 荔红：《多长点与群众沟通的本事》，载《人民日报》2013 年 2 月 5 日。

关注群众切身利益，让人民群众有自己“当家做主”之实感。如果高高在上，不愿意接触群众，看不起群众，认为群众不懂道理，对人民群众指手画脚、说三道四，就不能赢得群众的尊重和信任。如果以命令式的沟通方式，只能削弱领导者的魅力。以情感、事实为导向的沟通，才能使党员干部受人尊敬、令人信服。

带着感情与群众进行交流与沟通，比任何华丽的辞藻、美妙的语言、激情的演讲都更为真切、更能深入人心。卡耐基说：“将自己的热忱与经验融入谈话中，是打动人的速简方法，也是必然要件。”

必须讲求生动活泼的表达技巧，培养怡人心怀的幽默才能，把握恰到好处的时机火候，使讲话鲜活、生动。要善于用通俗的语言表达理论问题，用群众身边的事讲道理，运用风趣的语言营造宽松的氛围，激发听众的兴趣和注意力。

许多党员干部通过网上论坛、政务微博、在线讨论与群众进行轻松随和的沟通和交流，彼此之间可以讲出心里话、真实想法和做法，受到了群众的普遍欢迎。党员干部一定要学会运用先进的沟通交流工具和沟通方法，以提高与群众进行沟通和交流的能力。

只有用群众熟悉的通俗易懂的语言与群众交流，才能使群众听得懂，愿意听，记得住，并容易取得相互沟通的效果。毛泽东曾经提倡要用大众的语言，善于把深刻的道理用浅显通俗的语言说出来。在与群众交往时，应当使用群众语言，选择“商量式”“调剂式”“安慰式”“互酬式”等语言，并注意分寸，而不要打官腔、讲大话、讲套话、讲空话、讲假话、讲废话。

感人心者先乎情

只有动之以情，才能以情感人，加深情感交流。《孙子兵法》

曾提出:“视卒如婴儿”,“视卒如爱子”。战国的吴起,在魏国为将时,曾用嘴为士兵吮脓血。岳飞率军队驰骋疆场,立于不败之地,一个重要原因是首先动之以情,爱兵如爱子。他的官俸大多用来购买粮食,补济军需。皇帝赏赐给他的珠宝,他都转手奖赏给立了战功的将士们。

唐朝时,云南一少数民族的首领,为了表示对唐王朝的拥戴,派特使缅伯高向太宗送礼,礼物是一只天鹅。这位老兄途经沔阳时想让天鹅“干净干净”,便把天鹅放到沔阳湖中去洗个澡,哪知,一时不慎竟让天鹅跑了。缅伯高急忙伸手去捉,只扯得几根鹅毛。缅伯高急得顿足捶胸,号啕大哭。随从们劝他说:“天鹅已经飞走了,哭也没有用,还是想想补救的方法吧。”缅伯高一想,也只能这样了。

到了长安,缅伯高拜见唐太宗,并献上礼物。唐太宗见是一个精致的绸缎小包,便令人打开,一看是几根鹅毛和一首小诗。诗曰:“天鹅贡唐朝,山高路途遥。沔湖失天鹅,倒地哭号啕。上复唐天子,可饶缅伯高。礼轻情意重,千里送鹅毛。”皇上被他的真情感动了,不仅没有杀他,还拿酒招待了他。

从事各项工作,都不可忽视伴随认识一起出现的、并和认识活动交织在一起的心理情感。情通则理达。唐代诗人白居易说:“感人心者,莫先乎情。”

唐朝皇帝李隆基亲自为他手下的一个将领煎药,在吹风鼓火时,烧着了胡须,当侍从们赶来时,他笑着说:“但愿他喝了这药病就好了,一把胡须烧了再长就是了,有什么可惜的呢?”皇帝为手下亲自煎药,把胡须烧了却毫不在意,怎能不获得属下以死相报呢?

“一代天骄,成吉思汗”,这位从苦难中崛起的蒙古族英雄,深沉有大略,驰骋南北东西,打下江山,立下了惊人战功。一天,成吉思汗率部外出打猎，恰好遇上与自己有仇的泰赤乌部的朱里耶人。众人请求说："这是我们的仇人，请您下令把他们杀个一干二净。"

成吉思汗望着惊慌失措的朱里耶人，说道："他们既然现在不与我为敌了，还杀他们干什么？"并喝令想动手的人放下武器。成吉思汗得知他们常受泰赤乌部的虐待，既无粮食，又无帐篷。于是慷慨地说："既然如此，那就请你们与我们一起住吧，明天行猎所获我们平分。"第二天，成吉思汗兑现了诺言。朱里耶人对此非常感动，便纷纷投靠了成吉思汗。此事传到泰赤乌部后，大将赤老温、勇士哲别也来投靠。

人之所以为人的本质所在，就是人与人之间相亲相爱的情感。用真实的情感、竭诚的态度去呼吁人们的心灵，对真善美热情讴歌，达到情感上的共鸣，就会令讲话如春风化雨，润物无声，潜移默化，唤起群众的热情，发生"共振效应"。

1952年9月25日，毛泽东在丰泽园设家宴款待了来自家乡的师友。席间他详细询问有关他少年求学生涯的第一位正式老师邹春培的情况，听说邹春培已辞世的消息时，颇有感慨地怀念道："邹先生是个好人！他是个严师啊。我那时候读书顽皮，不懂得严是爱、宽是害，还造过他的反哩……"言语之中，流露出对老师邹春培深深的崇敬与怀念。

毛泽东还多次在与家乡亲友的信中问候邹家情况，先后几次从稿费中拿出一部分寄给邹家，帮助他们缓解生活困难，以表达自己对老师邹春培当年苦心栽培教育的一片感激之情。

感情是人与人之间沟通的桥梁。一位教师说过："有一种温暖，足以让冰雪消融；有一种关怀，足以让大地春来；有一种感动，足以让阳光熠熠；有一种希望，足以让万物复苏。如此这般的温暖、关怀、感动、希望汇聚在一起——这就是情。"美国总统林肯说："如果你想赢得人心，首先是让他相信你是他们最真诚的朋友。那样，你就像一滴蜂蜜吸引着他的心，也就有一条大道，通往他的理性。”

培植感情的办法很多，如在无拘束的气氛中聊聊天，一餐便饭，一封感谢信，一份小礼品，几句祝福语等，都是不错的选择。松下幸之助很懂得此道。他每次看见辛勤工作的员工，都要亲自上前为其沏上一杯茶，并充满感激地说：“太感谢了，你辛苦了，请喝杯茶吧！”正因为在这些小事上，松下幸之助都不忘表达出对下级的爱和关怀，所以他获得了员工们的一致拥戴。

有了一颗对党和人民的赤子之心，对群众感情不断加深，才能把作风转变过来，才能不再处于“高处不胜寒”的位置，俯下身聆听群众的声音，闻得民间的疾苦，“俯首甘为孺子牛”。党员干部以真诚的情感去做事，群众感受就不一样。只有设身处地与人民群众打成一片，情同手足，才能与群众同甘共苦。

领导与群众之间只有注重心灵的沟通，加强情感的交流，爱民至深，为民至诚，才能心贴心、心连心，心心相印，才能顺民意、暖民心、惠民生。要引导、带动周围的党员、干部为人民服务，形成一个社会合力。要常下基层，在摸爬滚打中培养感情、取得真经，增长才干、增添智慧。

2015年2月13日，习近平来到陕西考察调研，先来到延川县梁家河村。见到乡亲们，他十分高兴。村民梁耀才握着总书记的手说：“你那年寄给我的钱收到了，这份情义忘不了。”原来，梁耀才妻子生了重病，习近平得知后，寄来1000元钱。

我们党员干部要始终与人民群众坚定地站在一起，心连心、同风雨、共患难，把有限的时间用在无限的为人民服务上。要用真情赢得人心——想到群众心坎里，坐到群众板凳上，干到群众家门口，忧群众所忧，办群众所需，群众事再小也要当成大事来办，把群众是否满意作为衡量工作的最高标准。

党员干部对群众的感情是靠日复一日积累起来的，是在不断与群众的接触中培养出来的。只有真正放下“架子”，才能走进群众，才能获得群众由衷认可。只有把群众装在心里，群众才会把你放在心上；只有把群众当作亲人，群众才会把你视为亲人；只有拜群众为老师，群众才会向你传授真经。

如果缺少感情，干巴巴地讲大道理，就缺少感染力，就不能打动听众的心。对他人没有感情，人生就会如同一片荒凉的沙漠。列宁说过一句妙语：“没有‘人的感情’，就从来没有也不可能有人对于真理的追求。”①科学家培根说：“和蔼可亲的态度，是永远有用的介绍信。”因此，应重视情感沟通，和谐人际关系，情为民所系。

当年，地质学家李四光冲破阻挠抵达香港，周恩来派人前往迎接。此时谣传李四光不想回国了，将要去台湾。周恩来给予充分信任，并把新中国成立后首届地质工作会议推迟，等李四光回国后再开，李四光十分感动，决心拿出百分之百的力气来为国家找矿。周恩来对人推心置腹，把尊重人与相信人、理解人结合起来。他经常告诫自己与他人，做思想政治工作千万不要盛气凌人，否则就会拒人于千里之外，就会使人见而生畏，见面生厌，自然也就谈不上让别人听从你的教育与引导了。

《百人访谈周恩来》一书中记录了苏联专家组成员和外交官苏达利科夫的回忆：“周恩来多少次都表现出他关心体贴人、一丝不苟和他有高度文化教养的品德。”“尽管时间已经久远，但每一个在中国工作过的专家首先想起的就是周恩来。当然还会想起其他很好的人和知名人士。但不知为什么，总感到周恩来比任何人更亲近，对他有更多的敬意。”只因为周恩来的思想政治工作

①《列宁全集》第二十五卷，人民出版社1988年版，第117页。

中渗透着对他人的关爱，所以他的思想政治工作具有巨大的向心力、亲和力与凝聚力。

面孔好不好、衣冠正不正，看似小问题，实则反映的是对群众的感情和态度，体现的是党的宗旨和作风。那些阴晴不定、瞬息万变的脸，那些麻木不仁、冷若冰霜的脸，群众最不愿意看。看了会印在心上，留下不好的印象。党员干部面孔如何，取决于内心的修为。良好的面孔不是天生的，不是自封的，不是包装的，需要长时期刻苦地、郑重其事地修炼。

良好的面孔和形象的修炼，是一种不断提升、净化自我的行为活动，它能使行为符合道德规范，有助于提高自身素质、提升人格魅力，促进人与人之间的信任和了解，进而促成良好的人际关系。

保持党员的纯洁底色、先进本色，才能赢得群众，赢得民心。焦裕禄把群众放在心中最高位置。他带头慰问贫苦群众，给他们送去粮食和财物。他经常钻进农民的草庵、牛棚，同农民同吃同住同劳动，其面孔虽饱经沧桑，却依然可亲可敬。

党员干部的面孔是其本色本性的自然流露，是其思想觉悟、道德品质的外在体现。有哲人说："一个人后天的学识修养都写在脸上。"如果你从群众的眼睛里看到的是鄙夷，说明你的面目可憎，这绝对不是小节问题。共产党人的宗旨就是为人民服务。面向群众，面对下属，我们不能甩脸子、板冷脸、给脸色，更应当对自己的面孔负责。心情再差，也不要写在脸上，因为没有人喜欢看你的愁眉苦脸。外表有形、语言有度、行为有谱，从政不忘百姓，掌权不忘廉政，做事不忘公平，才能提升自己的人气指数，提高亲和力和追随度，才能使人民公仆形象深入人心。

做群众拥戴的实干家

房玄龄（597—648），隋朝末年举进士，唐朝开国宰相，贞观盛世的缔造者之一。房玄龄有句名言："谦虚温谨，不以才地矜物。"许多人说起房玄龄，总会认为他是贞观朝的出气筒。史书记载：房玄龄日日夜夜都能谦恭谨慎，尽心竭力做好每一件事，虽一物一事也不疏忽。听说别人的优点，就好像自己的优点一样。不要求别人完美，也不以自己的长处要求别人。对上对下，无论尊卑都能相处很好。

房玄龄佐李世民定天下，任宰相22年，通晓政务而又有文采，治理国政公平正直，以赤诚之心忘我工作，得到属下官员的爱戴。房玄龄去世后，唐太宗追封他为太尉，被图形于凌烟阁流芳千秋万代。后人评论："真宰相也！"

为了筑起梦想而求真务实，是一种敢闯难关、锐意进取的精神状态，一种坚韧不拔、愈战愈勇的意志品质，一种奋不顾身的拼搏和敢为人先的超越，而不是好高骛远，脱离实际，搞花架子。这种务实精神能够磨炼意志和陶冶情操，能够增强责任感和进取心。务实精神展现了一代又一代共产党人的熠熠风采和铮铮铁骨，彰显了苦苦拼争、默默奉献的高尚品格。

《人民日报》2018年3月2日刊登的《周恩来：一个光荣而不朽的名字》一文记载，郭沫若曾在《洪波曲》中讲到自己亲眼看见开国总理周恩来特别务实、夙夜在公的情景："他一切都以献身的精神应付，就好像永不疲劳。他可以几天几夜不眠不休，你看他似乎疲劳了，然而一和工作接触，他的全部身心便和上了发条的钟一样，有条有理又发挥着规律性的紧张。"说他"可以几天几夜不眠不休"，当然是在十分必要时才那么做的。万隆会议先遣组组长姚力曾说：在万隆的七八天内，周恩来同志每天睡觉的时间大体只有3小时。这听起来让人难以相信，但姚力细细地说明他每天的时间安排，让人不能不信。后来，周恩来同志的机要秘书郭英会讲的情况，和姚力所说的完全相同。

习近平同志曾说，一个不图私利，不图清福，只图为社会、为人民多做贡献，为共产主义理想而奋斗的人，在领导岗位上，即使工作苦些、累些，他的心里也是充实的，这种充实感对他来说就是一种无穷的乐趣。党员干部要在摸爬滚打中增长才干，关键时刻站得出来、生死关头豁得出去，用生命和汗水诠释共产党人的坚强革命意志。有志向、有抱负的共产党人，一定能够从自身做起，务实进取，奋发有为，把自身价值和人生光彩展现在崇高事业的大发展、大繁荣之中，做出仰无愧于前辈、俯不负于后人的出色业绩。一个充满生机的强大中国将巍然屹立于世界东方，一幅异彩纷呈的现代化图景将展现在神州大地。

据时任正定县副县长王幼辉回忆，习近平同志于1983年任县委书记后，正好来了一个机会——中国电视剧制作中心要拍摄连续剧《红楼梦》。习近平通过做工作，争取到剧组的很大一部分镜头在正定县拍摄。剧组原计划搭建一个临时拍摄基地，拍完了戏一拆了事。后来，习近平决定建一个永久性的荣国府，还要建荣宁一条街，这样正定以后就可以借此发展旅游事业。

习近平就和他讨论，荣国府建好了，《红楼梦》拍完之后，如何再利用这些房子的问题。当时习近平跟他说了一个方案，就是把荣国府变成仿古形式的招待所。习近平说："我们把荣国府建成永久的建筑，拍完电视剧以后，不仅可以当成旅游景点，也可以变成招待所，比如尤二小姐的房间多少钱一天，王熙凤的房间多少钱一天，林黛玉的房间多少钱一天……这是一个思路，如果这条路走不通的话，我们就搞旅游，把荣国府作为旅游景点来开放。"习近平还给他算了一笔账:"不仅仅是荣国府卖门票的问题,也不是为了让游客来看一会儿就走。游客不仅在荣国府参观,还可以在荣宁街吃饭、买纪念品。如果我们正定县只有一个隆兴寺的话,游客一上午就走了,只在此留半天。如果我们再加上荣国府和荣宁一条街,游客最少能留一天。这一天之内,他要吃喝,要住宿,要消费,这样他就把钱留在正定了。"正是基于这种考虑,习近平就下定了建设荣国府的决心。

1986 年,荣国府竣工。那时习近平已经离开正定到厦门工作了,王幼辉去参加了竣工仪式。荣国府对游客开放以后,门票销售异常火爆,有力拉动了正定的旅游、餐饮等相关产业,对繁荣正定经济发挥了极大作用。

王幼辉回忆说,习近平的眼光独到,很有远见,发展旅游业不算计一时一处的收入,而是综观全局来策划。他在浙江任省委书记时,把西湖的门票一律免除,一开始有些人不理解,后来发现门票免了以后游客更多了,杭州的旅游收入反而大幅提高了。

成功大多缘于实干,祸患往往始于空谈。一个国家的兴盛,无不是源于实干;一个民族之衰落,大多是因为空谈。共和国发展时期的光辉历程,就是一部求真务实的奋斗史:恢复生产,发展经济;攻坚克难,频创奇迹;抢抓机遇,再续辉煌;开创新局,定格完美。空谈是"语言的巨人、行动的矮子",比实干来得容易和轻巧,是一种形式主义,会误事、误国的。无论在什么领域谋事、创业,都离不开调查研究。"知屋漏者在宇下,知政失者在草野。"习近平同志认为,"调查研究不仅是一种工作方法,而且是关系党和人民事业得失成败的大问题"[①]。深入实际调查研

① 本书编写组:《习近平总书记系列讲话精神学习读本》,中共中央党校出版社 2013 年版,第 136 页。

究，把要做的事情谋划得更实一些，办好为民的好事实事，解决好“最后一公里”的问题。

今天，我们站在了一个新的历史起点上，比历史上任何时期都更接近、更有信心和能力实现中华民族伟大复兴的目标。要把我国建设成为富强、民主、文明、和谐、美丽的社会主义现代化强国，要实现中华民族的伟大复兴，需要我们不懈奋斗，撸起袖子加油干。党员干部要积极带头，率先垂范，用心干事，把全部的心思和精力都放在工作上，形成阶段性的具体目标、具体路线图、具体时间表，雷厉风行，狠抓落实，让每一个工作岗位都焕发出创造活力；保持昂扬向上的朝气、永不言败的志气，勇立潮头，敢于争先，带头打拼；坚持从实际出发，察实情、讲真话、办实事，具体情况具体分析，反对简单化、片面性和绝对化，实事求是地研究处理问题，使主观与客观相统一，认识与实践相符合。

领导干部求真务实，撸起袖子加油干，不仅体现在抓具体的事务性工作上，而且要注意从全局上观察问题。在事关大局和自身利益的问题上，以宽广的眼界审时度势，以长远的眼光权衡利弊得失，自觉做到从大局出发，以整体利益为重，服从组织，不讲条件；把中央和上级决策的精神与本单位的实际结合起来，开拓创新，追求卓越，以只争朝夕之行开启新征程，以答卷的高分回报人民群众。

第三章

忠于使命，道德修养抵千金

ZHONGYU SHIMING，DAODE XIUYANG DIQIANJIN

修身立德是一生的必修课

修身齐家治国平天下，修身为首要。“自天子以至于庶人，壹是皆以修身为本。”（《大学》）从“天子”到老百姓，所有的人都应把修养身心当作根本大事来抓。中国古代儒家认为，修身为本，是第一位的，然后才能向更高的人生理想和事业进步。修身属于内在的明德，而齐家、治国、平天下属于外在的事功。修身的意义在于齐家、治国、平天下。儒家的修身思想言传至今，本身具有很强的生命力。

道德决定着成功与幸福。道德是良好心态的源泉，是驾驭智谋的主宰。老子有言：“含德之厚，比于赤子。”——道德深厚的人就像天真无邪的婴儿一样受人喜欢。“为政以德，譬如北辰，居其所而众星拱之。”（《论语》）执政者要以德施政，善待民众，以自身的道德行为去教育和感化百姓，以赢得百姓的拥护。“德不称位，能不称官，赏不当功，罚不当罪，不祥莫大焉。”（《荀子》）

孔子在其一生中，用15字箴言总结修身：恭、宽、信、惠、敏；温、良、恭、俭、让；仁、义、礼、智、信。他试图用修身来培养人们的品德。孔子修身思想的基本原则是以仁、义、礼为核心的道德精神的延伸，是中华民族千百年来团结统一的重要精神纽带。

宋代大理学家朱熹说：“圣贤千言万语，只是教人做人而已。”古人云“先修身而后求能”，指出了人的修养、品行对于个人价值的重要性。“修”的原意是“切磋琢磨”。《诗经》中说：“有匪君子，如切如磋，如琢如磨。”——谦谦君子的好人品，如同经过雕琢的金石美玉。“养”的本意是指涵养性情或陶冶情操，求其粹美。修养包括的范围较广，有思想、政治、德行方面的修养，有待人、处世方面的涵养，有知识、技能方面的造诣。

德，乃立身之本、为官之要、润才之源、领才之魂，是一道无声的道德律令。“人可以一生不仕，但不可一日无德。”君子修身养性，重在内修心灵，端正自己的品性；外塑形象，端正自己的仪容。正如欧阳修所言：“君子之修身也，内正其心，外正其容。”加强品德修养，会使人的气质与众不同；而不注意自己内在的品德修养，会导致空有外表而缺乏素质。以现代视角理解，加强自我修养，树立正确的权力观、价值观、事业观，同样是我们提高干部素质的首要任务。

党章在阐述党员必须履行的八项义务中，明确要求共产党员要“发扬社会主义新风尚，提倡共产主义道德”。党的十七大、十八大、十九大通过的党章都将“加强道德修养”作为各级领导干部必备的基本条件写进其中。我们一定要把修身立德作为一生永恒的课题来坚守，一定要做一个正直、善良、诚信、勤勉的人，当一名忠诚、担当、干净的官。

习近平同志多次强调官德的重要性：做官先做人，做人先立德；德乃官之本，为官先修德。2014 年 5 月，他在河南省考察时指出：“面对纷繁复杂的社会现实，党员干部特别是领导干部务必把加强道德修养作为十分重要的人生必修课，努力以道德的力量去赢得人心、赢得事业成就。”十九大党章强调：党的干部要加强道德修养，讲党性、重品行、作表率。因此，党员干部若要有好形象，一定要以严和实的态度，把修身立德摆在首要位置。越在进步之时，越在居高之处，越要不忘初心，越要自觉修为。

据中央纪委统计，党的十八大至十九大之间，共立案审查省军级以上党员干部及其他中管干部440人，其中中央委员、候补中央委员有43人，中央纪委委员有9人；纪律处分厅局级干部8900余人，处分县处级干部6.3万多人，处分基层党员干部27.8万人，追回外逃人员3453人，其中“百名红通人员”已有48人落网。

官员出现违法违纪问题，直接与淡化道德修养、道德沦丧有关。现在许多因腐败问题倒下去的干部，刚开始都是因为在一些小事情上放松了对自己的道德要求，忽视了自身修养，物欲膨胀、信仰失落，执迷于物质利益的追逐，面对“德”与“得”的矛盾，做出不道德的选择，最终抵挡不住金钱、美色的诱惑，自觉不自觉地逐渐陷落下去，走向腐化堕落的深渊。一个人的行为是要靠道德的内在价值观引导的，一旦价值观错了，人的行为也必然错误，表现为丢掉理想、以权谋私、腐化堕落等。人生的第一步走错了，以后就会步步走错。

十九大党章强调：党的干部要加强道德修养，讲党性、重品行、作表率。因此，党员干部若要有好形象，一定要以严和实的态度，把修身立德摆在首要位置。习近平同志指出：“要加强道德修养，带头弘扬社会主义核心价值观，明辨是非善恶，追求健康情趣，不断向廉洁自律的高标准看齐，做到心有所戒、行有所止，守住底线、不碰高压线。每个领导干部都应该把洁身自好作为第一关，从小事小节上加强约束、规范自己，坚决反对特权思想、特权现象，习惯在受监督和约束的环境中工作生活，炼就过硬的作风。”

修身立德，是决定每个人所能够达到的人生境界的标尺，是拒腐防变、兴旺事业的重要基础。十九大党章强调：提倡共产主义道德，弘扬中华民族传统美德。习近平同志在《之江新语》中有言：“传统文化中，读书、修身、立德，不仅是立身之本，更是从政之基。按照今天的说法，就是要不断加强党员领导干部的思想道德修养和党性修养，常修为政之德、常思贪欲之害、常怀律己之心，自觉做到为政以德、为政以廉、为政以民。”习近平同志指出：“古往今来，为官者‘不患无位，而患德之不修也’；‘不患位之不尊，而患德之不崇’。”

修身积德胜贵金。领导者有权，不一定有威信、有作为。应当推崇“为政以德，譬如北辰”，通过正确的思想、好的行为、品德的魅力等非职务影响力来实现领导作用。宋代名相赵鼎说：“吏不善，政虽善不行。”要谨记“在人之上要视人为人，在人之下要视己为人”。党员干部的道德高尚、能力较强，下属和群众就会钦佩，进而无条件地服从和信赖他。谁想成为一个道德高尚的党员干部，谁就必须自觉地、郑重地进行道德修养，舍此别无他途。党员干部一定要把常修为政之德放在做人的首位，作为一生永恒的课题来坚守，常怀律己之心，常思贪欲之害。正如刘少奇所言：“必须下苦功夫，郑重其事地去进行自我修养。”

做官先做人，做人必修身。做人是做官与做事的前提，也是做官和做事的保障。因此，党员干部要先做人，后做“官”。一个官德高尚的人，自可以威光照人，神采慑人。1955年8月1日，许光达获知自己将被授予大将军衔的消息。他几次找长期领导过他的贺龙等老首长，提出降衔申请，但均未获同意。于是，他提笔给毛主席和中央军委各副主席写了一封情真意切的“降衔申请书”。毛泽东看到许光达的申请后感慨地说：“这是一面明镜，是共产党人的明镜啊……五百年前，大将徐达，二度平西，智勇冠中州；五百年后，大将许光达，几番让衔，英名天下扬。”

道德修养是决定每个人所能够达到的人生境界的标尺，是拒腐防变、兴旺事业的重要基础。古人云：“道德当身，故不以物惑。”但丁有句名言：“道德常常能够填补智慧的缺陷，而智慧却永远难以填补道德的缺陷。”反腐倡廉建设要从思想道德教育这个基础抓起，不断夯实廉洁从政的思想道德基础、筑牢拒腐防变的思想道德防线；反腐倡廉抓源头，一定要把加强党员、干部的道德修养作为一个重点。当了干部不等于品德过了关，职务高不等于境界就高。党员干部一定要把立德、修德、践德作为一生的功课。

从政道德体现着党员干部的世界观、权力观和事业观，是事业成功的首因，引领群众前行的旗帜。良好的道德品格，是造就优秀领导者的基础；而不好的道德品格，则是领导者成功的羁绊。伏尔泰说过，造就政治家的，绝不是超凡出众的洞察力，而是他们的道德。

修身立德，贵在“慎独”。慎独是一个人圣洁的内心世界的反映，是古代儒家创造的、有民族特色的修养方法。“独”是一种失去监督的、别人所不知的隐蔽环境，让意志薄弱的人以为“无人知晓”而心存侥幸。宋代陆九渊说过：慎独即“不自欺”；宋代袁采有言：慎独即“处世当无愧于心”。莫见乎隐，莫显乎微，故君子慎其独也。一个人在“独立工作、无人监督、有做坏事的机会的时候”，正是最能检验党性的“试金石”。我们应在别人看不到、听不到的情况下，也能坚持道德节操，恪守领导干部道德规范，一丝不苟，洁身自好，不搞阳奉阴违，没有半点虚假，不欺人，不自欺；减少浮躁，砥砺意志，自觉远离低级趣味，自觉抵制歪风邪气。

习近平同志曾经多次阐述领导干部的道德修养问题。2008 年在宁夏考察时，他强调领导干部要培养和树立六种意识，包括“自省意识”，即慎权、慎独、慎微、慎友。一个有道德的人，在独自一人、无人监督时，仍然小心谨慎，不做任何不道德的事。坚持慎独，即有人监督和无人监督一个样，不允许有任何狂妄的念头和邪恶念头萌发，不去做违反道德之事，“任你红尘滚滚，我自清风明月”，展现出高尚的道德品质和人格力量。

健康向上的情趣是充实人生、发展事业的良方。语言大师林语堂说过：“人生快事莫如趣。”人人皆有情趣，但情趣有雅俗之分、高下之别。高尚的情趣，催人奋进，使人奋发；低下的情趣，消磨斗志，涣散人心，自以为“有趣”，实则无聊，乃是滋生拜金主义、享乐主义、极端个人主义和颓废腐败的土壤。

一些领导干部原本都能洁身自好，然而面对诱惑，将美女投怀送抱视为“个人行为”。有的人说什么：“领导干部也是人，也有七情六欲，也需怡心养性啊。”说穿了，他们所说的“人”，不过是指那些道德水准较低的暴发户、大款；他们所说的“生活情趣”，不过是指上酒店、洗桑拿、泡小姐、找小姘之类，亦即挥霍公款、花天酒地、依香偎玉的低级情趣，败坏党风民风，贪腐现象也因此滋生。

领导干部要讲操守，重品行，注重培养健康的生活情趣，保持高尚的精神追求。成就其为一个不负于前人、不愧于后辈的人物，则其志趣不可不高远，志气不可不恢宏，志愿不可不坚定，志力不可不强毅。要从点滴之处严起，不让腐败从小节打开缺口；把好亲友关，做到讲亲情不错位，重友情不变味，在思想上守住第一道防线，在行为上把住第一道闸门。

政德的好坏不仅在于言辞，更在于践行。个人的官德修养与社会实践是密切相关的。只有通过实践才能使自己的道德品质得到改善和提高。崇高的政德境界不是说一说就能达到的，需要在实践中严格要求自己、锤炼自己、检验自己，正所谓“烁金索坚贞，洗玉求明洁”；“宝剑锋从磨砺出，梅花香自苦寒来”。换言之，政德之良种只有勤奋耕耘，才能开出官德之花朵，结出政德之硕果。如果把政德要求停留在嘴上，不能内化于心、付诸于行，那只能是“作秀”而已。

拙诚胜于巧伪

拙诚是立身之本，廉洁之基，处世之宝，是中华民族的传统美德。从诚字的组成看，是言而成也，亦即言行一致，并且融入了人们执着的情感。你做人实实在在，真诚地对待他人，人家才能够感受你的真心和诚意，真诚地对待你。《礼记·中庸》指出“君子诚之为贵”，把诚实看成是做人最重要的品质。拙诚是一种人格的力量，具有不可逆转性。

对人真诚是一种美好的品格，是“立人之本”，是做人的第一要义，是公民的第二个“身份证”。晏子为何能被齐景公委以重任？周勃何以被汉高祖托付大事？一个“诚”字，正是其中的关键因素。对个人来说，真诚重千钧，因拙诚赢得的公信力与感召力，不仅能感染人、打动人，更是一笔宝贵的人生财富。一个人的口碑好不好，很大程度上是以真诚度高不高来决定的。一个人不讲诚信就无法在世间立足。

诗人王延绵云：“拒巧挥毫如有神，朝臣天子感忠纯。功兼文武词章雅，大德高才总守真。”晏殊是宋朝时的著名文学家。像我们熟知的“无可奈何花落去，似曾相识燕归来”等名句，便出自他的笔下。范仲淹、韩琦、欧阳修、王安石等，都曾是他的学生。

晏殊 14 岁时，有人把他推荐给宋真宗。皇帝召见了他，并要他与一千多名进士同时参加考试。晏殊把考卷拿起来一看，便说：“这篇文章我在 10 天前已经写过，还是请皇上另外出道题吧。”宋真宗觉得晏殊很诚实，因而特别喜欢他这种毫不隐瞒的态度。

晏殊当职时，正值天下太平。于是，京城的大小官员便经常到郊外游玩或在城内的酒楼茶馆举行各种宴会。晏殊家贫，无钱出去吃喝玩乐，只好在家里和兄弟们读写文章。有一天，真宗提升晏殊为辅佐太子读书的东宫官。大臣们惊讶异常，不明白真宗为何做出这样的决定。真宗说：“近来群臣经常游玩饮宴，只有晏殊闭门读书，如此自重谨慎，正是东宫官合适的人选。”晏殊谢恩后说：“我其实也是个喜欢游玩饮宴的人，只是家贫而已。若我有钱，也早就参与宴游了。”这两件事，使晏殊在群臣面前树立起了信誉，而宋真宗也更加信任他了。

为人真诚而不虚伪，做事诚实而不作假，方能提高自身形象，赢得别人信赖。党的十九大报告指出：“……坚决反对搞两面派、做两面人。”人与人虽有地位与身份的不同，富裕和清贫之差异，但绝无贵贱之分。拙诚的暖流，能够医治心灵和肉体的创伤。要用真诚之心对待别人，用仁义之举善待别人。当发现他人有忧愁、痛苦、烦恼时，应主动、迅速、无私地去帮助而不图回报。宋代大学者朱熹曾说：“圣贤千言万语，只是教人做人而已。”做人要实，就是要表里如一，知行合一，夯实为官之基础，经得起道德良知的拷问，宁可别人负我，而我不负别人。

历史和现实都表明，大至一个国家、一个民族，小到一个地区、一个团队，守诚是做人之根本，做事的前提，为人贵在朴讷诚笃。如果缺失拙诚这个道德的基石，面临的将是事业的衰败和生存的危机，将会造成颠覆性的灾难，其危害远比沙尘暴、厄尔尼诺所带来的自然灾害更可怕。诚信是一种人们在立身处世、待人接物和工作中必须而且应当具有的真诚无欺和信守诺言的行为品质。诚信之“诚”是诚心诚意、忠诚不二；诚信之“信”是说话算数和信守诺言。缺失诚信，不仅自己欺骗自己，也必然欺骗别人。这种自欺欺人既毁坏了健全的自我，也破坏了人际关系。因此，诚信是一个人立身之本、处世之宝。

经常自作聪明的人，机关算尽、虚伪、讨巧，让人感觉不实在，不能不防。三国时，李康在《运命论》中曾为巧伪之人画像：“俯仰尊贵之颜，逶迤势利之间；意无是非，赞之如流；言无可否，应之如响。”《郁离子》记载，越国商人虞孚在吴国卖漆，本来可以稳获厚利，但贪图厚利，掺杂使假，终使其失于信誉，结果商品变质，虞孚沦为乞丐，饿死他乡。

为人处世，如果没有真诚，当“两面人”，总爱“忽悠”别人，标榜自己如何如何正直，实际上却见风使舵，媚上欺下；总言自己多么仁义，实际上却阳奉阴违，迟早会被人识破。有的人把忠诚喊得山响，表态时信誓旦旦，暗地里却腐化堕落，直至身陷囹圄；有的人在工作中媚上欺下、虚多实少、阳奉阴违，热衷于做表面文章、搞政绩工程、玩数字游戏；有的人利用花言巧语来苦心钻营，想方设法牟取私利，让人们信不过、瞧不起。毒酒、毒奶粉、假烟、假酒、假账、假证、假文凭，漫生出诚信缺失的丑陋、巧伪的奸诈，只能骗一时，不能骗人永久。“取巧”实则“巧取”，尽管会占便宜，却丢了名声，让人不信任，令人生厌，避而远之。金玉其外、败絮其中、“兵法”太多，其本身就是做人的失败，还有什么成功可言呢？

世界上最聪明的人是最讲拙诚的人。用大拙常常能破大巧，用大诚往往能破大伪。在官场和职场，急功近利、玩弄权术、勾心斗角时有发生，真、善、美显得尤为珍贵，是最奢侈的东西。许多人就打起情感牌，待人以诚，常常一举得胜。没有拙诚，交朋友不会长久；没有拙诚，做生意岂能红火；没有拙诚，干大事不过是空谈。因此，与其精明老练，熟悉人情世故，不如敦方拙诚，淳朴纯真，待人以诚。正如老子所言：“敦兮其若朴，旷兮其若谷，混兮其若浊。”——应像未经雕琢的素材那样淳厚质朴，像深山幽谷那样空豁开阔，像浊水那样浑朴淳厚。

曾国藩是中国近代史上影响至为深远的一个人物。李鸿章等称呼曾国藩为老师，张之洞、袁世凯、蒋介石尊其为“圣哲”。梁启超、杨昌济、陈独秀等也都对之表示过钦佩与推崇。曾国藩说过：“精诚所至，金石亦开，鬼神亦避。”他把“朴诚”当作医治清王朝政治病的一副“良药”，只可惜朝廷早已病入膏肓、无药可医了。百巧输一诚，道出了为人处世的真谛。虚伪的百巧，无论怎样的变化莫测，最终输在一诚上。

李鸿章晚年回顾自己的一生时说：我的老师曾国藩，交给我最重要的东西就是这个“诚”字，这真的是让我受益无穷。曾国藩曾经问李鸿章：“你跟外国人打交道，打算用什么方法？”李鸿章说：“我跟他们打痞子腔，耍无赖。”曾国藩说：“不好，你用一个‘诚’字。不管是外国人还是中国人，都是人，人都讲道理。对谁我们都应当秉承真诚。”

拙诚可以赢得尊重和信任，是“重要的存款”，是人生的通行证。用拙诚和信任对待部下，部下就能用拙诚回报，并能为上司分担忧愁。我们以诚相见，平等待人，就会使对方产生亲近感和信任感。徐特立曾经在湖南第一师范从事教育工作，当过毛泽东的老师。20 年以后，当徐特立在延安过 60 岁生日时，身为中国共产党中央委员会主席的毛泽东，写信向他祝贺，说：“您是我 20 年前的先生，您现在仍然是我的先生，将来必定还是我的先生。”

在毛泽东身边工作 15 年的李银桥，有一个突出的感受：在党的领袖人物中，毛泽东是最不肯掩饰自己的好恶、不愿掩饰真实感情、不愿牺牲真诚的人。毛泽东早年致新民学会会友彭璜的信中，说自己的做人准则是“立志真实”，“自己说的话自己负责，自己做的事自己负责，不愿牺牲真我，不愿自己以自己做傀儡”。毛泽东追求本色、真诚、实在的为人处事风格。他青年时代创办新民学会时，曾要求加入学会的人在品行上诚实不华。他一生喜欢和坦率、洒脱的人接近，厌恶虚伪做作的人。

罗荣桓是毛泽东的同乡，1927年他跟随毛泽东参加秋收起义，一同走上井冈山。他在民主革命各个时期，南征北战，屡建功勋。1963年12月16日，罗荣桓病逝。毛泽东悲痛异常，几天之内不能入睡，写成七律《吊罗荣桓同志》，投笔问苍天："君今不幸离人世，国有疑难可问谁？"这都是出自于至诚的。

一个心存拙诚的人是真正有力量的人，他对人、对事皆出于真心，不会虚伪做作，自然能赢得大家的尊敬。"宁为世人笑其拙，勿为君子病其巧。"一个人质朴拙诚，他人才能够感受你的真心、你的诚意，真诚地对待你。用心去换心，彼此才能心心相印。

对中央警卫团战士张思德的牺牲，毛泽东心情非常悲痛。当他闻知张思德被压在窑底还没挖出来时，找到警卫队队长古远兴，嘱咐说："要赶快挖出来，要放哨看好，山中狼多，不要被狼吃了。要是被狼吃了，我就拿你是问！"古远兴原打算将张思德遗体挖出后就地下葬，但毛泽东说："不行！"并当即指示："一要给张思德身上洗干净，换上新衣服；二要搞口好棺材；三要开追悼会，我去讲话。"

9月8日，中央警备团和党中央机关的部分同志共1000多人，在延安枣园操场举行追悼大会。毛泽东亲自拿着自己题名的花圈，献在了张思德的遗像前，他沉默了很久。然后，在追悼会上，向全体与会者作了题为《为人民服务》的演讲。他说："人总是要死的，但死的意义有不同。中国古时候有个文学家叫司马迁的说过：'人固有一死，或重于泰山，或轻于鸿毛。'为人民利益而死，就比泰山还重，替法西斯卖力，替剥削人民和压迫人民的人去死，就比鸿毛还轻。张思德同志是为人民利益而死的，他的死是比泰山还要重的……"毛泽东为牺牲的普通战士举行隆重的追悼会，确实令在场者深受教育，深受感动。

诚信无伪是做人的脊梁，是一种操守和品德，但绝不是先天就有的，需要后天培育而成，其途径外靠法律约束，内靠自律与修养。诚信与自律互为关联，互为因果，相辅相成，共同促进人的道德完善，优秀人格的形成。铁肩担公道，俯首载拙诚，挺胸顶压力，傲立天地间。“白天精心于事务，而不做有愧于良心之事，夜间就能坦然入梦。”（托马斯·曼）表里如一，恪守本分，无欺无诈——正人君子为人处世应当这样。不论是为政、经商，还是交往、处世，都要把握一定的尺度，以诚挚、正义为出发点，依情况不同而采取不同的处理方式，包括不排除适度的弹性，采用必要的变通，但是内心一定要诚实守信，不可伪善、巧诈。

真诚守信是做人的原则，是一种正直的品格，历来受人推崇。国学大师、资深教授季羡林说过，自己喜欢的人是这样的：质朴，淳厚，诚恳，平易；骨头硬，心肠软；怀真情，讲真话；不阿谀奉承，不背后议论；不人前一面，人后一面；无哗众取宠之意，有实事求是之心；不是丝毫不考虑个人利益，而是多为别人考虑；关键是一个“真”字，是性情中人。

人的尊严和光荣不在于精明而在于拙诚。拙诚是高于云天的品格，是一个人踏入这个世界的通行证，是我们必须具备的一种最基本的能力和素养，是可以胜任工作必备的“软件”之一。这个世界还是好人多、拙诚多。你把别人当亲人，别人也会把你当亲人；你快乐着别人的快乐，别人也会快乐着你的快乐；你爱护别人，别人也会爱护你。此乃人际关系中的一般规律。对人捧出一颗拙诚之心，会使人感受到拙诚的千钧力量，一生难以忘怀。

莫做"圈子文化"信徒

在大有可为的新时代，从业、为官，要有定力、行得稳，坚决要不得"圈子文化"。习近平同志在党的十九大报告中提出，"坚决防止和反对宗派主义、圈子文化、码头文化，坚决反对搞两面派、做两面人"。

何为"小圈子"？一般的解释是"为个人利益而互相拉拢、互相利用的小集团"，同时也被称为小帮派、裙带风、拉山头、近亲繁殖等。有些领导干部着力培养自己的"小圈子"，希望依靠这种"圈子"树立自身威信、满足个人欲望。

宋代欧阳修《朋党论》阐述了一个观点："大凡君子与君子以同道为朋，小人与小人以同利为朋。""小人之所好者，禄利也；所贪者，财货也。当其同利之时，暂相党引以为朋者，伪也；及其见利而争先，或利尽而交疏，则反相贼害，虽其兄弟亲戚不能相保。"意思是说，君子交朋友以同道为前提，小人交朋友以利益为前提。小人所贪的是钱财。

一个时期以来，有少数领导干部在工作和生活中爱搞"小圈子"。圈中人对内抱团结盟、相互帮忙、"吹喇叭、抬轿子"，对外以人画线、以邻为壑、排斥异己、掣肘使绊。领导干部搞"小圈子"，无论是出于何种动机，都是以权力为纽带，以牟利为目的，与我们党立党为公、执政为民的价值追求是完全相悖的。这些具有依附性、投机性、贪婪性的"小圈子"，是侵蚀我们党的健康肌体的"毒瘤"，必须引起高度重视，采取措施防止和遏制。

"小圈子"是以权力为轴心编织成的关系网，其本质就是利益联盟。"小圈子"以休闲为媒介，以利害得失为标准，见利而争先，利尽而交疏，以谋私为目的。"小圈子"有宗派之嫌，破坏团结，涣散人心，滋生腐败。

“小圈子”是滋生歪风邪气的温床，是毒害干部心灵、破坏党的团结的腐蚀剂，危害不容忽视。然而部分党员干部却信奉拉帮结派的“圈子文化”，整天琢磨拉关系、找门路，分析谁是谁的主子，谁是谁的嫡系，该抱谁的大腿。这些圈子中人搞任人唯亲、权钱交易，带坏了党风政风，危害了党的肌体健康。一个单位倘若“小圈子”现象恶性发展，就会导致投机钻营之徒官运亨通，必将腐蚀党的肌体，玷污领导干部应有的良好形象。如果在单位形成一个无形的圈子，圈内的人会觉得自己受宠，于是忠心耿耿为上司工作，但圈外多数人就会觉得自己被疏远，心情不愉悦，就会觉得团队的好坏与自己无关，只是“打工”而已。邓小平 1989 年曾讲过：“小圈子那个东西害死人呐！很多失误就从这里出来。”

吕锡文担任北京市委领导后，身边逐渐形成了一些小圈子。她爱打网球、爱好中医养生，身边就聚集起了“网球圈子”“养生圈子”。她的丈夫是做红酒生意的，他们家定期举办品酒会，于是又形成了“品酒圈子”。这些圈子实质上都不是围绕着兴趣爱好，而是围绕着她的权力形成的，这都是违反党的纪律和规矩的行为，而吕锡文并不把这当回事儿，日积月累，终为“圈子”所累，受到党纪的惩处。

由此观之，我们对这种“小圈子”现象要有理性的认知，保持清醒的头脑，不应听之任之、放任自流。共产党员、党的干部都是党的人，干部是人民的干部，绝不是哪个人的家臣，也不是哪一派的门客，决不能无原则地顺从。依附心理带来的是包袱，捷径思维通向的是邪路。攀龙附凤、拉拉扯扯的后果，最终逃不脱拔出萝卜带出泥、树倒猢狲散的命运。

习近平同志对坚决杜绝一些党员干部搞“小圈子”作出了一系列重要指示，严肃指出：“党内决不能搞封建依附那一套，决不能搞小山头、小圈子、小团伙那一套，决不能搞门客、门宦、门附那一套，搞这种东西总有一天会出事！”“需要注意的是，不能把党组织等同于领导干部个人，对党尽忠不是对领导干部个人尽忠，党内不能搞人身依附关系。干部都是党的干部，不是哪个人的家臣。有的干部信奉拉帮结派的‘圈子文化’，整天琢磨拉关系、找门路，分析某某是谁的人，某某是谁提拔的，该同谁搞搞关系、套套近乎，看看能抱上谁的大腿。”[①]

一些地区和部门“用小圈子里的人”已成为安排使用干部的规则，在组织之外自成中心，由过去的同学、同事、同志，渐渐变成互相勾结、利用，具有人身依附性质、共享既得利益的同伙，不称“同志”叫“老板”，不要团结要结团。圈内可以相互吹捧，频繁谄媚，无话不谈、无事不议，正当渠道不听，专听小报告、偏听偏信。小圈子紧紧抱团、一致对外、排斥异己。靠山容易成为“火山”，干事业要靠班子不靠圈子，靠团队不靠团伙，搞小山头、小圈子、小团伙那一套，到头来会栽跟头的。“圈中人”一旦失去权势，失去利益驱动力，也就不成为“圈中人”了。吉林省委原副秘书长张新民入狱后的当年春节，往年踏破门槛的“朋友”“老乡”不见了踪影，原有的车水马龙、门庭若市，变为“门前车马稀”。

《关于新形势下党内政治生活的若干准则》指出：“党员、干部特别是高级干部不准在党内搞小山头、小圈子、小团伙，严禁在党内拉私人关系、培植个人势力、结成利益集团。对那些投机取巧、拉帮结派、搞团团伙伙的人，要严格防范，依纪依规处理。”“小圈子”是侵袭党风政风的“病原体”。领导干部要加强

① 中共中央文献研究室编：《十八大以来重要文献选编》（上），中共文献出版社2014年版，第769—770页。

原则性和正义感，铲除“小圈子”。根据纪律处分条例，在党内搞团团伙伙、结党营私、拉帮结派、培植私人势力或者通过搞利益交换、为自己营造声势等活动捞取政治资本的，情节严重的，给予留党察看或者开除党籍处分。

要保持清清爽爽的同志关系和上下级关系，不搞小圈子和人身依附。要抵制和反对关系学、厚黑学、官场术、“潜规则”等庸俗腐朽的政治文化，不把拉帮结派视为“能耐”，不把坚守党性当成“古板”，不把独善其身视为“无能”，不把经营关系当作“时尚”，不把阿谀奉承视为“正常”，反对搞两面派、做两面人，营造风清气正的从政环境和政治生态。应坚持以德为先、德才兼备的用人标准，放开眼界选人才，倾听群众的真实反映，任人唯贤，知人善任。

善待每一位下属

善良仁爱具有强大的力量，人的一生应当始终常怀善念、施予仁爱。以柔情善待下级，如冬日的阳光、春日的和风，这是领导干部与下级交往的法宝。你想让别人怎样对待你，你就要怎样对待别人。

“南风法则”源于法国作家拉·封丹写的一则寓言，它说明了一个道理：温暖胜于严寒。党员干部应深谙刚柔相济的原理，运用“南风法则”，让关爱如南风，充分尊重、善待部下和员工，多点人情味。

有一天，北风和南风较着劲儿，都觉得自己比对方厉害得多。北风和南风比谁的威力大，看谁能把行人身上的大衣脱掉。首先是北风来了一阵凛冽刺骨的冷风，结果行人为了抵御北风的侵袭，把大衣裹得紧紧的。南风则徐徐吹拂，顿时风和日丽，行人春意上身，开始解开纽扣，继而脱掉了大衣，最后，南风获得了胜利。这就是“温暖法则”，也叫作“南风法则”。

人主要是活在精神生活中，总会被感动的。北风和南风都想使行人脱掉大衣，但由于方法不一样，结果大相径庭。热情的问候，温馨的微笑，往往会成为开启你幸福之门的一把钥匙，使你走入柳暗花明之境。党员干部在管理中运用“南风法则”，就是要尊重和关心下属，以下属为本，多注意解决下属日常生活中的实际困难，使下属真正感受到领导给予的温暖，从而去掉包袱，激发工作的积极性。这种良好真诚的关系能够使双方之间产生亲切感，双方之间相互的吸引力就大，个人的魅力也就大。

与人为善、扬人之善，应当是党员、干部的一个职责。“与人善言，暖若锦帛；与恶言，深于矛戟。”党员、干部常常运用的应该是赞美和表扬，而不是批评、挖苦。美国心理学家威廉·詹姆士说：“人类本性上最深的企图之一是期望被赞美、钦佩、尊重。”

当上级待人如己、多替下级着想时，上级身上就会散发出一种善意，影响和感染包括下级在内的周围人。在与下级交往时，应主动和对方打招呼，不要以为自己的级别比人高就拿架子。两人见面时，对方主动与你打招呼，你就会觉得对方对你尊重和友好，双方之间的距离就拉近了。当你主动与别人打招呼时，对方也会有同样的感受。双方近距离相遇，又无须深谈的，可以驻足稍寒暄即可，问一声：“你好。”双方距离稍远，则行一个点头礼——目视对方，点一点头即可；在同一场合双方多次相遇，也可以用点头礼打个招呼，表示礼貌。

领导者应树立公平意识，对待下属一视同仁、不偏不倚、“亲密有间”，保持适当的距离，给下属一个庄重的面孔，才能树立自己的威严，获得他们的尊敬。凡事出以公心，以客观事实为依据，无论是表扬、奖励，还是批评、处分，都不徇私情，不计恩怨，不分亲疏，处事要合乎人情事理。

上一级领导对待下级，应该注意“一碗水端平”。在协调人际关系中，领导者只有以诚待人、以理服人、以情感人，才能使人心悦诚服。之所以发生不客观不公正的现象，是为了偏袒偏爱小圈子。这样做只能是得罪了多数人。只有做到客观、公正，才能真正做到不拉帮结派，搞五湖四海，赢得广泛的支持与拥戴。

领导者要为下属撑腰，敢于承担责任，适度地为下属“护短”。下属有了轻微的过失，大家又能谅解，不妨将下属的过失性质评估得轻些，惩罚从宽些。对于下属的过失，不妨搁一搁，作“冷处理”，或给下属将功补过的机会，视其表现如何，再作处理。

一个个小小的善行，不过是举手之劳，却能给予人很大的帮助，让人一生难忘。善待的一个含义是礼待，也就是尊重。从隶属关系上来看，下级是协助上级完成组织任务的帮手，每天含辛茹苦，上级理应以礼待之。地位越高越要尊重下属，对下属的尊重更可贵，使下属感受到他的尊严。在与下级交往过程中，尽量不要“质问”，而是要“询问”。这样，下级就会充分体会到上级的善意，与上级和谐相处。有的时候，你的下属遇到了困难或麻烦，需要你帮他一把。如果你确实心有余而力不足，一定要以诚恳的语气向对方说出自己的难处，免得让对方误认为你是在敷衍他。

让“红脸出汗”常态化

世间有总是正确、不犯错误的人吗？没有，人非圣贤，孰能无过。即使是圣贤，也是有缺点和错误的。古代的所谓“圣贤”也是人，只不过是按照一定阶级的道德标准，进行刻苦的修养罢了。正如列宁所说：聪明人并不是不犯错误的人，不犯错误的人是没有而且也不可能有的。聪明人是不犯重大错误同时又能容易而迅速地纠正错误的人。习近平同志多次强调，要用好批评和自我批评这个防身治病的有力武器。他在十八届中央纪委六次全会上明确指出："要让批评和自我批评成为党内生活的常态，成为每个党员、干部的必修课。"为了防微杜渐、克服缺点、改正错误，就必须开展批评和自我批评。

行为端，才能家国兴、天下平。做到行为端，就必须开展批评和自我批评。批评与自我批评，是我们党的三大作风之一，也是加强党员和干部修养的重要内容。毛泽东形象地将其比作"扫灰尘""照镜子""洗脸"，"是抵抗各种政治灰尘和政治微生物侵蚀我们同志的思想和我们党的肌体的唯一有效的方法"。毛泽东说过："定期召开会议，进行批评和自我批评，这是一种同志间互相监督，促使党和国家事业迅速进步的好办法。"邓小平指出："在党委会里面，应该有那么一段时间交交心，真正造成一个好的批评和自我批评的空气。"邓小平强调，批评与自我批评的武器一定不能丢，丢掉了这个武器，如同战士丢掉枪一样，就会在工作中和思想上打败仗。

《关于新形势下党内政治生活的若干准则》指出："批评和自我批评是我们党强身治病、保持肌体健康的锐利武器，也是加强和规范党内政治生活的重要手段。必须坚持不懈把批评和自我批评这个武器用好。""批评必须出于公心，不主观武断，不发泄私愤。坚决反对事不关己、高高挂起，明知不对、少说为佳的庸俗哲学和好人主义，坚决克服文过饰非、知错不改等错误倾向。"

在上下级之间、在同级之间，开展批评是很必要的，但批评的效果有好有坏，关键在于你是否用了正确的态度和方法。古代有"爱兵如子"的说法，其实质就是说明不能轻易伤害下属。看到下属有毛病、犯错误而不管，那也是一种伤害。要本着“团结—批评—团结”的方针和与人为善的态度，满腔热忱地对有这样那样缺点错误的同志，予以批评交心，使其红红脸、出出汗，认识问题，尽快改正。

列宁指出：“应当对党内的问题广泛地展开自由讨论，对党内生活中各种现象展开自由的、同志式的批评和评论。”[①] 批评和自我批评对于任何一个富有朝气、生气勃勃的政党都是绝对必要的。正确地开展批评，有利于提高党的威信，有利于提高党员干部队伍素质。党的十九大报告明确要求，坚持开展批评和自我批评，坚持惩前毖后、治病救人。对同志的缺点、毛病，坦诚地提示、批评，是一种爱护，因而应当重视和珍惜。英国有则格言：“坦率，是批评中最灿烂的宝石。”泰国谚语说：“及时告诫的是真挚的朋友。”批评的话当面说好，夸奖的话背后说好。古罗马批评家贺拉斯把批评视为“磨刀石”，“自己切不动什么”，“却能使钢刀锋利”。刘少奇在《论共产党员的修养》中，引征了《诗经》中的著名诗句：“如切如磋，如琢如磨。”比喻个人之间彼此帮助，相互批评，去掉不良的思想和作风。

对错误的东西采取泰然处之、行若无事的自由主义态度，当批评的看客，是一种庸俗的思想作风，是个人利益作怪，是世界观逐渐蜕化的表现，发展下去就会成为不正之风和腐败行为的防空洞和保护伞，对党的事业和个人进步都极为不利，危害党的纯洁性与先进性，削弱党的战斗力。因此，我们应大力倡导坚持党性原则、勇于批评的精神，敢于言人所不能言，言人所不敢言，不做明哲保身的木头官，继续用好批评和自我批评的锐利武器，大胆使用、经常使用，不“王顾左右而言他”。发现问题及时提醒、

①《列宁全集》（第12卷），人民出版社2017年版，第362页。

批评、纠正、处理，使其红红脸、出出汗，不掩盖问题、护短遮丑，不大事化小、小事化了。自我批评要一日三省，同志的批评要虚心接受，敢于正视、改正自己的缺点错误，敢于指出别人的缺点错误并帮助改正。

开展批评需要勇气。这种勇气的唯一来源就是共产党人对党的事业、人民利益的无限忠诚。心底无私天地宽，无私才能无畏。作为党员干部尤其是党政主要领导，只有站在党的事业和人民利益的高度、党性的高度，才能讲原则、讲真理，不讲关系、不讲面子，谈问题不回避，找差距不护短，查根源不遮丑，积极开展健康的思想斗争。

应以真诚平等的态度对待同志的缺点、错误，不要只顾自己痛快，用尖刻的语言批评人和挖苦人，不可过于直率地指出别人的错误，否则会伤害对方的自尊心，会使对方感到难堪、难以接受，由自责转化为怨恨。尤其不要在背后不负责任地议论同志。对待同自己交情深的和不深的同志都要一视同仁，不能亲疏有分，拿原则做交易，做到“好不废过，恶不去善”。一旦在批评中出现一些不团结的隐患，要及早化解，尽早交换看法，满腔热情地对待有毛病的同志，不要等伤了感情再来解决。

对所批评的事必须弄清楚，有证有据，不能道听途说，无凭无据地随便指责人，也不能偏听偏信个别人的反映。毛泽东指出：“说话要有证据，批评要注意政治。”要把批评的着眼点放在政治上，放在党的利益和党的原则立场上。在批评过程中，不宜把注意力只放在个人非原则的缺点方面，不宜只是就事论事，要从同党中央保持一致来考虑，从有无腐败现象来考虑，对违反路线方针政策的事不放过、不袖手旁观，对违反党的纪律的事不迁就、不偏袒，并把这些问题上升到世界观、人生观、价值观的层面开展批评帮助。

“切实开展批评和自我批评，勇于揭露和纠正违反党的原则的言行和工作中的缺点、错误，坚决同消极腐败现象作斗争”，是党章规定的党员必须履行的八项义务之一。对平时自负的人进行批评，先谦虚地承认自己以前犯过错误，再去指出他人的缺点错误，别人就不会感到受不了。如对他说：“这件事你办得不妥，以后注意就是了，不过我年轻时也不行，经验少，出过问题。”通常情况下，要注意方式方法，不宜当着众人的面，或第三者在场时，指出别人的错误，最好找个机会，两人单独在一起批评交心，会收到较好的效果。

陈毅是我们党内“当面敢批评”和勇于作自我批评的楷模之一。1940 年 10 月，陈毅在苏北根据地时，苏北参政员施文舫向陈毅直言，指责东台潘微区委谭启民贪污腐化，蒙上欺下，言语中还夹有批评陈毅偏听偏信之意，使陈毅感到十分逆耳，怒斥施文舫。施冷笑一声，愤然离去。事后陈毅经多方调查，发现谭启民确有严重错误，于是责成东台县委对谭启民的错误严肃处理。又隔了两天，陈毅主动到施文舫家道歉，施文舫对此深为感动。24 年后陈毅作诗：“难得是诤友，当面敢批评。有时难相忍，猝然发雷霆。继思不大妥，道歉亲上门。”

《关于新形势下党内政治生活的若干准则》指出：批评和自我批评必须坚持实事求是，讲党性不讲私情、讲真理不讲面子，坚持“团结—批评—团结”，按照“照镜子、正衣冠、洗洗澡、治治病”的要求，严肃认真提意见，满腔热情帮同志，决不能把自我批评变成自我表扬、相互批评变成相互吹捧。

要通过真诚和理解去温暖被批评者的心灵，以爱护和体贴去换取被批评者的信任。批评时应该“敢敲当面锣而不是打背后鼓”，恰如其分而不是吹毛求疵，“绵里藏针”而不是简单指责，态度真诚而不是虚伪，情绪冷静而不是激动。要动之以情，晓之以理；

循循善诱，耐心引导；敞开思想，以诚相待。

别人在一时间无法认识到自己的过错前，点到为止，允许人家保留意见，有个认识的过程，不要强迫别人立即认错，不认错就训斥。不管批评者和被批评者是一种什么关系，在人格上都是平等的，被批评者也是有尊严的，不宜以势压人，盛气凌人。这样做是合马克思主义之理，合共产党人之情的。

开展批评，要坚持原则性和灵活性的辩证统一。只有原则性而无灵活性的原则，是僵化的原则，达不到动机和效果的统一；只有灵活性而无原则性的灵活，就会使灵活性失去灵活，走向机会主义。学会巧妙地批评，让他人既意识到自己的错误，同时也理解你善意批评的意图，使他内心感受到你的批评就是一种关爱，对你心存感激。党员、干部必须严于自我解剖，对发现的问题要深入剖析原因，认真整改。对待批评要有则改之、无则加勉，不能搞无原则的纷争。

任何一个人都有七情六欲，都会有过失。由于工作不顺利和其他方面的原因，有的同志有时免不了会像“鱼游于沸鼎之中”，心绪烦乱，爱发脾气，或面部表情冰冷木然，或发出深沉的长吟声。这时，要善于择机，注意鉴貌辨色，分析其心绪不好的由来，不宜在此时轻率提出批评。当对方出现轻松愉快的笑脸，倾听和接受别人意见的“概率”会增大，这时提出批评意见，使对方容易接受，择善而从之。

切忌偏听偏信

唐太宗曾问魏征：“历史上的国君，为什么有的明智，有的昏庸？”魏征就给他讲了隋朝虞世基的故事。虞世基专门投隋炀帝之所好，专说顺话，不讲逆耳之言；专报喜，不报忧，结果隋朝灭亡。由此，魏征得出了一个著名的结论：“兼听则明，偏信则暗。如果偏听偏信，非危即亡。”他还列举了历史上尧、舜等贤君和秦二世、梁武帝、隋炀帝等昏君的事例。他说：“治理天下的君王，如果能够采纳来自下面的意见，那下情就会上达，君王就不会受蒙蔽了！”

魏征死后，唐太宗对房玄龄说：“以铜为镜，可以正衣冠；以古为镜，可以知兴替；以人为镜，可以明得失。朕尝宝此三镜，用防己过。今魏征殂逝，遂亡一镜矣。”由此可见魏征在李世民心中的分量。

综观历史上偏听偏信者，结局往往都不好：有的因一事偏听偏信，对关键问题的判别上出了差错，甚而造成决策错误，遭到惨败；有的因刚愎自用，自以为是，不愿听取不同的意见，排斥不同的观点，排挤耿直的下属，偏听偏信成了痼疾，被小人利用。可见，常听到“是”，听不到“不”，不一定都是好事。综观历史，凡成大业者，无不以善听诤言为荣。“君之所以明者，兼听也；其所以暗者，偏信也。是故人君通必兼听，则圣日广矣；庸说偏信，则愚日甚矣。”（汉代王符《潜夫论·明暗》）自以为是，固执己见，一意孤行，必然视野狭窄，思想偏颇，甚至导致决策失误。有的领导者以为权力是个人意志的体现，唯我独尊，一言九鼎，一人说是，众人当诺。下属鸦雀无声、一味顺从之日，恐怕正是其工作失误、造成损失之时。裴多菲曾说：“我宁愿以诚挚获得百名敌人的攻击，也不愿以伪善获得十个朋友的赞扬。”

晚唐诗人胡曾凭吊姑苏台遗址，感慨吴国的兴亡：“吴王恃霸弃雄才，贪向姑苏醉醁醅。不觉钱塘江上月，一宵西送越兵来。”“弃雄才”，指吴王夫差不听伍子胥忠谏……

司马迁在《史记》中单独为伍子胥立传，称赞伍子胥是烈丈夫，说伍子胥是“舍小义，雪大耻”。伍子胥帮助阖闾夺取王位，参与国事；帮助吴王整饬内政，加强武备，多次率吴军攻楚伐越，屡获胜利，成为一方霸主；多次谏诤夫差，劝其拒绝越国求和并停止伐齐。曾一度执诸侯牛耳的霸主夫差，刚愎自用，死到临头，才知道伍子胥的策略是正确的，愧对伍子胥。

神话传说伍子胥忠魂成为潮神，随钱塘潮往来，观吴国灭亡。宋代范成大诗云："千龄只有忠臣恨，化作涛江雪浪堆。"王安石鲜明地提示后世的为政者要近忠贤、远小人，不可为谗言迷惑、左右，而荒废国政。

相左的意见是改进和完善决策的"良方"，不是"毒药"，不是"投枪"。每个人都有强项和弱项，不可能在所有的方面都胜于别人。天外有天、山外有山。不要用自己的长处去比别人的不足，要虚心看待和学习人家的优势和长处。尊重、容纳不同意见，会使决策符合实际情况，符合人民群众的愿望。

由于受客观事物的复杂性的制约，受自身认识的局限性之影响，有时决策会出现难以取舍，或出现偏差，乃至失误。解决好这个问题，使作出的决策经得起实践的检验，就应当而且必须广开言路，兼听多方面的意见，而不是惧怕他人的意见，不是抗拒他人的意见。陈云同志说过："哪个地方、部门有争论，哪里就出真理；反之，没有争论，大致要出毛病。"陈云还以自己的亲身经历，来说明听取反对意见的重要性："我从 1944 年起做财经工作，时间不比你们长，缺点不比你们少，主要是只找自己业务部门开会，偏听一面，现在证明这是不行了。"他还认为，"这些敲锣打鼓的'反对派'，世界上是少有的，为什么我们不要呢？"一个人看问题的眼光总是有局限的，集思广益，才能寻找出解决问题的最佳办法。特别是通过不同意见的辩论、交锋，能使人们对事情和问题的认识比较全面和准确，作出的决策也才能比较科学和有效。因此陈云认为，对于提出不同意见的人，决不要生气，

“他们的意见，对的或者错的，都有益处”。

十九大党章第三十六条规定：“坚持和维护党的民主集中制，有民主作风，有全局观念，善于团结同志，包括团结同自己有不同意见的同志一道工作。”对待不同意见的态度，考验着领导者是否真心实意发扬民主，是否真心实意尊重下属和群众的参与权和表达权。

包容的可贵在于对同类的认同和对异类的尊重。包容不同的颜色，世界才变得绚丽多彩；容纳不同的声音，交响乐才变得美妙动听。诸葛亮提出了“集思广益”“咨取善道、察纳雅言”的思想。他告诫下属，不要因为避嫌或怕得罪人而不敢提出相反的意见来商讨，那样会给国家带来损失。他专门下达《与参军掾属教》一文，表彰敢于和他反复争辩的董和，号召僚属效法他。对于不同的意见、相左的观点，要虚心听取，认真分析，切不可先入为主、自以为是，更不能对提出意见的人不予理会、耿耿于怀。伏尔泰有句名言：“我不同意你的意见，但我誓死捍卫你表达自己意见的权利。”即使有些意见不能采纳，领导干部也能从中了解下属和群众的一些需求。

只有多听谔谔之言，才能广开言路，择善而从。兼听民意，察纳雅言，容纳不同的声音，是尊重对方、沟通协调的桥梁，是博采众长、补己之短板的良方，是办好事情、避免失误的法宝。习近平同志 2013 年 2 月 6 日与党外人士座谈时说，对中国共产党而言，要容得下尖锐批评，做到有则改之、无则加勉；对党外人士而言，要敢于讲真话，敢于讲逆耳之言，真实反映群众心声，做到知无不言、言无不尽。他的讲话体现了我党善纳群言、广聚群智、闻过则喜、求同存异的胸怀，体现了我党光明磊落的底气。有差异的思想碰撞，才能产生真理的火花，而权力不等于真理。只有在“不同”的基础上形成的“和”，才能使言路畅通，才会产生 1 + 1>2 的合力。千万不要冷漠和排斥诚恳指出你的缺点与错误的人，而应视这样的同志为最有帮助、最可爱的人。千万不要文过饰非，把责任推给他人、推向客观，不要编造事实、捏造假象。

从心理学上看，人人都需要被关注。因此，不能总是自己高谈阔论，却不给对方说话机会。一个成熟的领导者能够细心倾听他人的说话，能在交谈时适当点头，保持沉默或改变语调，从而使他人融入交谈。听者在采取专心倾听的态度后，还要对谈话内容进行能动性理解，就是对谈话内容自觉接受和认真处理。

共产党员尤其是领导干部一定要善听谔谔之言，高价征收批评，正确对待和吸纳各方面的批评意见。应把批评意见作为一面镜子，对照检查自己的思想和工作。勇于认错是领导干部光明磊落、心胸坦荡、无私无畏的体现。如果因为说了错话，做了错事，在上下级之间、同事之间造成情感裂痕，那么，弥合这种裂痕的最佳办法是及时认错，真诚道歉。发生冲突，一方能先诚恳地认错，必然化干戈为玉帛。一个素质高的人应是随时自省、勇于认错的人。如果自己是对的，就要说服别人同意；而自己错了，就应真诚地承认错在什么地方，承担责任，通过采取措施，把损失降到最低限度，以后不再犯类似错误。

励精图治之君，繁荣昌盛之世，无不竭诚待下，从谏如流；无不直臣盈庭，竞献其策。多方面听取不同意见才能辨明是非得失。正如马克思所言："真理通过论战而确立，历史事实从矛盾的陈述中清理出来。"如果只听一方面的意见，就容易偏信，作出错误判断。

面对各种批评和不同意见，有的是正确的，但听起来"逆耳"，应有闻过则喜的雅量、从善如流的风度；有的批评既有对的内容，又有不对的东西，总的来说，这种批评体现了群众、下属对领导干部的关心爱护。“爱蔷薇花，不嫌它有刺”。如果只喜欢奴颜婢膝，只愿听到诺诺之言，手下没有一个敢于直言的诤友，听不到一条不中听、不爱听的忠言，容易导致言路堵塞，不知错识之患，导致决策失误，这是很可怕的，这首先是缺少政治修养的表现。即使决策在短时间看没问题，但经不起时间的检验。如果刚愎自用，动辄训人，要求下属绝对服从，原谅自己或文过饰非，胡拍板，乱指挥，拒绝接受正确意见，就会把新思想扼杀在摇篮之中，损害下属的工作热情。

一个人有了权力、威信之后，不容易听到和听取逆耳忠言。谏友的忠言胜过金玉。出以公心、敢于提反对意见的同志和朋友，最可宝贵。有了反对意见，可以引起自己思考问题，改进自己的不足之处，提高工作水平。如果发现领导的缺失，既不要三缄其口，把意见和真知灼见埋在心灵深处，一味顺应趋附，“不度理之所在而阿谀求容”，也不要冷漠拘谨，泰然处之。

如果有不同意见，就要认真听取，展开讨论，吸收正确的，驳倒错误的，使自己的意见更加完整。驳倒错误意见的过程，也是使自己的意见更加完整的过程。2012 年 5 月 16 日，习近平同志在中央党校春季学期第二批入学学员开学典礼上的讲话中，讲了这个故事，并以事说理：人们只有在那些愿意听真话、能够听真话的人面前，才敢于讲真话，愿意讲真话，乐于讲真话。我们的领导干部一定要本着“言者无罪，闻者足戒”的原则，欢迎和鼓励别人讲真话。

《关于新形势下党内政治生活的若干准则》指出：“领导干部特别是高级干部必须带头从谏如流、敢于直言，以批评和自我批评的示范行动引导党员、干部打消自我批评怕丢面子、批评上级怕穿小鞋、批评同级怕伤和气、批评下级怕丢选票等思想顾虑。”坚持原则、敢于谏诤，是我们党坚持真理、修正错误、永葆青春的一个关键环节，必须有出于公心、刚直不阿的品格。

切莫一听到不客气的、不合自己口味的或不顺耳的意见和批评，就认为是对自己不尊重。为政者兼听大家的意见，保持心明眼亮，耳聪目明，少一点自以为是，多一点自以为非，可以防止偏听偏信，利莫大焉。征求意见，关键是多听不同的意见和反面的意见，掌握真实情况，鼓励人们讲真话、实话、心里话，虚心听群众的“牢骚话”，郑重地考虑人家的意见，诚恳地交换意见，把这些宝贵的意见研究清楚，尽量吸取正确的内容，作为决策的依据，不出或少出纰漏。

要创造民主的风气和氛围，尤其是一把手必须带头讲民主，切忌把“班长”变成“家长”、一把手变成“一霸手”。只有发扬民主作风，从谏如流，集思广益，才能洞察变化，吃透情况，正确决策。遇到有的人“拿着棒槌当真（针）”，直通通地揭你的秃疮疤，指出你的问题，切莫听不进逆耳之言，一股脑儿顶回去，而应静下心来倾听，痛下决心及时改正。

可贵的“大智若愚”

人们在交往中寻找的最重要的感觉是放松，常常喜欢与在某些方面不如自己，对自己没有威胁与挑战的人交往。这可能是人性的弱点吧。那些总爱露脸、炫耀自己的人，却把别人搞得紧张不堪，怎么能不遭到冷落和排斥呢？

人们往往不愿承认自己失败，讨论、回避失败。而爱炫耀自己的人，恰恰在提醒别人的能力太低，他（她）在这方面落后了，失败了，不如你。这样一来，会使人们对你产生妒忌和敌意。古往今来，有许多才干超群的人，自恃才高，任性而为，不仅没能立身扬名，反而身陷困境。自恃才高，本质上就是一种对自己的盲目认知、错误认知，是轻别人重自己的思维和心理。

言语谦和好处世，行为低调好做人。大智若愚，字面上的意思是指真正有智慧之人表面都显得愚笨。老子是中国有记载的最早的具有辩证法思想的哲学家之一。老子说："以其终不自为大，故能成其大。"——始终不自以为伟大，所以才成就了自己的伟大。老子认为，"不自见，故明；不自是，故彰；不自伐，故有功；不自矜，故长。夫唯不争，故天下莫能与之争"。——不自我表现，所以才名扬天下；不自以为是，所以才名声彰显；不自我夸耀，所以才有功劳；不自高自大，所以才能成为众人之长。真正的强者不等于处处当主角、事事都逞强。

《庄子·徐无鬼》叙述了猴子逞能的典故。吴王渡过长江，登上猕猴聚居的山岭。猴群看见吴王打猎的队伍，惊惶地躲进荆棘丛林的深处。有一只猴子留下了，它从容不迫地腾身越过一个个树枝，灵活地跳来跳去，在吴王面前显示它的本领。吴王用箭射它，它敏捷地接过飞速射来的利箭。吴王下令叫来左右随从一起上前射箭，猴子躲避不及，抱树而死。这只猴子夸耀它的灵巧，仗恃它的便捷而不把吴王放在眼里，以致付出生命的代价。人要有傲骨，但不要用傲气对待他人。不管有多大的本事，都不可当作骄傲的资本。

木秀于林，风必摧之；堆高于岸，流必湍之。"虎豹之文来射，猿狖之捷来乍。"(《淮南子·说山训》)——虎豹因花纹而招来利箭，猿猴因敏捷而招来捆缚。你不分场合，太露锋芒，表现自己，流露出优越感，会使你的同志、朋友感到你忽视了他的存在，是在有意炫耀自己，他的自尊心受到挫伤，要么疏远你，要么排挤你。

宋朝名将狄青任枢密使的时候，自恃有功，十分骄横傲慢，得罪了一些人。当时文彦博执掌国事，建议皇上调狄青出京做两镇节度使。狄青仗着自己的军功，不想去当节度使。文彦博则对他说：让你出去当节度使没有别的原因，是朝廷怀疑你了。狄青一听此话后退数步，惊恐不安，只好出京。朝廷每月两次派使者去慰问他，只要一听说朝廷派人来了，狄青就恐惧不已，不到半年，就发病身亡了。

在古希腊流传一句话："认识你自己。"当地人把这看成是一种最高智慧。有的同志随着职务提升、赞扬渐多，就"太把自己当回事"，不把别人当回事。不要把自己太当回事，不要拿着鸡毛当令箭，到处耀武扬威，不可凸显你的得意，以免刺激他人、招人嫉妒；也不要把自己不当人，必要的时候，把别人当成自己，把自己当成别人。这是散淡处事、悠然处世的基本前提。

老子是世界上首位强调"弱"的人。"天下莫柔弱于水"，但水至柔而至坚，"攻坚强者莫之能胜"。应克服骄矜之态，以儒雅之风度营造良好的人际关系。得意而不要忘形，态度要谦卑。冯梦龙在《智囊》中点评杨修：杨修聪明才智太显露了，引起曹操的嫉恨，这样他还能免于灾祸吗？面对刚愎自用、心胸狭窄的领导，你要稳重些、低调些。如果你显得比他高明，就有可能给你"穿小鞋"，你将会后悔莫及。不要忘记宝刀不可随便出鞘的道理。

李白在黄鹤楼面对崔颢题诗自叹弗如："眼前有景道不得，崔颢题诗在上头！"崔颢的诗作的确一气呵成，意境悠远。一代诗仙的感叹是一种真诚的"示弱"，表现出谦逊的品格和随机应变的才情，既抬高了他人，又为自己赢得了美誉。崔颢如果再次登临黄鹤楼，看到李白的题字，一定会倍受鼓舞的。

戊戌变法之中，康有为在羽翼未丰之时，便站在宫殿上声称要杀几个一二品的大员，结果暴露了自己的意图，惹恼了满朝文武，最后功亏一篑，变法大业被断送了。当然，变法失败有更深层的原因，但康有为的不善隐忍、锋芒毕露，也是变法迅速失败的重要原因。

有的人个性非常倔强，人格又很清高，往往锋芒太露，容易树敌。南怀瑾说：凡有才具的人，多半锋芒凌厉，到不得势的时候，一定受不了，满腹牢骚，好像当今天下，舍我其谁？如果我出来，起码可比诸葛亮。有才具的人，往往会有这个毛病，非常严重。

有的人在说话中爱让“我”字挂帅，为了“我”而争来争去。《菜根谭》有言：“世人只缘认得‘我’字太真，故多种种嗜好、种种烦恼。”——世人就是将一个“我”字看得太重，所以才会生出种种嗜好、种种烦恼。亨利·福特曾说：“无聊的人是把拳头往自己嘴里塞的人，也是‘我’字的专卖者。”随时随地说“我”的人，是一个以自我为中心的人，大言不惭、吹嘘自我，在沟通中不善于与人交流，是一个不受欢迎的人，会给大家留下浅薄和无知的印象，难以与人深交。人家会认为你过于关注自我，影响别人对你的认同，会导致“自我孤立”，对交往大为不利。

抗日名将续范亭赠诗描述过朱德：“时人不识将军面，朴素浑如田舍翁。”在率领南昌起义军余部转战赣南的那段时间里，朱德曾因被当地土匪误认为伙夫而逃过一劫。在红军长征期间，朱德也曾被手下的红军战士当作伙夫支来使去。德国人王安娜描述自己在延安初次和朱德见面，朱德给她的感觉时说：“就像一个劳累过度的老农民。……这个‘匪首’，怎么看也不像英雄，不像一个有力量的人，他的外表平平无奇，要是在人群中，恐怕一点也不引人注目。”徐特立在《学习朱总司令》一文中写道：“他和军队士兵和学校学生一起打球，他和普通球队队员一样，听队长指挥，忘了自己是百万军队的总司令，而且球队的队长也忘了他是百万军队的总司令。历史上有功于国家民族的英雄，做到忘己就很难，我们总司令却能双忘。”

陈云曾经指出，一个人为党做好工作，这是应该的，有了成绩，头一个是人民的力量，第二是党的领导，第三才轮到个人。他说，我们是党员，在党的领导下，适合老百姓的要求，做了一点事，如此而已，一点不能骄傲。谦卑，是与人交往的要则。谦卑就是谦逊、不伪装、不觉得自己高人一等、不炫耀自己，低调地看待自己。

粟裕在运动中歼敌的光辉范例，被称之为“七战七捷”。他曾指挥孟良崮战役，将号称国民党王牌军队七十四师一举歼灭。每逢有人提及粟裕在革命战争年代所建立的巨大功勋时，粟裕总是淡然一笑，说：“我是沧海一粟啊！”

一些人向李嘉诚请教如何做好生意，李嘉诚的回答总是同一句话：“行为低调。”李嘉诚赠予他的儿子李泽楷一句箴言：“树大招风，保持低调。”李泽楷以后的行为完全得益于这句箴言。

居里夫人是世界著名的科学家，但是她并不看重名利。她一生获得各种奖金 10 次，各种奖章 16 枚，各种名誉头衔 117 个，却给人一种全不在意的印象。有一天，她的一位朋友来她家做客，忽然看见她的小女儿正在玩英国皇家学会刚刚奖给她的一枚金质奖章。朋友大吃一惊，忙问：“居里夫人，现在能够得到一枚英国皇家学会的奖章，是极高的荣誉，你怎么能给孩子玩呢？”居里夫人笑了笑说：“我是想让孩子从小就知道，荣誉就像玩具，只能玩玩而已，绝不能永远守着它，否则就将一事无成。”

制造飞机的莱特兄弟（即维尔伯·莱特和奥维尔·莱特），是美国发明家。1903 年他们成功地完成首次飞行试验后，兄弟两人名扬全球，然而他们却完全没把声名放在心上，只是默默地工作，不写自传，不参加无意义的宴会，也从不接待新闻记者。有一次，一位记者要求哥哥维尔伯发表讲话。维尔伯回答说：“先生，你知道吗，鹦鹉喜欢叫得呱呱响，但是它怎么也飞不高。”

做人、处世，千万不能骄傲自满，故步自封，自负张狂；切不可认为自己是领导，就恣意挥洒权威，视下属为草芥，贬损他人人格。富不奢淫，贵不骄纵，总是低调为人韬光敛慧，不争虚妄之名于人先。没有事干和不能干事不是一个概念。只要是金子，什么时候都会发光的。只要自己素质上不是低能，行为上没有过失，就不必在乎别人难看的冷脸和冷淡的眼神。只要你不看轻自己，不落魄失态，用心去做，就会把失落、失败转化为成功，收获意想不到的、令人欣慰的东西。“不以物喜，不以己悲”，身居要职而不显摆，取得政绩而不炫耀，不求闻达、不事张扬，蕴含着君子敦厚、质朴、木讷的聪明，圆融之中彰显厚道，糊涂之中隐藏聪明，不四处去出风头，不在众人面前显才华，不在下属面前要威风，不要在酒桌上吹嘘自己“过五关斩六将”。

有许多时候，领导冷落某一个下属，是因为他不大了解这个人，或者产生一些误会，或者对下属的忠诚没有把握。下属应该主动与领导沟通和接触，有意识地寻找与领导交流的机会：请教一个问题、提出一个建议，与领导聊聊天……注意提高自己的知名度，不妨在某一领域一显身手，如打球、游泳、唱歌、书法、赋诗、写作，引起领导的关注。通过增加在领导面前出现的频率，来增加他对你的印象和兴趣，从而为交流奠定某种心理基础。

韬晦术也可用作处世之道，用于人生应变之术，目的在于不露锋芒，少露锋芒，“戢劲翮于鹪鹩之群，藏逸迹于跛驴之伍。”（《抱朴子序》）——收起强有力的翅膀，混迹在鹪鹩群中；藏起善跑的四蹄，与跛脚毛驴为伍。“威时常作衰时想，上场当念下场时。”

高明的领导有时要弱化自己，摈弃在授权过程中明授暗不授、易授难不授的愚蠢做法，更不要恃才恃权恃财而咄咄逼人，“只从波平浪静处安身，莫向掀天揭地处着想”，免得招惹是非。如果你才干很高、业绩突出，又乐于展示自己美好、强势的一面，掩饰自己脆弱的一面，动不动就来“硬”的，就会使人反感，被人妒忌的概率就增大了。“当我们大为谦卑的时候，便是我们最近于伟大的时候。”泰戈尔如是说。阿姆斯特朗在迈上月球时，因一句“我个人迈出了一小步，人类却迈出了一大步”而家喻户晓。人前勿张狂，人后别得意，应放下身段，降低自己，有时不妨出点小洋相，表明自己并不是一个高高在上、十全十美的人物，可以减少他人对你的猜疑、反感和敌意，可以使你的仕途、事业可持续发展。不说张扬之语，不干张扬之事，不逞张扬之能，切莫一切以自我为中心，虚心讨教，求同存异，是领导人员终生受益的美德，会不断积累经验与能力，厚积薄发，达到成功。有才的党员、干部让人羡慕和钦佩，如果用谦虚的美德来装饰，就更让人佩服了。

莫让“傲”字扳倒自己

刘邦的天下有一多半是韩信打下的，可谓功高盖世。霍光为汉武帝托孤重臣，先后辅佐昭帝、宣帝，功比伊尹。年羹尧曾辅佐雍正登基，春风得意。可是他们为人骄矜，忘乎所以，不知收敛，后人惜之亦当鉴之。骄矜，亦即自恃在某方面比他人拥有更多的资本，因而总是以自我为中心，目中无人、飞扬跋扈、盛气凌人。古人云：“骄淫矜侉，将由恶终。”古往今来，骄矜是人生一大忌，没有好的结局，所以必须努力矫治它。

有傲气的人大都从个人着眼，从个人出发，傲视万物，无视他人，导致唯我独尊、自高自大的自恋情结，同时相行而生的是一种排斥他人、拒绝合作的排他情结。傲气的人无形中高人一等，往往是失败的先兆。有的人依仗着自己的才能、权力或金钱，目空一切、盛气凌人、张扬霸道、专横跋扈，听不进批评和忠告，辨不清真假与是非，说出的意见、观点就像“圣旨”，不容他人辩驳；喜欢我行我素、指责别人，使人感到强硬固执和刚愎不仁，却没有考虑到是否伤了别人的自尊心。

道光年间，曾国藩在北京做官，血气方刚，年轻气盛，加之一路顺风，平步青云，傲气不少，刚烈太甚，“好与诸有大名大位者为仇”，虽在表面上获胜，实则给自己设置了许多障碍，埋下了一些意想不到的隐患。经过一年多的反省，曾国藩悟出了官场中的一些为人之道：“长傲、多言二弊，历观前世卿大夫兴衰及近日官场所以致祸之由，未尝不视此二者为枢机。”“历观名公巨卿，多以长傲、多言二端而败家丧生。天下古今之才人，皆以一傲字致败；天下古今之庸人，皆以一惰字致败。”此后，他潜心攻读《道德经》和《南华经》，经过细致品味，终于大彻大悟。

有些人取得业绩、成就或掌管实权时，不知不觉地产生骄傲之心。与人交往时自尊心过强，颐指气使，旁若无人，一副高傲自负、目中无人的情态。浅薄、虚荣、一知半解、故作高深。如果你头脑发热，看不起别人，就不可能正确地看待别人，也不可能正确地看待自己，还会“自我感觉良好”，那么总有一天你会独吞苦果。“傲慢自大是成功的流沙”，常常因此而导致失败。国家能源局原局长刘铁男一直拼命追求职务升迁，缺乏忧患意识，妄自尊大，骄矜自满，导致思想改造停滞甚至退化，从而一步步滑向贪腐深渊。

“祸兮，福之所倚；福兮，祸之所伏”，老子这句名言的大意为：灾祸啊，幸福就依托在其中；幸福啊，灾祸就潜伏在其中。这句名言包含了丰富而深刻的辩证思维，曾在历史上产生过深远的影响，至今仍闪烁着智慧之光，对人们仍富有启迪。其意是在提醒人们特别是为政者、成功者和富贵者，祸是造成福的前提，而福又含有祸的因素；在一定的条件下，幸福和灾祸、好事与坏事相依相存，可以互相转化，比喻坏事可以引出好的结果，好事也可以引出坏的结果。因此，遇到顺心的事情不要得意忘形，应泰然处之，谨慎处世，自警自励；遇到挫折的时候不要灰心丧气，当冷静面对。

有的同志走上领导岗位之后，渐渐变得不谨慎起来，自以为自己了不起，面对群众盛气凌人，唯我独尊，这是有傲气；而面对金钱则伸手，在蝇头小利面前低下高贵的头，这是“无傲骨”。“傲气”，是自高自大的习气；“傲骨”，是自尊不屈的气度。“人不可有傲气，但不可无傲骨。”艺术大师徐悲鸿如是说。“傲气”与“傲骨”虽然只有一字之差，但其内涵有着本质不同。

有的人位高脾气长，“官老爷”味十足；有的将功劳全归于自己。如果拿自己的优点和长处比别人的缺点和短处，把自己估计过高，感觉自己比谁都强，自恃清高，以己之长，度人之短，衬人之笨拙，其结果是受人鄙视，自然也就没有好的人际关系和愉快的工作氛围。经验表明，摆不正自己与组织、与他人、与群众的关系，刚愎自用，不知轻重，必然会铸成大错，最后只得走上孤家寡人的道路。一个人骄傲、骄狂了，就会变得愚蠢；愚蠢又骄傲、骄狂的人，最容易被击败。一个人做事的大小与他的骄傲程度成反比。

有的人升迁后，顿觉高人一等，高高在上，与人民群众的距离越来越远。越是才华出众，越是应该慎重地处理与上司的关系，多尊重领导，甘心示弱，低调处事，则自会成为长久的赢家，免得“树大招风风撼树”。作为下属，要看到上司的长处，自己在某一方面比较强，却不具备统御全局的能力。

从心理学的角度看，自高自大、举止轻狂，依仗可恃之才，属于一种不良的道德品行。当你被重用时，更要正确看待自己，切莫以为提拔了就是比别人强；当你做大事时，以大局为重，不可趾高气扬，目空一切，财大气不粗，居功不自傲，莫做不可一世的年羹尧。骄傲自满、牛气冲天之日，就是走向落后和失败之时。

因受价值取向、权力地位、职场陋习等因素影响，某些领导干部在面对下属或群众时，自觉不自觉地表现出唯我独尊的畸形强势心态，居高临下，自以为高人一等，个性强悍，心情焦躁，抢别人的话头很正常，别人抢自己的话头则受不了。一旦别人超过自己时，他就会生气，产生嫉妒。“傲慢是一种得不到支持的尊严”。（巴尔扎克）凭借权力，傲人、傲事、傲物，是不成熟的表现，是目中无人的盲目行为，是不自量力的狂妄作风，会使人失去平和的心态，使自己的思维功能不能处在正常状态，导致作茧自缚的尴尬境地，所以骄兵必败。

这种畸形强势心态往往是由盛转衰的转折点。志得意满、恃才傲物、位高权重、拥有强势时，外在压力减轻，容易滋生和助长骄矜心态，由飘飘然而昏昏然。有了骄矜心态，不能正确认识自己，对自己估计过高，自尊心过强，爱用自己的优点比别人的缺点，觉得别人比自己差，老子天下第一，容易刚愎自用，放纵自己，导致决策失误和权力腐败。有了奢侈之心，容易以敛财和猎色为乐，由强势转变为弱势乃至败势。

作为共产党员尤其是领导干部，无论有多高的文凭、职位和才气，都不要把自己看得那么重要。因为你在别人心中的地位，永远没有自己想象的那么重要，因为你并没有重要到非你莫属、无可替代的程度。印度有句俗语：“没有见过高山的骆驼，总以为没有比自己更高的东西。”殊不知天外有天，世界上有才干而又谦虚的人多得很。

与谦卑的人打交道，如沐春风，如饮甘露。书法家李苦禅《题画竹》，实则谈人生：“未出土时先有节，及凌云处更虚心。”——一个人从小就要有浩然正气，长大出息了，更要谦虚为怀，虚心有节。一个真正有能力的人，以谦卑为怀，不会自吹自擂。

1842年，马克思主编《莱茵报》的时候，社会上争论着许多问题。马克思坦率地承认自己缺乏政治经济学的知识，总是听取别人的意见,虚心向别人请教,尊重人家的不同看法。他在写《资本论》和其他著作的过程中，经常写信征求恩格斯的意见。他曾谦虚地对恩格斯说:“你知道，在事物的理解上，我总是迟缓的，总是跟在你的后头。”

工作有了非凡的业绩，莫忘“山外有山，天外有天”，保持奋发进取的精神状态。觉得自己在很多地方不如人，是进步的开始,也是睿智的象征。只有敢于承认自己不如人,最终才能胜于人。每个人都有自己的优点与优势，也都有自己的弱点与短处，聪明的人应该学会扬长避短。

卓越的领导者都是虚怀若谷、谦恭为本的。谦虚待人，就应放弃“我说这么做就这么做”的态度，放下清高的架子，同别人“合群”、融合到一起。当你觉得自己很重要，就需要别人特别尊重自己，别人不拿你当回事的时候就难受；当你觉得自己很高，需要别人“抬轿子”，没有人抬你就不舒服。不把自己看得太重，保持一颗平常心，你就不会有失落感，不会变得浮躁不堪。

越是聪明、越有才华，越要谦虚。聪明有才干而又谦虚的人，是最受人爱戴的。人们大多喜欢聪明、谦让而豁达的人，讨厌那些摆臭架子、妄自尊大、小看别人的人。因此，要时时注意谦虚为人，不要把自己太当回事，不要张扬和嚣张，没有人把你看成是卑微、怯懦和无能的。即使有的人忽视你的存在,那也是暂时的。

阿谀奉承是“精神行贿”

“拍马”，是形容趋炎附势、阿谀奉承的行为。“拍马屁”者，古已有之。据元史载，蒙古人平日牵马与人相遇时，习惯于互拍对方马的屁股说“好马，好马”，以示赞赏和友好，其礼俗并没有谄媚奉承之意。后来有些人趋炎附势，巴结权贵，不管权贵的马怎么样，都貌似内行，拍马屁股，连声称赞。

有一天，唐太宗在一棵树下歇脚，仰望着枝繁叶茂的大树，不由得赞叹道：“好一棵大树啊！”此刻陪侍的大臣宇文士及立刻随声附和道：“阔大的树冠，象征陛下的丰功伟绩！大树的阴凉，就是陛下赐给臣民的恩惠和福泽啊！”唐太宗听了以后，不仅不高兴，而且严厉地斥责他说：“以前魏征经常劝我提防疏远那些善于阿谀奉承的小人，我不知道是谁，今天才知道，你就是这样的人啊！”听了太宗的训斥，宇文士及心中惶恐不安，立刻跪下叩头不止，从此以后再也没有人敢随便奉承太宗了。

《关于新形势下党内政治生活的若干准则》强调，“党内不准搞拉拉扯扯、吹吹拍拍、阿谀奉承。对领导人的宣传要实事求是，禁止吹捧”，“领导干部特别是高级干部必须带头从谏如流、敢于直言”。在党内政治生活中，一些人搞溜须拍马，着眼点在“捧”，他们往往极尽夸张之能事，将略通文墨捧成“才高八斗”，将有所作为捧成“劳苦功高”；或者指鹿为马，将专横武断捧成“有魄力”“有威望”，将奢侈享乐捧成“不拘生活小节”“懂得享受生活”。主要目的是取悦领导，让领导为自己“加官晋爵”“开绿灯”。

在上司面前，不顾及自己人格，或献拍马之言，或做献媚之事，或指控别人“过失”，进而换来一点蝇头小利，名曰“一脸忠贞学”。做人、从政，光靠溜须拍马，出卖人格，虽然得宠于一时，但不会得益于一世，而且会给自己带来不好的名声，无异于拿宝贵的珠玉去换取砖瓦，实在不可取矣。当面一味顺从、以口吐莲花之辞、阿谀奉承之语，给领导“抬轿子”“戴高帽”，容易博得一些领导内心的好感，致使谗言得信。也许过了不久，他就成了两面人，放流言，射暗箭。明枪易躲，暗箭难防啊。

官场上有个“官周率”，是春秋时期魏公子牟总结出来的。大意是，有权就有势，有势就有人阿谀奉承、送礼行贿，收礼、收贿多了就必然骄奢淫逸，骄奢淫逸就必然犯罪，而罪大恶极者必然走向不归之路。可否这样说，为官者欲跳出“官周率”，应从拒绝阿谀奉承开始。

司马迁对晏子一生坚持犯颜直谏、从不阿谀逢迎的人品极为赞赏，称他是一位“进思尽忠、退思补过”的人，并说：“假令晏子而在，余虽为之执鞭，所忻慕焉。”——假使晏子还活着，我就算是给他拿着马鞭赶车，也是高兴钦慕的。由此可见他对晏子推崇备至。

古代之媚臣大行其是的普遍现象，早已一去不复返了，然而逢迎拍马、趋炎附势者在官场上仍不鲜见，应当引起我们的重视。如果晋升职务后，太把自己当回事，喜欢阿谀奉承、“众星捧月”，以被人追捧为荣，就可能摔跤子。领导有权、有位，会经常听到阿谀奉承之声，会经常遇到下属讨好、献殷勤、打小报告，不太容易听到真话。下属一味顺从、一味溜须拍马之日，恐怕正是你工作失误、造成损失之时。

孔子说过：“巧言令色，鲜矣仁。”大意是，花言巧语、嬉皮笑脸、面目伪善之人，是缺少仁德的。不惜玷污自己人格，呈拍马之言，做献媚之事，以讨好别人，之所以让人喜欢，在于它投其所好，带有隐蔽性和欺骗性，为的是换来私利或一官半职。喜欢别人奉承、拍马，并且同对方打得火热，也就被别人玷污了。

乾隆帝后期，清朝政治脱离了康、雍以来的发展轨道，走上了下坡路。乾隆晚年好大喜功，追求虚名，荒于理政，是造成这种局面的重要原因。乾隆喜谀恶谏，但又不喜欢看到人们当面肉麻地捧他。和珅为了得到权力，猜度皇上之喜好，就迎合他的内心世界，选取恰当方式曲意奉迎，讨好谄媚，每拍即中，博得乾隆的欢心。乾隆自命风雅，作诗吟赋，和珅便在诗赋上下功夫；乾隆亲自校核二十四史文稿，和珅就故意在明显的地方抄错几个字，以便让乾隆校正，这样比当面奉承他很有学问好得多。于是和珅得宠于乾隆，平步青云。为谋取个人私利，和珅也靠进谗言的办法颠倒是非，排除异己。

趋附谄媚常常是与其对象有意无意的鼓励有关。他们从中得到一种精神上的尊荣感和满足感，必然会以投桃报李的方式鼓励趋附谄媚者。这种精神贿赂，是一种依靠虚荣心和歪风才得以流通的伪币。为政者一旦对“精神行贿”者宠爱有加，他在上司面前也会奴颜婢膝，而对下属必定不可一世。长此以往，就会混淆是非，失去公正，就会“亲小人”“远贤臣”，贻误事业。

封建君主的唯我独尊和独断专行，臣属的奴化意识，野心家的权力欲望，成为趋附谄媚者生存的重要基础。要警惕甜言之后有恶意，蜜糖之中掺砒霜。晚唐的大宦官仇士良是个谄言媚上的反面典型。他曾向太监们传授“经验”：我们侍奉皇上，不要让皇上有闲暇时间。他一有闲暇就会看书，进而去接纳儒臣，再接受他们的意见。这样一来，他就增长了智慧，谋虑也随之深远。他就不会再追求吃喝玩乐了，也不会再宠幸我们这些人了。所以我们要千方百计设法积聚钱财，供皇帝挥霍，让他沉溺于声色犬马，极尽奢侈淫靡之能事，使他乐而忘忧，不去顾及其他的事，万事即可操纵在我们手中。

《宋史·徽宗本纪》说，追寻宋徽宗失掉天下的原因，不是因为像晋惠帝那样愚蠢，不是因为像孙皓那样残暴，也不是因为有像曹氏、司马氏的篡夺政权之人，只是因为依仗自己有点小聪明，心思用偏，疏远排斥正直人士，宠信亲近阿谀逢迎的奸佞之徒。

好酒贪杯者必为美酒所陶醉，喜好奉承者必被花言巧语所迷惑，见钱眼开者必然吞下钓饵而无法脱钩。加纳有句谚语：“公鸡被陶醉的时候，正是兀鹰进攻的时机。”法国格朗热说：“我们明知道谄媚是毒药，但是它的芬芳仍然使我们陶醉。”面对特别恭维你、拍你马屁的人，不要轻信他也同自己一样善良，千万不要陶醉，要升起你的警戒网，和他保持距离！正如英国作家约·盖伊所言：“要蔑视一切阿谀奉承，因为谄媚是一切罪恶的保育员。”

当拍马者在春风得意时对你胁肩谄笑，看中的是你的势，一旦你失去这一切，他们便会最先抛弃你。曾被秦始皇信任的赵高，在秦始皇病逝后，搞了宫廷政变，坏事干绝，触目惊心！看来，用什么样的人，关乎事业之兴衰成败。

鲁迅说：“对下骄者，对上必谄。”反之，对上谄者，对下必骄。拿破仑曾说过：“善于奉承的人，也一定精于诽谤。”在权势面前，溜须拍马者既无灵魂，亦无人格，极尽阿谀奉承，说的都是违心的话，大搞“精神行贿”；在权势之外，他们又排挤别人，整垮对手，施展“厚黑”手段，不顾廉耻，落井下石。被拍马屁的人常常一高兴就忘记了后果。

“人生芳秽有千载，世上荣枯无百年。”为官者的一举一动，或高尚，或无耻，皆如日月之明蚀，影响既深又广。因此，无论何时何地，都应自尊自重，自警自励，切莫忘记做官先做人。

这些善于拍马、“抬轿子”、媚上凌下的人大都是不自尊、不注意自己的人格、肯于牺牲自己的独立意志和见解、活得滋润之人。这些人经常窥测“上头”的意向，潜心体察领导的心思，细心揣摩领导的嗜好，看风使舵，不择手段地讨领导欢心，以达成自己不合理、不合规甚至不合法的非分之想；这样的人投其所好：乔迁新居，递个“红包”；贪恋美色，送上美女；上司病了，早晚侍候；有事没事，往前凑凑；无缘无故，表点“心意”——交易就在这般“无声”的滋润之中完成。予之以精神的饴糖而昏其智，为的是从受拍者那里得到点什么，就像狐狸“赞美”乌鸦的美妙歌声，目的是想得到其嘴里的肉一样。

当年安禄山用了十年时间施行“假阳行阴”的计策赢得了唐玄宗的百般信任，和珅用讨好奉承的手段取得了乾隆的重用，李莲英也靠阿谀奉承、卑躬屈膝取得了慈禧的宠信，结果怎样呢？都给国家造成了巨大损失。正如古罗马塔西佗所说：“阿谀奉承是纯真感情的剧毒剂。”

《诗经·采苓》告诫人们：“人之为言，苟亦无从。舍旃舍旃，苟亦无然。”——有的人专爱说假话，千万不要听从他。莫听，莫听，千万不要理睬他！有位哲人说过：“如果你想毁掉一个人，最好的办法就是捧杀，把他的优点无限夸大。”历代有识之士多次疾呼：“远佞臣，戒谀言。”

综观历史和现实，君子身上往往有令人难以容忍的缺点，比如，不给对方留情面，不注意分寸。然而君子不会为讨好别人而违心做事，不会为赢得别人认同和接纳而违反原则，不会为牺牲全局利益而出卖灵魂，这恰恰是令人可敬可爱的地方。中国科学家屠呦呦获2015年诺贝尔生理医学奖，突出贡献是创制新型抗疟药。前些年屠呦呦曾几次被提名参评院士，但均未当选。屠呦呦除了“不善交际”，还比较直率，敢讲真话，不会拍马，比如，不管是在会议上还是个别谈话，她赞同的意见，马上肯定；不赞同的话，就直言相谏。

陈云说：“我特别喜欢听坏话，坏话其实大部分是老实话，是写字台上的头条新闻。党和政府如果只喜欢听好话、颂扬话，不喜欢听坏话、老实话，政权就靠不住。”郭沫若有言：“道吾恶者是吾师，道吾善者是吾友，阿谀我者是吾贼。”应该十分珍惜群众善意的甚至尖锐的批评。培根说得好：“最能保人心神之健康的预防药，就是朋友的忠言和规谏。”应当摈弃“爱吹不爱批”的庸俗之气，奖励敢于坚持真理、主持正义的好同志；对于一味顺从、从不提意见的下属，予以批评和处罚。

百事之成必慎之

一个处事谨慎的领导者，必然是头脑清醒的人，为人处事严谨慎重，观察事物深入细致，分析问题缜密周全，在大是大非面前不糊涂。《诗·小雅·巷伯》有“慎而言也”的告诫。老子说得好：“百事之成，必在慎之。”

言语不检往往是祸端之源。《尚书·说命》记载：言从口出，一旦不合乎礼仪，就会招致羞辱。《诗经》中有“有欺不可为”的警句。白玉破损了，可通过磨砺来修复；言语失当了，就无法补救了。

2018年4月27日，一条短视频在社交媒体上广泛传播。视频中，一位身穿蓝色半袖的男子，手指镜头，警告视频拍摄者不要将所拍视频发布上网，否则“搞死你”。从新闻披露的信息可知，这位身穿蓝色半袖上衣的男子，是柳州市柳江区进德镇镇长覃某某。即便是不慎带出的口头禅，也极为不妥。

放纵自己的言语，会惹来不必要的麻烦。口不择语、信口开河，毫无顾忌，妄下结论，往往是非常浅薄之人。谈吐行为过于散漫，口无遮拦，不重自制，不拘小节，或信口雌黄，话不中听，海阔天空，或指手画脚，讥讽嘲弄，会让人觉得你是个“乌鸦嘴”，太没有修养，对你产生一种厌恶轻蔑之感。喋喋不休和轻举妄动是愚蠢的表示，会招来不必要的灾难。

要针对不同场合、不同对象，选用得体、恰当的语言来表情达意，力争获得最佳的效果。同样的内容，不同的人用不同方式说出来，情况就会有所不同。有些人说话惹恼人，其原因是忽略了说话的场合，“场合观念”淡薄。在严肃认真的场合开无聊的玩笑，会让人觉得你轻浮、不识大体。在轻松愉快的场合谈论严肃的话题或枯燥无味的学问，会惹人反感。有些话内部能说，外部不一定适合说；在这个场合能说，换个场合就不一定适合说；有些话过去能说，现在说就不适合。在评论事件、阐述政策观点时，一定要掌握场合、分寸，嘴上要有“把门”，不该说的不要说，不要凭意气用事，只图嘴上痛快。任何人在任何场合说话，都有自己的特定身份，这种身份就是自己当时的“角色位置”。认清自己的“角色位置”，才能做到用词恰当，表述得体，有礼貌而又不失分寸。所以，当务之急在于增强场合意识，懂得不同场合对说话内容和方式的特定限制和要求，时时不忘看场合说话。

说得太多，有夸夸其谈、言过其实、锋芒毕露之嫌；说过分了，会导致捉襟见肘，祸从口出。轻率地讲话，不知轻重，会招来责怪和羞辱。说话杂乱无章，唠唠叨叨，会言不及义，不着边际。自矜自夸，使人厌烦。不顾分寸地开玩笑，无端地奚落、嘲笑，会引起冲突。直言不讳，不留余地，会引起麻烦。言行关乎荣辱，言行不可不慎。“平流”隐藏险礁，胜利潜伏危机。口无遮拦，说错了话，说漏了嘴，如同泼出的水，是很难收回的。

一个人总是受环境及诸多因素制约，如果在一些小事上斤斤计较或者唠叨个没完，容易暴露出自己的弱点。说话办事不注意分寸，一意孤行，就要吃亏。有些人在工作、处世方面最常见的不谨慎，就是乱说话。高兴时，得意时，得势时，不看时机，不看场合，不该说的也说，想说什么就说什么，胡乱地说些不中听的话、不讲分寸的话、违反原则的话、污秽的话，结果带来不好的影响，授人以柄吃大亏。因此，必须把“三缄其口”作为自己处世的座右铭。

有道是，一句话能让人笑起来，一句话也能让人骂起来。有的领导“官腔”太重，不大会说话，或说话不慎重，与工人农民谈话谈不下去、与大学生谈话谈不进去、与专家学者谈话谈不上去、与老同志谈话被顶了回去。有的领导盛气凌人、高高在上、官腔很足，压人一筹，妄发言论，或任意否决，一副傲然不可一世的样子，对老百姓“很无礼”。诸如“报道正面新闻，否则我可以不接待”“老百姓就是事儿多，是吃饱了撑的”……这些话语既伤害了群众，又造成了很坏的社会影响。

在闲谈时议论是非，张扬别人的错误，使对方难堪、尴尬、伤自尊，造成同志间不愉快、隔阂乃至怨恨。“来说是非者，便是是非人。”为逞一时之快，把不该说的话说出来，容易授人以柄。不顾后果的颐指气使，不负责任的传播谣言或小道消息，很有可能给自己惹来麻烦。凡事适可而止，公平对待每一位同事，避免建立“小圈子”。慎言可以让自己少犯错误，从容地获得机遇，稳操胜券。

成功者的重要原因，是懂得在适当的场合和时候讲切合时宜的话，在说话时把握分寸，话多不如话少，话少不如话好，不逞口舌之快。聪明的人先想后说，愚蠢的人先说后想。说得越多，就越有可能说出愚蠢的话来。人多的场合，要尽量少说话，说话就要做到掷地有声，这样才能维护自己的形象，让别人信服。应把“大道理”变成“大实话”，把“官腔”变为“民调”，通过自己的讲话开启群众心灵，让党的路线方针政策入脑入心。

身为领导者要虚怀若谷，对言行举止要慎重，才能做到令出有所从，政出有所拥。古语讲“论言如汗”，是指说出的话像身体流出的汗，无挽回余地。晋文王（司马昭）称赞阮籍是最为谨慎的人，每次和他聊天，说的都是玄虚高远的事情，从不评判人物。在某些时候，一个公文的用字，一个句式的表达，一句无意的谈话，都可能超越事情本身，从而成为某种手段和契机而将你拖入被动。如果你觉得对方的意见不对，你不妨把意见说出，不必先来个质问。用质问式的语气来谈话，是最易伤感情的。许多同事交恶，同仁反目，主要是由于一方喜欢以质问式的态度来与对方谈话所致。

谨言慎行是远离危险、预防骄奢、确保安全的良方，是避免失误、稳操胜券的基础。“智者脱离忧虑和窘困，并且显示出对自我的控制。”谨言慎行是一种修养，是一种作风，是一种品德，是一种智慧，标志着政治上的清醒和成熟。经过深思熟虑后说话，把话说得有分寸、很得体，无疑是重要的。你到领导的办公室，说话太多不行，领导会不高兴，别人会误会；你与下属该说话时说得太少也不行，下属会觉得你瞧不起人。

说话要有的放矢、适时适事、微言大义、真切意深、让人接受，而不要不看对象、言之无物、答非所问，避免言辞刻薄、无稽妄语、巧言令色、以势压人、强加于人、随意而言、出语污秽。该多讲时大胆放言，不能少说，否则言犹未尽；该少讲的，不能多说，否则言多必失；该沉默，奉行沉默是金，三缄其口。

作为拥有权力的领导干部，在群众中是一级组织的代表，其一言一行都关系着个人的荣辱，影响着政策的走向，关系着党和政府在人民心中的形象，因此，必须以言行举止体现出自身的“含金量”，体现出较高素质，让自己获得尊重和威仪。一个人的职位越高、名气越大，说话就要越谨慎。在公共场合，说话时要注意分寸；没有考虑周到的话，最好少说。邓小平说话很少，因为他的影响很大，稍微说一些话可能对社会产生很大影响，而这个是他不愿意的，所以他尽量少说话。

领导干部履好职尽好责，要体现出“为了谁、依靠谁、我是谁”的情感，约束自己的言行，言必适时，言必适情，言必适度；从老百姓的思维角度去想问题，注重情感交流。要言之有礼，言之有情，实话实说，老话新说，言而有信，莫以“官大”而失言，莫以“官小”而乱言，不该说的不说，不该讲的不乱讲，别让群众感到厌烦。

韩非子说过：“伤人以言，甚于剑戟，赠人以言，甚于珠玉。”与人交谈，尽量多使用“是”“没错”“我同意你的观点”等肯定语气，切勿使用命令式语句，不宜遇事轻下结论，易走极端。有的领导同志与人谈话时，常会冒出这样的话：“这件事你都干不好，还能干什么”，“你这个样子，决不会做出什么好事来”，“我对你已经完全失望”。最好多用征询式语句，诸如：“你说呢？”让人感到被尊重。应多用陈述句和疑问句，少用一些绝对肯定或感情色彩太强烈的语言，少用或不用祈使句和反问句，以表示尊重对方；多用一些“可能”“也许”“我试试看”和某些感情色彩不强烈，褒贬意义不太明确的中性词，以便自己“伸缩自如”。比如，当不同意别人的意见或要求时，不宜惯性地说不行、不可能，会让人感到你不尊重他，不妨换个说法“可以考虑”“让我想一想吧”。

多做事少说话（尤其在人多的场合少说话），话多不如话少，话少不如话好，不逞口舌之快，是为政者的成功经验。古希腊哲学家德谟克利特有句名言：“别让你的舌头抢先于你的思考。”达尔文说过：“没有思考，就不会有好的和有创意的见解。”不可在众人面前训斥人，伤害人的自尊心。经常换位思考，为他人设身处地想一想，从对方的角度出发，以探讨的方式提出自己的忠告；经常进行思想交流和意见沟通，尽量避免“树敌”，就可以缓和许多不愉快的场面。对待同级、下属，不要在众人面前斥责，勿指责人家的弱点，不要侮辱人格，不宜干涉私人事情，不要翻人家旧账，更不要否定部属的未来。

在个人成长进步比较顺利之时，在某项工作取得重要进展和突出成绩之日，在有了丰富的人生阅历与经验、能够处理复杂情况之时，在几历风险、战胜险风恶浪之日，一定要保持清醒头脑，谨慎从事，敬以持躬，不要有丝毫的疏忽，切莫只图一时之快，不注意言语的轻重对错，任性而为。

把话说好，让人接受，要从对方感兴趣的事情进入话题。说话不宜过于正统、过于严肃，让人味同嚼蜡。要使用轻松幽默的语言，多作譬喻，创造出宽松愉悦、快乐的气氛。对上级领导，在社交场合不宜毕恭毕敬地说些奉承话。对晚辈或地位比较低的人，也不要用轻视、冷淡的口吻说话。要使谈话气氛产生好的效果，可选用一些幽默风趣的语言，或讲一些笑话。

身为领导，在酒桌上应主动敬酒，说些祝愿的话，或赞扬、鼓励的话。敬别人，如果不碰杯，自己喝多少可视情况而定。没有特殊人物在场，碰酒最好按时针顺序，不要厚此薄彼。不要失言、失态，不宜一味谈论工作，旁若无人地高谈阔论，或评论某人是非。聊一些大家感兴趣的话题，呈现和谐气氛。

鸟三顾而后飞，人三思而后行。多思、多想、多听、多看，大有好处，避免言辞刻薄、无稽妄语；避免对中央决策滥发议论、把网络上的谣言当作谈资说料；避免满口荤话、脏话、“黄色段子”。欧洲有个博学经典：难能之理宜停，难处之人宜厚，难处之事宜缓，难成之功宜智。富兰克林说：“走错一步，永难补救，所以大胆还得小心。”做每件事之前都先想后果，谨言、慎行，以提高成功的概率。

当你阅历丰富了，职位、地位提高了，一咳嗽、一眨眼都能引起众人注意，处世、秉政尤须谨慎。坚持谨慎用权，有如临深渊、如履薄冰的心态，严格按照岗位职责和权力运行的规则办事；不要以为有了权就好办事，有了权就可以为所欲为。要多思、多想、多听、多看、谨言、慎行，其好处是不致使自己后悔，避免对他人的伤害，提高办事成功的概率。

换位思考：办事的要则

换位思考，是从内心深处站到对方的立场上，为他人着想，看对方在想什么、需要什么，然后在情感上与对方沟通，尽可能去满足他们的需求，把事情办得顺风顺水。习近平同志指出，要坚持把换位思考作为一种思维方式、一种精神境界、一种良好作风。领导干部首先要换位思考，只有在思想上转换角色，才能了解对方在想什么，才能看透事物的本质，也才能做出正确的抉择，在说话、行动上采取正确的做法，把事情办好。

少一些自我，多一些换位，才能被人理解，才能办成事。一个人如果永远只考虑自己、不考虑他人，那他的心胸就不够豁达。古人总结出一个重要的处世秘诀："滋味浓时，减三分让人食，路径窄处，留一步与人行。"话不说绝、情不偏激、理不过头、事不过分，是一个人成熟的标志。苏轼诗云"不识庐山真面目，只缘身在此山中"，讲的就是常人很难在恰当的时机跳出主观局限，通过换位思考避免片面地看问题。拒绝别人时需要留有余地，巧妙地回绝，使对方谅解。能称得上厚道之人，必是处处能为他人着想之人。

换位思考能够透过现象看到本质，迅速做出正确判断。有了这种观察问题的新视角，就能增强工作的预见性和主动性。换位思考是我们党赢得人民群众信任和支持的经验法宝。习近平同志说：做群众工作要注意换位思考，设身处地为群众着想。换位思考的根本要素是"移情"，像感受自己一样去感受他人，而不是去“猜想”别人的想法及感受。移情换位是心与心的交流、沟通，从而产生共鸣性的情感效应。作为领导者，不仅要经常思考对方在自己心中的地位，还要经常思考自己在对方心目中的地位，推己及人，将心比心，为他人着想，希望他人生活幸福。为他人着想，就是希望他人的生活少点困顿苦难。因此，这种人基本都能够做到换位思考，把握对方的心态，才能满足对方的需求，赢得对方的尊重和爱戴。

党员干部之间出现矛盾，很少是因为原则问题，大多是因为工作中的看法问题。如果大家在工作交往中豁达一些、谦让一点，多换位思考，就会把对别人的埋怨、指责情绪化解掉。留一点余地给别人，等于留给自己机会。给别人留活路，自己才有出路。帮助别人一把，也就是间接地帮助自己，降低人生路上的风险。做事要想得长远一些。不懂得适可而止、留有余地，好事反而做不好，甚至会变成坏事。

在与别人交往和沟通中，必须要求自己自觉做到换位思考，从他人的利益和角度出发，而不能要求他人为自己着想。从对方的立场来看事情，以别人的心境来思考问题，考虑到别人的难处，认识到别人的眼界，尊重别人的自尊心，让人知道你的意图，“己所不欲，勿施于人”。设身处地站在对方立场上换位思考，应以平和之心原谅对方，以一颗善良之心为对方的行为找一个理由，以宽容之心善待对方。正如亚当·斯密所说：“为人设想多，为己着想少，压制自私，实施慈爱之念，便构成人性的完美。”

我们应把握一个原则：对事不对人，不要伤害人的自尊和人格，不要让一个人觉得无地自容，做事不要做绝。明朝吕坤认为“肯替别人着想”，是人际交往的“第一等学问”。相对说来，替自己着想很容易，替别人着想，互相搭台，同频共振，不仅需要交往技巧，而且需要具备较高的道德修养和关爱之心。领导干部换位思考，能增强与群众的感情；换位思考是对他人的一种心理体验过程，像感受自己一般地去感受对方的快乐与哀愁，理智解决问题；领导干部换位思考，才能真心实意为群众办实事。

要换位思考，注意别人的感受，善解人意，将心比心，设身处地站在对方立场上思考。领导干部应该换位思考，关注群众合理的利益诉求。应以平和之心原谅对方，以一颗善良之心为对方的行为找一个理由，以宽容之心善待对方。对人宽容些，别人会感激你的。我们往往容易在高兴和气愤的时候说些绝对的话，做些过火的事，其结果往往是难以收拾，无法从容转身。有些人说话喜欢随心所欲，想到哪里说到哪里，信口开河，逞口舌之快，嘴没有把门的，从来不考虑别人会有什么样的感受，无意中伤害了别人。必须重视别人的心理感受，随时注意对方情感的细微变化，寻找最恰当的方式，来传递交际信息，确保每次交往的成效，创造和谐的人际环境。

雅量容人是一种智慧

雅量容人，是一种博大而深邃的胸怀，是人格的品位和质量，是人对待世界万物的气量和风度，是一缕融化心灵冰雪的春风，是一架连接友情、亲情的金桥。有容人之心，亦即容得下不顺眼的人，听得进不顺耳的话，装得下不顺心的事。雅量容人，忘却的是别人的“坏处”，得到的是未来；郁闷，维护的是自己的“错处”，失去的是未来。宽以待人，豁达乐观，遇事不钻牛角尖，善于和有不同意见的人沟通，学会换位思考，使心情保持舒畅。

春秋五霸之一的晋文公，本名重耳，未登基之前，由于遭到其弟夷吾的追杀，只好到处流浪。有一天，他和随从经过一片土地，因为粮食已吃完，他们便向田里的农夫讨些粮食，可那农夫却捧了一捧土给他们。面对农夫的戏弄，重耳不禁大怒，要打农夫。他的随从狐偃马上阻止了他，对他说："主君，这泥土代表大地，这正表示你即将要称王了，是一个吉兆啊！"重耳一听，不但立即平息了怒气，还恭敬地将泥土收好。

狐偃身怀忍让之心，用智慧化解了一场难堪，体现了其博大的胸怀。如果重耳当时盛怒之下打了农夫，甚至杀了人，不仅暴露了他们的行踪，而且也成就不了大事。狐偃的一句忠言，既宽容了农夫，又化解了屈辱，且成就了重耳。

胸怀大度是一种高尚的品质，也是一种能力。胸怀大度者在宽容别人的同时，也升华了自己。从古至今，凡成就大事业者，都有着宽广的胸怀。胸怀宽广之人总是淡泊名利，能以宽厚之心待人，宠辱不惊，闲看庭前花开花落，去留无意，漫随天外云卷云舒，把宽容、温柔给了别人，恕人之所不能恕，从而产生了无形的凝聚力和感召力，人们都乐于与他亲近交往，予以信任和尊敬。正如韩愈《原毁》所言："古之君子，其责己也重以周，其待人也轻以约。重以周，故不怠；轻以约，故人乐为善。"可见，对人宽容，不以小事穿"小鞋"，莫以小错翻老账，勿以流言乱猜疑，"君子坦荡荡"，才能促进团队的和谐，才能掌管人、使用人。

楚国与晋国开战，楚军有位勇士一马当先，总是冲在前头，楚庄王很奇怪，问他为什么如此拼命，勇士回答说："三年前，末将在宴会上酒醉失礼，大王不治我的罪，还为我掩盖过失。我只有奋勇杀敌，才能报答大王啊！"楚庄王的宽容大度，得到了应有的报偿。

事业越大，越要雅量容人；越是雅量容人，越有利于成就事业。这是因为，只有雅量容人，才能吸引人才，形成凝聚力和向心力。雅量容人的人，乐观向上，视野开阔，相处不累；心胸狭窄的人，自负自私，猜疑心重，看事偏颇。“将相顶头堪走马，公侯肚里好撑船。”（《增广贤文》）是否具有不计前嫌的胸襟，关系到能否纳才、聚才和用才，关系到自身发展。

尉缭，战国兵家人物。相传尉缭懂得面相占卜，在被秦始皇赏识之初曾经认定秦始皇的面相刚烈，有求于人时可以虚心诚恳，一旦被冒犯时则会变得极其残暴。尉缭向秦始皇进言，秦始皇很满意，对他礼遇有加，而尉缭反倒不接受，还把秦始皇给骂了一顿，想逃跑。秦始皇知道了这件事，把他抓了回来，不但没杀他，还重用他。尉缭在秦始皇手下当了官，为秦王嬴政统一六国立下汗马功劳。

人与人之间多一分理解就会少一些误会；心与心之间，多一分包容就会少一些纷争。对人不宽容，虽然可以逞快于一时，却容易失去人心，不能缓和矛盾，什么事情也做不好。《尚书》中说，一个人有包容的雅量，他的德行就伟大。如果把宽容给了陌路，把温柔给了别人，容人所不能容，忍人所不能忍，忘人所不能忘，才能为人所不能为。不要总是站在自己的角度，以自己的眼光和认知，去随意地评价一个人，肆意地批判一件事。万物存在即合理，你不能苛求别人同意你的观点，你也不能要求别人完全理解你，每个人都有自己的性格和观点。

人们看惯了日出日落、春秋代序，有时很难淡化恩恩怨怨。如果你把别人看成是天使，你就生活在天堂里。若把别人看成天使，就要学会宽容、欣赏、感恩、给予。如果你把别人看成是魔鬼，你就生活在地狱里。心胸狭窄，会活得很累：算计别人，又怕别人算计，提心吊胆，神经紧张，容易生病。黄炎培曾给儿子写过四句话：“和若春风，肃若秋霜；取象于钱，外圆内方。”就是希望儿子像古铜钱那样外圆内方——对人要宽容和善，像春风一样；对自己要严格要求，像秋霜一样。

不宽容，不影响同物打交道。一个科学家的工作只是同仪器打交道，不宽容无伤大雅。一个车间里的员工只是同机器打交道，即使他同所有人都合不来，也不妨碍他施展技艺制造出精美的产品。但是，任何领导者必须同人打交道。一旦同人打交道，宽容的重要性立即就会显示出来。人与人的差异是客观存在的，所谓宽容，本质就是容忍人与人之间的差异。不同性格、不同特长、不同偏好的人能否凝聚在组织目标和愿景的旗帜下，靠的就是领导者的宽容。

大家同在一片蓝天下，不愁吃穿，有缘相见，但旧的矛盾缓解了，新的矛盾又出现了，人际关系不和谐，有的是因为对对方不了解，或对方不了解你；有的是因为有偏见或误解；有的是因为看问题的角度不同；有的是因为总想当常胜将军，总爱当主角，不肯屈尊下驾，不肯服软认输，不愿含笑赔礼；有的觉得委屈，抱怨不公平，苛求于人。“做个温暖的人，用加法的方式去爱人，用减法的方式去怨恨，用乘法的方式去感恩，用除法的方式去烦恼。”

能容人，气量大，是处理人际关系时所持有的一种友善的态度，表明处理人际关系的主体对客体人格的尊重。雅量容人是风度，是胸怀坦荡，是看透了人生之后获得的从容。胸怀宽广、气宇轩昂之人，有海纳百川的胸襟，以事业为重，不计较个人恩怨，集纳人言的荆棘，融化眉宇的忧伤，蕴藉以柔克刚的坚韧，增添人生的含金量。

要容个性不同的人，容持不同意见的人，容有缺点弱点的人，容比自己能力强的人，容功高盖主的人。当对方无意出错、无心出错时，要多一分宽容和鼓励、少一分指责和冷酷，多一分热情帮教、少一分求全责备。当工作中出现矛盾或异见时，要多一分大度释怀，少一分耿耿于怀。

很多时候，我们面对的多不是什么大是大非的原则问题，没必要针尖对麦芒。退一步，别人过去了，自己也可以顺利通过。宽松和谐的人际关系给我们带来了很多方便，又避免了不少麻烦。在人际交往中，应当经常用指责别人的态度来要求自己，用宽恕自己的心思去宽恕别人，就能够获得内心的平静。

林肯在一家律师事务所当律师时，有位名字叫埃德温的同事，看不起林肯，不愿与林肯办理同一件案子，甚至连吃饭也不愿坐到一起。林肯当选为美国总统，埃德温攻击林肯“愚不可及”，骂他是“原始的大猩猩”“长颈鹿”。

可是，林肯很快任命他当了陆军部长。埃德温雷厉风行，敢作敢为，使陆军部队面貌焕然一新。南北战争开始后，埃德温努力工作，把大量的武器装备和军用物资源源不断地送到前线，为南北战争的胜利奠定了坚实的物质基础。后来，林肯与埃德温成了好朋友。做人、处世、为官一定要雅量容人。有的人心胸像针眼那么大，遇到不顺心的事，就郁郁寡欢；待遇上不如意，就耿耿于怀；因和上司、同事有些误会，便于心中积下块垒——心胸如此狭隘，他一定会被烦恼包围，损伤自己的身心，而且会伤害他人。

尽管有些人情薄如纸，短期交往很难发现这种性格特征，但接触时间长了便会清楚明白，不必为此计较和生气。如果用宽广的心胸来包容别人，也就避开了世态炎凉对自己的“伤害”。宽容他人，才会给自己带来广阔天空，给事业带来一片光明。如果月不宽容，容忍不了黎明的来临，何来其轮回之美？倘若海不宽容，容忍不了惊涛骇浪的一时猖獗，何来其磅礴之美？

毛泽东善待徐向前就是一个成功的范例，1937 年，党内一致声讨惨败而归的西路军总指挥徐向前，唯毛泽东对其大加抚慰，并力排众议予以重用。最终在 1948 年，徐向前率领一支由地方武装改编而成的不足6万人的队伍，一个月内歼敌10万余人，解放县城14座，创造了军事史上的一个奇迹。

君子胸怀宽广，好话、坏话、刺耳话，啥话都能听得进；得罪了君子，他也不会斤斤计较。让人把话讲完，是大度，是强而不锐，也是有力量的体现。如果想成为人际交往中的高手，那就赶紧抛弃小肚鸡肠，做个宽宏大度的人。

如果不宽恕别人，是在与自己过不去。怨恨是一杯毒酒，损害了自己的快乐。不宽容的人，爱怀疑别人，疑这疑那，对人产生敌意，到头来只会四处树敌，四面楚歌。对他人的言论和行为，特别是那些与自己的看法和判断相冲突的言行应给予容忍、谅解和尊重。

经常用指责别人的态度来要求自己，用宽恕自己的心思去对待别人。哲人说得好："不要把痰吐在井里，哪天你口渴的时候，也要来井边喝水的。"主动让步的人，是可交的人。从不会认错和让步的人，内心狭隘，阳光很难走进他们的心灵。一个不懂得为亲人让步、为朋友让步、为女人让步、为合作伙伴让步的男人，是缺乏胸襟的和不可交的人。在领导活动和人际交往中，少些耿耿于怀、求全责备、训斥，多些尊重、理解、帮助和鼓励。

学会心理调适

控制情绪是党员干部沟通中的"保险闸"，闪耀着理智之光。交往的前提是理解、尊重、宽容，切忌口无遮拦，防止"祸从口出"。事实证明，沟通的成功者都是情绪调节的高手。

诸葛亮在《便宜·喜怒》中说："君子威而不猛，忿而不怒，忧而不惧，喜而不悦。"儒家、佛家理论不同，都主张戒怒、节制血气。古圣贤认为，去欲，乃降龙；戒怒，乃伏虎；降龙养心，伏虎养肝。

人在世间，难免会遇到不如意的事。辛弃疾词云：“叹人生，不如意事，十之八九。”党员干部有时候产生不良情绪的原因有多方面。如多年辛劳而未能晋升，大才小用，怀才不遇；能力水平不高，前途不“亮”产生自卑；贪污、受贿、挪用公款，担心败露，心神紧张；经营决策失误；工作不能胜任而落伍。有的人没当干部时，还比较谦和平易，一旦戴上“乌纱帽”，心态在发生变化，脾气大了起来，遇事不冷静，处置方法不当，搞得场面难堪。爱发脾气，动辄恼怒，与固执有关。固执的人自尊心过强，自我评价过高，易冲动和诡辩；若用执拗、顶撞、攻击、无理申辩等方式，来满足自己的固执，必然与他人产生“心理对抗”。那不就是“用别人的过失来折磨自己”吗？怎么能达到自我与自我的和谐呢？

应及时安抚自己，摆脱焦虑忧郁以及控制刺激情绪的根源。美国密歇根大学心理学家南迪·内森的一项研究发现，一般人的一生平均有十分之三的时间处于情绪不佳的状态，因此，我们常常需要与那些消极的情绪作斗争。石火光中莫争长短，蜗牛角上休较雌雄。人一旦控制不住情绪，任由怒火中烧，便会失去理智，意气用事，放任坏脾气，作出的决定很难保证正确，这是决策时的大忌，而且会伤害对方的感情，破坏和谐气氛。不妨深思熟虑，等待时机成熟，做一下冷处理、慢处理，这样的结果可能截然不同。

凡事不能按捺浮躁之心，动辄发火，表现了智能之不足，会产生不良后果。收获成功时，不要浅薄；得势时不要忘乎所以；遇到挫折时，防止浮躁。清代丁福保在《少年进德录》中说：“急躁的人应该时时刻刻想到和缓两个字；轻佻的人应该时时刻刻想到宁静两个字；浅薄显露的人应该时时刻刻想到慎密两个字；懈怠懒惰的人应该时时刻刻想到勤敏两个字。而且不只是心中时时刻刻想，嘴里也应该时时刻刻叨念。时间长了就成为习惯了，这就是改变气质的功夫啊。”“在怒者岂不知此，无如其量最狭，其气最浊。既不能领取宽和之味，复不能消受平安之福。”

自制远比自尊更有价值。要学会用平和的、协商的办法处理矛盾，如果你发火，发现自己伤害了别人，就要及时向对方道歉，求得对方谅解；如果你和对方都情绪失控，你应换位思考，少用“但是”，要对事不对人。不管你喜欢不喜欢情绪失控的对方，都要认真听他发脾气时所传达的信息、所描述的事实、所讲的道理，而不是一两句让你生气的话。

避免失败的关键之一，是在日常工作、生活中，以诚待人，以德报怨，保持积极、乐观、向上的心态，不对他人有怨恨之心。应培养“光明思维”，亦即在认识事物或者看问题时，尽量选择积极有利的一面，忽略消极不利的一面。简单说就是自我安慰，自我解嘲，类似于阿 Q 精神。

学会心理调适，经得起工作的任务压力、生活的经济压力、情感的取舍压力、困难和矛盾的考验。遇有不公正待遇，学会耐心等待；遇有别人晋升，正确对待。切不可轻浮骄躁，像魏延烧绝栈道那样，使毕生功名毁于一念之间。

快乐是一种能力，主要体现在对人要有宽容心，对事要有辩证头脑。宽容者自乐。世上没有一成不变的事物，要相信事情总会向好的方面发展，乐观面对今天，快乐奔向明天。

宋朝大文学家苏轼，历经磨难，还是那么潇洒豁达，保持心灵的平衡和安宁。顺境时没有得意忘形，逆境时仍坦然自若，保持乐观旷达的情怀，因而体验到了生活的乐趣、生命的欢欣。人生的大悲哀在他笔下化成一股豪侠之风，令人荡气回肠。

苏轼有一天下朝后，两手抚摸着自己的便便大腹问家人：这里面是什么呢？有的说是满腹文章，有的说是满腹机关，只有他的爱妾王朝云一语破的："一肚子不合时宜。"苏轼长叹一声："知我者，朝云也。"

由于受奸臣诽谤，苏东坡由杭州通判改任密州通判。密州交通闭塞，环境很差，吃的东西十分欠缺。一年后，苏东坡不仅没有郁郁消瘦，还胖了。他说，我很喜欢密州淳厚的风俗，这里的官员和百姓都乐于接受我的管理。

世间最美丽的表情就是开心微笑。微笑可以驱散心中的积郁，患心理疾病的概率也低得多。雨果说："微笑就是阳光，它能消除人们脸上的冬色。"党员干部应善于充当快乐使者，"快乐着下属的快乐"，延续下属的快乐，使之成为下属继续努力的"增速器"。

面带微笑能让人感觉温暖如春，产生共振效应，迅速缩短与交往对象彼此的心理距离，消除一些疑虑，增强团结与合作。人与人之间，相逢开口笑，微笑能消除尴尬，有助于解决分歧，化解矛盾。对下属发自内心的微笑，并不费劲，只是面部肌肉的一张一弛，但给下属的感受，是理解、尊重、爱护、关怀四种需求同时得到满足。领导者见到下属圆满完成工作任务，脸上露出满意的微笑，是对下属的赞许，下属从中受到鼓舞、得到激励，增强共克时艰的信心。

喜欢开心快乐，躲避伤悲，这也是人的一个特性。搞好人际关系，首先要让人开心，而不是要让人伤悲。整天脸色阴沉或毫无表情，很难受人欢迎。有人调查了122名患过一次心脏病的人，8年后发现最悲观的25人中死了21个，最乐观的25人中死了6个，结论是乐观者长寿。保持乐观情绪，能增强免疫力和适应性。美国布莱根妇女医院医生、哈佛大学医学院副教授罗莎琳德·怀特表示，"那些具有积极人生观的人，似乎对环境更具适应性免疫反应”。

乐观能得到更多认同。美国宾夕法尼亚州大学心理学家马丁·塞利格曼通过分析1948—1984年的总统大选得出结论：乐观的候选人经常在大选中获胜，悲观的候选人落选的概率则高达90%。在日常工作中，乐观的人更容易用自己积极的情绪感染人，他们的言语和行为容易得到认同，因而成功的概率相应增加。因此，一个人能否成功，关键取决于他的情绪。成功者始终用积极的思考、乐观的精神和成熟的经验支配和控制自己的人生。

在工作和生活中，总会遇到这样或那样的矛盾，乐观的人会面对现实，以豁达的心态去面对生活，秉持一种平和的生存态度。乐观可以让人在浮躁的环境中依然拥有恬静的心态和冷静的头脑，乐观的态度不是放弃追求，而是科学的世界观和进步的人生观的体现。

工作与生活有节奏、有规律，是消除疲劳、保持良好情绪、提高工作效率的一个重要因素。除了饮食起居外，不论多忙，一定要有充足的睡眠，尽量少熬夜，给自己留出一些时间，交替使用人体各个部位，培养一两项业余爱好，周末娱乐半天。人无爱好，生活单调。每遇到心情不快时，可全身心投入自己的爱好之中。

交友的学问

明朝时，有一个叫张庭的人，无论见了谁都喜欢说好话。他的一个朋友喜欢喝酒，他就称赞朋友性格豪迈，饮酒之后不畏权贵，有古代风流贤士之风。朋友对其十分欢喜。然而，不久以后，朋友因喝酒和他人斗殴，将他人打伤，被判入狱。在狱中，朋友幡然醒悟，觉得赞赏自己喝酒的并非是良友，而那些多次劝谏自己的人才是真正的朋友。

先秦时期的典籍，有许多关于交友的精辟论述，包括交友的必要性，交友的原则，交友的快乐，绝交时应注意的问题。如："君子上交不谄，下交不渎。"（《周易·系辞·下》）孟子说："友也者，友其德也，不可以有挟也。"孟子交朋友，是要和他的德行相交，不是倚仗什么和他相交，不是有利可图才和他相交。

"友如作画须求淡，文似看山不喜平。"古人交友十分讲究一个淡字。庄子有句名言："君子之交淡如水，小人之交甘如醴。"（《庄子·山木》）这种君子之交"淡如水"，不是说君子之间的感情淡得像水一样，而是指君子之间的交往不含任何功利之心，像水一样清澈（纯洁），他们的交往纯属友谊。而小人之间的交往，表面看起来"甘若醴"，亲密甜蜜，却包含着浓重的功利之心，他们之间只有利益，把友谊建立在相互利用的基础上，如果对方满足不了功利的需求时，容易断交。

淡，蕴含着忌权势，"以势交者，势倾则绝"；淡，意味着忌财利，"以财交者，财尽而交绝"。君子之间的友谊平淡而清纯，不管你是否富有，是否掌权，依然做"简单"的人，宁可傻傻的，也不假假的，不耍心计，不互相算计。友谊就意味着给予，它应该是无私的。朋友相处斤斤计较，唯恐自己吃亏，这种有利必争，有荣誉不让，有责任便推的人，很难成为真正的朋友。我们应当以真诚的情怀，互相理解，互相支持，互相帮助，取长补短，共同前进。

好的朋友就像生活中的盐，缺少了它，就会索然无味；坏的朋友如同毒品，一旦沾上，害莫大焉。墨子曾将择友喻为染丝："染于苍则苍，染于黄则黄，所入者变，其色亦变。五入而已为五色，故染不可不慎也。"在现实生活中，你和谁在一起的确很重要，甚至能改变你的成长轨迹，决定你的人生成败。跟什么样的人在一起就成为什么样的人。和聪明的人在一起，你会增添睿智；跟优秀的人在一起，你会出类拔萃。

党员领导干部也有情感，不能不结交朋友。问题的关键在于结交什么样的朋友，怎么交朋友。因为党员领导干部手中有权，寄托着人民群众的期望，交友绝对不是个人生活的小节问题，而是关系到廉政与贪腐的大是大非问题。哪些人该交，哪些人不该交，心中要有数，决不能不讲原则，失控失度，滥交朋友。

交友不慎，是非不分，滥交“朋友”，是一些领导干部走向腐败的助推器。有的领导干部交友过多，胡乱交友，影响生活和做人的质量，甚至会授人以柄。一些吃吃喝喝的“酒肉朋友”、投其所好的“马屁朋友”，奉迎你、讨好你，使你落入“人情陷阱”“金钱陷阱”和“美色陷阱”，被人牵着鼻子走，连自己的身份、人格都不顾，就难以使人尊重，离违纪违法就不远了，最终成为权力寻租的牺牲品，滑向违法犯罪的深渊。

曾经受贿、贪污达数百万元的某工程局原党委书记、局长湛某在狱中忏悔道：由于思想把关不严，在我革命意志衰退时，因为缺乏政治免疫力和鉴别力，落进了“朋友”设下的陷阱，使我陷入罪恶泥潭不能自拔。所交之友中有心怀叵测的，为了达到自己的目的，对我百般讨好，久而久之，使我误以为他是我的“铁哥们”“知己”。这样的朋友就如同病毒一样，侵蚀我的思想，腐蚀我的灵魂，最后把我推向犯罪的深渊。当我在位时，他信誓旦旦，像一只温驯的绵羊讨我欢心；一旦东窗事发，他就落井下石，像一条疯狗要置我于死地。只可惜，这一切我都明白得太晚了。

明代名士苏浚在《鸡鸣偶记》中，把朋友分为四类：“道义相砥，过失相规，畏友也；缓急可共，生死可托，密友也；甘言如饴，游戏征逐，昵友也；和则相攘，患则相倾，贼友也。”就今天的党内政治生活来说，可资借鉴的是前面两类友情：在道义和学业上互相砥砺，对缺点、错误直言规劝；应当规避的则是后面两类“朋友”：互相吹捧、只讲吃喝玩乐的“昵友”；以利取人、朋友遇到困难或不幸时落井下石。

如果你傍上了大款朋友，他们看重的是你手中的权力，而不是友情；吃了人家的嘴软，拿了人家的手短，只好被人牵着鼻子走。所以，有人进了监狱，才深切体会到，是交友不慎造成的。在现实生活中，一些别有用心的人利用交友渠道而设下“陷阱”的事例比比皆是，因交友不慎而沦为违纪违法的人亦屡见不鲜。

习近平同志语重心长地指出：“许多领导干部堕落腐败，往往是交友不慎，特别是‘傍大款’，在不慎交往中耳濡目染、逐步变质的。特别是在经济工作中，我们要注意分寸，慎同餐、慎同行、慎同事，做到‘君子之交淡如水’。领导干部要学会拒绝，学会包公的‘黑脸’，不被人情和面子所累，真正做到‘心不动于微利之诱，目不眩于五色之惑’，始终保持共产党人的政治本色。”应保持清醒的头脑，不断净化自己的“朋友圈”，远离“昵友”“贼友”，亲近“畏友”“密友”，弘扬我们党批评与自我批评的好作风。

和一个人交往时，要判断对方和你交往的动机是什么。如果朋友只跟你谈物质利益，看重你的钱和势或其他利益，长期交往下去，就会使友情“变味”，浪费你的宝贵时间和精力，因此不宜深交。如果你不幸交了个坏朋友，就会给你带来麻烦，甚至带来让你痛悔的伤害。许多事实证明，有的领导干部因不慎重地选择人，误交品格低下、行为恶劣的损友，碍于情面，没有拒绝朋友的无理要求，违背了交友的原则，结果难以自拔，丢官落马，坑害了自己，将一生幸福毁于一旦，伤害了他人，危害了事业，真是害莫大焉。

人脉的圈子可以是个良性的环境，也可以是个恶性的沼池。你的人脉关系总在悄悄地、潜移默化地感染着你。人脉需要定期盘点，经过分类、清理、筛选达到优化。社会中的人脉固然重要，但不要轻易交朋友。跟什么人交往，怎么交往，交往到什么程度，一定要把握“度”。有的领导干部还没有摒弃庸俗之气、市侩之气，还没有净化自己的“人脉圈”，哥们义气超过了党的原则，傍大款、靠老板，最终吃了大亏。

必须端正交友动机，讲求志同道合。就领导干部而言，要多从自身的职责去想想，多从领导干部的标准要求去想想，从工作和事业出发，从党和人民的利益出发，在结交朋友中做到远恶友，近善友，多与那些一心为民的善人交朋友，多同普通群众交朋友，多同基层干部交朋友，多同先进模范交朋友，多同专家学者交朋友。视权势财利如粪土，遵循为友的道德底线，这样的友情也能如松、竹、梅“岁寒三友”经风霜雨雪而不衰。周恩来一生广交朋友，但其坚持“与有肝胆人相处”，即与为人忠诚、坚定、无私者交友。陈毅在交友问题上曾经说过，“难得是诤友，当面敢批评”，即要找能直言规劝的朋友。

朋友之间要保持一定距离。距离产生魅力，距离提高威信，倒是一个“相对真理”。英国谚语说：“朋友间保持一定距离，能使友谊长青。”美学家说：“距离产生美。”距离凝聚了力，升华了爱，彰显出“变短暂为永恒”的神奇。距离美是永恒的美。“与朋友交，久而敬之。”敬也有保持一点距离之意。西方有一种“刺猬理论”：刺猬浑身长满针状的刺，天一冷，它们就会彼此靠拢，凑在一块。仔细观察后，发现它们之间却始终保持着一定的距离。原来，距离太近，它们身上的刺就会刺伤对方；距离太远，它们又会感到寒冷。只有若即若离，距离适当，才能保持理想的温度，又不伤害对方。“刺猬理论”告诉人们，上下级之间不可以太近，朋友之间不可以过密，否则你的弱点会在他人面前一览无余，会导致上下不分，给自己的工作带来麻烦或隐患，造成彼此的伤害。

人们都希望自己能和上司走近一点，但又不想看到别人也走近或者比自己走得更近。其实，太近了并不好，太近了会出现“碰撞”，得不到尊重，甚至彼此伤害；也容易让别人说闲话，容易让上司误解，认定你在搞小圈子。上下级关系的亲密、融洽要有个“度”。与下属交往过密，就等于把自己完全暴露在下属面前，就会被人认为轻率浅薄、软弱怯懦、优柔寡断，就会受到轻视；会让有的下属利用你的弱点钻空子，讨价还价，提出不合理的要求，或怠惰、拖延，甚至破坏，让你防不胜防，而且无法实现自己的管理目标，后悔也来不及了。

等距外交，就是不偏不倚、不远不近、不亲不疏、不友不敌，尽量与别人保持一定的距离，不盲目建立超乎工作的友谊，不给人留下厚此薄彼的印象，使自己保持在一种灵活机动的位置上。等距外交可以使你避免陷入帮派争斗，免受其害，活得不累，使你具有灵活性。你可以根据自己的目标要求随时调整自己与他人的交际距离。在通常情况下，若即若离，似亲似疏，保持一定距离的交往，会使人与人之间彼此尊重，增进友谊，会使人际关系正常发展。

党员干部手中的权力，是党和人民赋予的，只能用来为人民群众谋利益，不能把权力因素和功利因素带到朋友交往中。与商人交友，须忌“钱”字；与下属交友，须忌“近”字；与异性交友，须忌“色”字；与上司交友，须忌“谄”字，这四个忌，确属至理箴言。要多从自身的职责去想想，多从领导干部的标准要求去想想，净化自己的社交圈、生活圈，在权力与友情之间要守住道德和法律底线，不能让所谓“义气”冲淡了党性和责任。

虚怀若谷，谦和谨慎，能使人广交朋友，获得他人的信任和好感，而孤芳自赏，自命不凡，得意忘形，夸夸其谈，则会惹人反感。不分场合，太露锋芒，炫耀抬高自己，会使朋友的自尊心受到挫伤。在与朋友交往时，态度谦逊，虚怀若谷，注意时时想到对方的存在。与朋友、同学相约、聚会的时候，一定要放下架子，设身处地地体会朋友的感受，说话实实在在，以真诚之心对待朋友。即使你海阔天空谈论一番，即使有的朋友与你看法不同，但是你的真诚一样会被朋友欣赏和喜欢。

综观毛泽东一生，他交友是多方面的、丰富的、健康向上的，既有原则，又有人情味，重情重义，展现了大国领袖宽广的胸襟以及高超的统战艺术，也让我们看到了伟人真诚无私的一面。

恩格斯对马克思是无私的，凭着他的渊博的学识和天才的创造性，完全可以独自写出更多、更好的著作。但为了支持马克思写作《资本论》，无私地帮助马克思。马克思一生都非常感激恩格斯的这种无私援助，十分珍视他和恩格斯之间的真挚友谊。因此，当恩格斯生病或者发生什么不愉快的事情时，马克思就像自己遭到困难和痛苦一样。马克思的女婿保尔·拉法格说："他们两人的生活联系得如此紧密，简直是不可分的一个人。"

毛泽东在湖南一师求学期间，遇汨罗学子吴竹圃勤奋好学、学冠群辈，便"视为畏友而深交之"。畏友，当属"多闻"者。有这样的品位高、感情深的朋友，可以交流感情、沟通思想、切磋学问、修养品德、增长才干，就如鱼得水，拥有了精神财富，能使人生的色彩丰富浓郁，感到惬意、畅快、欣慰和自豪。据《知音新周报》载，对于私人交谊，毛泽东是很讲"朋友义气"的，对一些民主人士是很尊重的。毛泽东一直把宋庆龄当成党的同志看待，彼此肝胆相照，宋庆龄在交往中也真诚直言。

毛泽东从未忘记过那些关心、支援过中国革命的老朋友。他不仅对一切向中国表示友好的外国人士坦率、真诚、念念不忘，而且对有着共同理想和信念的兄弟党的领导人，更是热情亲切和不拘形式。1965 年 1 月，斯诺应邀出席毛泽东举行的宴会。席间，毛泽东与他交谈了约 4 个小时，斯诺是这次宴会中唯一的外国人。宴会结束后，毛泽东这位 72 岁的老人，亲自把朋友送到新华门前。1970 年，在新中国成立 21 周年之际，毛泽东再次会见了这位中国人民的老朋友及他的夫人，并让斯诺夫妇登上天安门城楼，站在身边一起检阅游行队伍。1972 年初，当得知斯诺卧病在床、生命垂危，毛泽东又亲自让周恩来派中国医护人员前往瑞士斯诺家中，给予他无微不至的治疗和关怀。

应珍惜这样的益友：让你看到自己优点的人，帮你厘清生活工作思路的人；给你分享正能量和好消息的人；让你看清自己不足的人，愿介绍成功朋友让你认识的人，引导你走向成功的人，与你志趣相投的人，给你正能量带去轻松快乐的人。一位作者与北京一文友相识相处近 20 年，多次交流思想，切磋文史，留下美好的印象，有感于斯，赋七律《寄友人》：

每忆京华系梦萦，落花相聚感怀生。
著书不畏方格苦，展卷才知史海深。
钦佩武侯存社稷，思齐文正写丹青。
冰心未泯真君子，何日相约再叙情？

自省没有休止符

一个人之所以没达到“今天比昨天做得更好”，一个重要原因在于淡化或忽视了精神世界的梳理和升华。自省吾身是一种心理活动的反刍与回馈，是人生必不可少的自修课。通过对言行扪心自问，打扫灵魂深处的污垢，净化自己的精神境界。

习近平同志提出，一个人能否廉洁自律，最大的诱惑是自己，最难战胜的敌人也是自己。躬身自省，是对自己的所作所为、所思所想，进行自我反省和自我批评，是一种大智慧。自省中的“自”字，指代自己，也包含自觉。夜深人静之时，独处一室之际，自省自身灵魂深处，反思自身优劣，启迪内心良知，克制过分欲望。躬身自省是改造主观世界的重要手段，对自尊心是最好的保护，对自身形象是最好的维护，其目的在于使自己的道德修养逐渐达到高尚的境界。

内省是我们保持头脑清醒、抵御诱惑、战胜自我的一剂“良药”。修养一定要从自己内心省察、从小事做起，从小毛病改起，心如止水，小中见大，防微杜渐。屈原说“闭心自慎，终不过失兮；秉德无私，参天地兮”，确是一种境界和修养。孔子说：“见贤思齐焉，见不贤而内自省也。”（《论语·里仁》）——看见贤人，便要向他看齐；看见不贤之人的不道德行为，也要进行反省，检查自己身上有没有类似的问题，以便引起警觉，避免犯同样的错误。荀子说：“见善修然，必以自存也；见不善愀然，必以自省也。”（《荀子·修身》）

三国时期，吴国孙权在执掌江山之初，受一些阿谀奸佞之徒的教唆，耽于游乐欢娱中不能自拔。有一天，孙权在武昌的钓鱼台上大宴群臣，场面极尽奢华。酒至半酣的孙权畅然说道：“今天我们不醉不归，把酒喝到极致。”孙权语音未落，张昭便沉默地走出钓鱼台。及至坐定车中，孙权派人叫张昭回来，说：“只是为了高兴一下，您何必生气而扫了大家的兴致呢？”张昭说：“从前商纣王以此为乐，也并不认为是坏事，但最终自焚于鹿台之上。”听闻此语，孙权面露羞愧之色，于是不再耽于吃喝玩乐，并在张昭的提点下日日精进，适时反省自己的错误，东吴基业才日益强大。

宋代瑞严和尚每天都要问自己："你头脑清醒吗？"然后自己回答说："清醒。"这样才算安心。这样自我警醒、细细问心，受到朱熹和张岱的肯定。《菜根谭》有言："反己者，触事皆成药石；尤人者，动念即是戈矛。"一个经常做自我反省的人，他日常不论接触任何事物，都会变成修身戒恶的良药；一个经常怨天尤人的人，只要思想观念一动就像是戈矛一样指向别人。可见自我反省是使一个人通往善行的途径，而怨天尤人却是走向各种奸邪罪恶的源泉，两者之间真是有天壤之别。

与朱元璋有"布衣兄弟"之交的徐达，帐中能谋，帐外能战，帮助朱元璋立下赫赫军功。然而军功显赫的徐达在处于隆誉之时，仍反躬自省，愈加谦虚谨慎，不仅实现了兼济天下的目标，而且还使得自己能够在明初严酷的政治环境中独善其身。朱元璋对徐达非常赏识，常对人夸奖徐达"不矜不伐""中正无瑕，昭明乎日月"。

若想练就金刚不坏之"身"，须先练好金刚不坏之"心"。曾国藩是晚清重臣，是所谓的"同治中兴"的第一名臣。他 34 岁时，从一名会试考官升为从四品的侍讲学士。曾国藩不但不高兴，反而战战兢兢。他在给弟弟的家书中写道："这次晋升，实在出乎我意料。我日夜诚惶诚恐，自我反省，实在是无德足以承受。你们远隔数千里之外，一定匡正我的过失，时时寄信来指出我的不足。"面对升迁，曾国藩能够正确认知自己，时刻保持警醒，常存敬畏之心，这正是他能成为三朝元老的重要原因。曾国藩去世以后，有副挽联这样概括他的一生："立德立功立言三不朽，为师为将为相一完人。"曾国藩没有异于常人的任何独特之处，他只是笃定地践行儒家的文化信仰，将道德转化为一种内在人格。

人的一生处理每一件事，都要自我反省。"静坐观心，真妄毕现。"静下心来深深反思自己，方能将自己的缺点和盲点看得全面。如果被人轻视、侮辱、痛恨，你不必责人，要退而反省自己：有没有做得不妥之处，做没做亏心事，从多方面找原因，把自身的毛病和问题提到党性和世界观的高度，去剖析、去认识。“往者不可谏，来者犹可追。”（《论语·微子》）——过去的事无法挽回，未来的事还来得及更改。“前事不忘，后事之师”——以前的事永志不忘，可以作为后来做事的教训。经常看到自己有不对的地方，那是一种进步，容易赢得他人的信任，容易融入所在的集体，容易赢得真正的朋友。

在“自省”二字上下功夫，是及时发现自身不足，推动自己进步的路径。在自己的心灵内进行善与恶、正与邪、是与非、廉洁与腐败的斗争，“战胜体内的小人”，及时改正自身的缺点和错误。有的领导干部之所以犯错误，重要原因是放松了对自己的要求，没能及时对自己反省，对自己的不足疏于发现和改正。要经常自省吾身，检查自己的言行，是否有过错，进行自我解剖和自我批评，找出自己的缺点和错误，采取措施加以克服和纠正。通过注意自己的言行，反省自己的缺点，不断摒除杂念，逐步树立正确的观念，培养高尚的品质，提高自己的精神境界。泰戈尔有句妙语：“真理之川从它的错误之沟渠中流过。”我们要从过失中反思诸多原因和教训，从失误中省悟深刻的哲理，从而筑起再次失败的防护堤。

反省犹如一面镜子，它能将我们的缺点和错误，清清楚楚地照出来，提示我们尽快改正。“以镜自照见形容，以人自照见吉凶。”（《大戴礼记·武王鉴铭》）——照镜子就会看见自己的容貌；借鉴别人的成败经验，就会知道自己是否对错。镜子能照出人的容颜，而反省能照出自己灵魂中隐藏的“小”来。

自省和剖析自己的过程，实质上是内在的自我检查、正确认识自己、找出自己的错误、增强思想道德修养的过程。一位文友如是说："人最熟悉的是自己，最陌生的也是自己；最亲近的是自己，最疏远的也是自己。人有两只眼睛，看世间、看万物、看他人，往往看不到自己：能看到别人的过失，却看不到自己的缺点；能看到别人的贪欲，却看不到自己的吝啬；能看到别人的奸邪，却看不到自己的愚痴。有多少人能看清自己？"每次自我反省，都是让自己的身心经受了一次智慧与道德的洗礼。因此，应当大力提倡一日一省、一日一鉴；应当上半夜想想自己，下半夜想想别人。

修炼政德不是简单地"闭门思过"，使自己超凡脱俗，表现"清高"，很重要的内容是在实践中砥砺，使自己沿着道德的阶梯去攀登浩然伟健的理想人格之制高点。《孟子·尽心上》有言："反身而诚，乐莫大焉。"朱熹说："日省其身，有则改之，无则加勉。"他还说："见人之善而寻己之善，见人之恶而寻己之恶。"提高自身素养的一个重要途径，就是在同别人的对照中改进自己。看到别人的优点、长处，就认真进行学习，努力赶上和超过对方；看到别人的不足，认真反思自己有没有这样的毛病，提醒自己引以为戒，不要犯类似错误。

如能每天自省，进行"心灵盘点"，想想说话时语气是否柔和而不生硬，神色是否恭敬而不谄媚，是否主动表露不足之处而不是炫耀自己；为什么别人说我坏话，为什么别人对我发火，看看有什么过失，哪些需要改进，如何光大长处，自己有多少资源，能干多少事情，该干什么，是否"今日事今日毕"，那将是善莫大焉，益莫大焉！

鲁迅笔下的阿Q是一个蒙昧的人，他始终不能正确认识自己。他浑浑噩噩、糊里糊涂，直到被押往法场时，还不知道自己是怎么死的，这是他人生最大的悲剧。鲁迅塑造阿Q这一形象的最终目的，正是启发人们正确地认识自己。

陈毅回顾了自己的峥嵘历程，淋漓痛快地解剖了自己"几次

'左'与右"的错误，发出肺腑之言："中夜尝自省，悔愧难自文。还是鼓勇气，改正再前行。灵魂之深处，自掘才可能。"

世界上有没有永远不会犯错误的人？如果说有，那只不过是天方夜谭式的神话。问题在于，究竟以什么样的方法来对待错误。一种态度是放不下面子，不承认错误，或者将错误完全归因于客观条件；一种是敢于承认错误，但聪明的人不应该两次犯同样的错误，不让良性肿瘤变为恶性毒瘤。

要先注视自己，看看自己是个什么样的人。看清楚自己适合做什么，该怎样做，千万不要像关羽那样，让自己严重的傲气、不变的固执、可怕的骄横扩张了一生，最终败走麦城，导致一系列悲剧。革命前辈谢觉哉对自己的过失不留情，在心灵深处开设一个"道德法庭"，既当"被告"，也当"法官"，跟自己"打官司"，表现了一种严格要求自己的高尚品质。这种向自我宣战应提倡，放弃主观臆断、固执与偏见，大踏步地前进。

在1962年"七千人大会"上，毛泽东指出："有了错误，一定要自我批评，要让人讲话，让人批评。"并诚恳地说："去年6月12号，在中央北京工作会议的最后一天，我讲了自己的缺点和错误。我说，请同志们传达到各省、各地方去。事后知道，许多地方没有传达。似乎我的错误就可以隐瞒，而且应当隐瞒。同志们，不能隐瞒。凡是中央犯的错误，直接的归我负责，间接的我也有份，因为我是中央主席。"

苏联生物学家巴甫洛夫说："像批评别人那样，严厉地批评自己。"有一次，巴甫洛夫在讲肌肉的交叉神经支配的课程时，弄错了应当刺激的神经，结果没有获得预期的结果。当他发现自己的错误以后，马上就向全体听众道歉。

如果被人轻视、冒犯、侮辱、痛恨，——你不必责人，首先要有反思自己的勇气和理智，迅速从窝火的心态中"跳"出来，以对方的言行为镜子，退而反省自己：是不是自己的过错，比如太爱抱怨，太爱否定，时常消极，从不听别人的，执迷不悟，无所不知，要求太多，依赖性太强，以损害他人为代价获取成功，做没做亏心事，从多方面找原因，把自身的毛病和问题提到党性和世界观的高度，去剖析、去认识，主动做好沟通和解释，消除误会，增进理解，融洽关系。

列宁说："在革命事业中，认识到自己的缺点就等于改正了一大半。"经常看到自己有不对的地方，那是一种进步，容易赢得他人的信任，融入所在的集体，赢得真正的朋友。"把每一个黎明看作你生命的开始，把每一个黄昏看作你生命的小结；让每一个这样短的生命，都能为自己留下一点儿可爱的事业的脚印，和你心灵得到充实的痕迹。"（裴多斐）

用社会主义核心价值体系和道德规范，作为自省吾身的重要"标尺"，如履薄冰般审省和剖析自己的不足和过失，调整心态，净化心灵，保持崇高的德行，可以使我们无忧无惧、身心轻松愉悦，能培养一种乐观、进取、向上的精神和高尚的人格，专心致志地投入到事业中。

第四章

不辱使命，当官不要想发财

BURU SHIMING，DANGGUAN BUYAO XIANGFACAI

由“我心有主”说开

《格言联璧》中有这样一段话：“人之心术，多欲则险，寡欲则平。”一个人如果欲望太多、太强，他就缺少智慧与灵性，就会蒙受损失。猛兽易伏，人心难降。巴尔扎克说过：“贪心好比一个套结，把人的心越套越紧，结果把理智闭塞了。”很多时候，贪念“只系于一念之消长，一息之依违”。贪欲拒绝与淡泊联络，却愿跟奢侈通邮，只能加重生命的负荷，加速心灵的浮躁，无缘与幸福拥抱，哪会善待人生、赢得成功呢？纵贪欲如落水，不用吹灰之力，终成灭顶之灾。

白居易在杭州任刺史期间，保持清廉名节，从未收受贿赂或向当地索取过名贵物品。他离任回洛阳时，发现游览天竺山所捡的两片玲珑巧石在行囊之中。他想，山石虽然不值钱，但拿走它就会玷污了自己的名声。想到此，他颇有愧意，怕有伤清名，于是把两片巧石归还给公家，提笔写下了自省诗：“三年为刺史，饮冰复食蘖。唯向天竺山，取得两片石。此抵有千金，无乃伤清白。”他觉得这两片山石虽不是他人所赠，但理所当然地占为己有，伤了自己的“清白”，必须警惕。

《元史》记载了这样一则故事：宋元时期大学者许衡，曾跟随众人避乱到河阳。由于路途遥远，天又很热，大家都十分口渴。正巧道路旁有一棵梨树结了很多梨子，众人都争先恐后地去摘下来吃，只有许衡一人端坐树下，始终不为所动。有人问他为什么不摘梨，许衡回答：那梨树不是我的，我怎么可以随便去摘来吃呢？有人讥笑说：现在世道都乱成这样了，这梨树早已没有主人了。不料许衡却正色道："梨无主，吾心独无主乎？"

许衡在饥渴难忍的情况下，在众人皆取的氛围中，不为所动，自觉抵御梨子的诱惑，保持了定力。许衡以后为官数十载，常思"我心有主"，从不妄取薪俸之外的一钱一物，成为历史上有名的清廉楷模。

自古以来，官员们都会遇到形形色色的诱惑。《清朝野史大观》载：清道光年间，刑部大臣冯志圻酷爱碑帖书画，但到外地巡视，绝口不谈自己的爱好。一下属知其爱好后，献给他一本宋拓碑帖，冯志圻原封退回。有人劝他打开看看无妨，冯志圻说："这种古物乃稀世珍宝，我一旦打开，就会爱不释手；索性不打开，断其诱惑，怎奈我何？"冯志圻谨防有人投其所好和阻击不良欲望的做法，对党员干部仍有借鉴意义。

人生道路漫漫，诱惑陷阱不少，历练考验实多。诱惑分为有形与无形。金钱、美色属于有形诱惑，而"吹喇叭、抬轿子"则是无形诱惑。许多时候尽管我们自身"邪不压正"，但如果经常接触对你有诱惑的事情和人，或去了不该去的地方，觉得无所谓，就有可能出现"情不自禁"的劫难。对于位居主管人、财、物重要岗位的领导干部来说，功名利禄、金钱美色等形形色色的诱惑，对人的考验可能是每日每时、无处不在的。"可能有这样一些共产党人，他们是不曾被拿枪的敌人征服过的，他们在这些敌人面前不愧英雄的称号；但是经不起人们用糖衣裹着的炮弹的攻击，他们在糖弹面前要打败仗。"[①] 这是毛泽东在七届二中全会报告上

①《毛泽东选集》(第四卷)，人民出版社 1991 年版，第 1438 页。

语重心长的教诲，人们耳熟能详，如今重温起来，仍感到振聋发聩。

私心和贪欲大概是潘多拉盒里的两个魔鬼，稍一松懈，就会侵入人的心灵。想要降服这两个魔鬼，需要清醒的理智和坚强的意志。不恬静寡欲无法明确志向，不排除外来干扰无法达到远大目标。领导干部切莫花了眼、昏了头，眼里看得破、肚里忍不过，明知道对方的做法是个圈套，还要往里钻。要做好人和好官，必须谨防金钱的诱惑，以不变应万变，警惕被人投其所好，拉拢利用。

面对诱惑，保持淡泊之心。懂得自我约束，能够控制自己的欲望，此乃为人处世的成熟和明智。马克思说："不可收买是最崇高的政治美德。"当诱惑来到我们面前的时候，一定要想一想不拒绝的后果，保持共产党人的高尚节操，对诱惑漠然置之。习近平同志指出："各种诱惑、算计都冲着你来，各种讨好、捧杀都对着你去，往往会成为'围猎'的对象。"[①] 领导干部严格自律，要注重防范被利益集团"围猎"，坚持公正用权、谨慎用权、依法用权，坚持交往有原则、有界限、有规矩。"君子当以事后之悔悟，破临事之痴迷。"切莫让某种东西在一瞬间导致你失去警惕，左右着你的思想，指挥着你的行动，使你花了眼、昏了头。必须时时刻刻严于律己，行使权力必须慎之又慎，自我约束必须严之又严，对"名"保持平静之态，对"利"保持平淡之心，清正廉洁，永葆本色。把好第一道关口，守住第一道防线，毅然与决然地按捺、控制、战胜，不越雷池一步。

权力对于人的诱惑永远不会消失。一个人权力在握时，会多次遇到金钱、美色的诱惑，他人的恭敬、曲意逢迎和拥捧，会使人陷入那些以"吹""拍""抬"为能事之人的包围之中。当心诱惑，应当是我们的醒世箴言。有些人为了得到不应该得到的东西，

① 习近平:《做焦裕禄式的县委书记》，载《学习时报》2015年9月7日。

就会讨好掌权者。如果说金钱、美色是对掌权者所下的诱饵的话，那么，“吹喇叭、抬轿子”则是为有虚荣心的领导开的“处方”。不管是谁，一旦当上了官，旋即成为一些人进攻的目标。正如余秋雨所言：“诱惑是无底的崖谷，坠下去粉身碎骨。”不能正确把握自己的行为，就会变成诱惑的俘虏，坠入诱惑的陷阱，悲剧伴随而生，一失足成千古恨。

党员干部必须深入学习十九大党章和习近平新时代中国特色社会主义思想，增强对腐朽思想文化的免疫力，在小事上用心，在小节上谨慎，以谨慎之心对待权力，以淡泊之心对待名利，以警惕之心对待诱惑。淡泊以明志，宁静以致远，始终对身外之物看得透、放得下，力克享乐主义和奢靡之风，自觉与物质诱惑保持距离，始终保持高尚的道德操守。把握交友原则和分寸，洁身自好，择善而交，摆脱低级趣味，净化自己的社会圈。面对诱惑眼不花、心不乱、志不移，保持一颗淡定之心，不为名所累，不为利所缚，不为欲所惑，视走出方圆外的诱惑为毁灭的向导，炼就一副不败的“金刚之身”。

为官不贪，身有正气，是精神上的宝，比物质的宝更为珍贵，更应珍惜。战胜诱惑，始终有立党为公、奋斗终生的崇高理想；应当有廉洁自律、洁身自爱的道德情操；必须有“壁立千仞，无欲则刚”的人格力量。英国赖德·哈格德说：“男人们只有不为诱惑所动心，才算男子汉大丈夫。”古希腊哲学家第欧根尼有句名言：“不要挡住我的阳光！”我们应在思想上筑起一道抵御腐蚀的坚固堤坝，方正清廉走人生，恪守党性原则和道德修养，远离财色，善自操守，闲中检点，守身如玉，在美色面前腿不软，在金钱面前腰不弯，不为贪欲所俘，不为邪气所摧，视一切不道德的欲望和念头为“无形敌人”，杜绝“付出太多、得到太少”的失衡心理，“任你红尘滚滚，我自清风明月”，始终坚守心中的道德律令。

治人者必先自律

自律在《辞海》中解释为自我约束力。自我约束力是一个人善于控制和支配自己行动的自我调节能力。自我约束力也是一种意志品质，通常反映一个人对自己情感、情绪、愿望、习惯和爱好等方面的控制能力。马克思说过，道德的基础是人类精神的自律。[①] 只有在自我不断的对照、反省、提示、督促下，精神境界才可能不断提高。

云南省一位领导干部认为，领导干部担任什么职务、从事什么工作，是由组织决定，自己不能掌握。但是，做什么人、走什么路、怎样当官，是自己可以做到的。有些事领导监督不了，家属也监督不了，这就更要靠自身过硬，思想道德防线牢固，什么事能做，什么事不能做，一定不能含糊，千万不能迈出错误的第一步。

古希腊哲学家柏拉图在《斐多篇》中说道，心灵就像一驾马车，它由驭者和两匹马三部分组成。那匹好马善于自制，那匹劣马纵欲无度。当驭者在那匹好马配合下，套住劣马的缰绳，心灵这驾马车便能在自律前提下奔驰。

自律的人不一定都优秀，但优秀的人都是自律的，能管住自己。让人敬重、带好队伍，必须自律身正。黑格尔有言："一个人做了这样或那样一件合乎伦理的事，还不能说他是有德的，只有当这种行为方式成为他性格的固定要素时，才可以说他是有德

①《马克思恩格斯全集》（第 1 卷），人民出版社 1995 年版，第 119 页。

的。”党员干部应始终把“常怀律己之心”作为从政履职和党性修养的座右铭，遵守党纪国法。

治人者必先自治，责人者必先自责。中国文化强调为政者自律、君子慎独。自律是立身之本，是为政之基。作为党员领导干部，既要思想过硬、本领过硬，又要严格自律，牢记红线不可逾越、底线不可触碰，心中有戒，严以用权。习近平同志指出：“加强自律关键是在私底下、无人时、细微处能否做到慎独慎微。”要管好自己的生活圈、交往圈、娱乐圈，在私底下、无人时、细微处也要如履薄冰、如临深渊，不放纵、不越轨、不逾矩。

周恩来总理毕生廉洁，克己奉公。他虽身居高位，却从不搞特殊化，从没有为自己或亲朋好友谋过半点私利。周恩来在新中国成立后一直从事外事活动，经常出访和接见外宾，但他仅有的几套料子服装，大都穿了几十年，有的经缝补后继续穿。他的旧衬衣换上新的领子和袖口照旧穿。他穿用了几十年破旧的睡衣、皮凉鞋和第一代上海牌国产手表等，已作为进行艰苦朴素教育的珍贵文物，存放在中国革命博物馆。

在住房方面，周恩来在中南海西花厅一住就是26年。西花厅是清朝乾隆年间修建的老式平房，青砖地，年久失修，比较潮湿阴冷。身边工作人员于1959年底，趁他和邓颖超出差外地时对西花厅进行保护性维修。他回京发现后，非常生气，临时住在钓鱼台。直至最后按照他的要求，撤掉了新添置陈设后，他才搬回到西花厅。后来，为此事他主动在国务院会议上作了三次检讨，向到会的副总理和部长们说：“你们千万不要重复我的这个错误。”

1980年，张震出任中国人民解放军副总参谋长，他的老上级杨勇在京西宾馆请他和另外几位总参的老同志吃了顿饭，却受到中纪委常务书记黄克诚的尖锐批评：“越是老部下，越要严格要求。”张震讲到，对于黄老的批评我们心悦诚服，表示饭费平摊。

杨勇同志坚决不同意，从自己工资里拿出400元钱，并向黄老作了检讨。更令人回味深长的是，张震将这件事情写入了自己的回忆录。

自律就是行为主体根据其内心意识、良心所遵从的道德来规范自己的行为，“以责人之心责己，以恕己之心恕人”，有人在和无人在都一样，不做任何违犯道德的事。自律是对“围猎”最好的防守。不甘放下的，往往不是值得珍惜的；苦苦追逐的，往往不是生命需要的。如果一个人不能自律自治，则一切美好的理想，均属奢谈；一切完满的计划与周密的设施，亦将流于形式。人若不能自律，必多偷懒，遇艰难困苦时，辄会多方设法逃避其责任。

红军长征时，彭德怀担任红三军团的总指挥。红军到达遵义后，红三军团奉命进驻尚稽镇。军团指挥部向别的村子转移的那天，一大清早，老百姓们就看见彭德怀这个“红军里特大的官”扛着块门板沿街喊：“这是谁家的门板？”原来，彭德怀是要把用来当床铺的门板送还给它的主人。“上门板”，是红军时期《三大纪律六项注意》中的一条规定。

1937年，贺龙在延安开会时旱烟叶用光了，警卫员叫后勤人员买了些烟叶送去。当他得知因自己生活费已用光，这些烟叶是用公款购买时沉痛地说：“我贺龙犯了挪用公款之罪喽！”此后两个月间，他每餐减盐减油减菜甚至不吃菜，从生活费中省出钱来把一斤半烟叶款如数还清。贺龙“知过不讳，改过不惮”的自律行为令人肃然起敬。

不能进行自我克制，就不会是真正的人。千万不要纵容自己，给自己找借口。自律自治，时间长了，便养成一种习惯，一种生活方式，便会提升你的人生境界。《之江新语》有言：“党员干部如果失去律己之心，随波逐流，趋利媚俗，放纵自己，就会混淆是非，走上邪路，使国家陷入‘政怠宦成，人亡政息’的历史周期律。”[1] 自律包括自我尊重、自我节制、自我约束、自我检查等。自律有两种情况：一种是去做应该做而不愿或不想做的事情；另一种是不做不能做、不应做而自己想做的事情。“节”字如同“防”字，都是在强调对于欲望必须自律，必须有理智地控制，千万不能失控，成为欲望的奴隶。永远禁闭头脑中那只叫“冲动”的魔鬼，它一旦释放出来，将制造灾难。

习近平同志很喜欢曾国藩的一段话：“愈是军情棘手，众议纷纭，愈要心明力定，从‘耐烦’二字痛下功夫。”做大事者要具备冷静的心态和自控能力，这样即使事务再紧急，也可以条分缕析找到解决问题的最佳方案。

习近平同志当年到正定工作，与副县长王幼辉在工作上配合很多，经常一起下乡。王幼辉回忆说，县委当时有吉普车，但习近平跟他讲：“咱们还是骑自行车下去好，这样可以多看看。”这样，他们平时基本都是骑自行车下乡。出发前，习近平嘱咐他说：“咱们下去，你还是不要提我父亲的名字，就说我是复员军人，来当副书记就行了。”……习近平在正定短短3年内，骑着自行车跑遍了全县所有公社、所有大队。

吕玉兰同志在正定与习近平同志一起工作了3年。她回忆说，习近平同志廉洁奉公，艰苦朴素，对自己严格要求。习近平同志的家在北京，人在正定工作，到北京开会、办公事，他每年都要来回往返五六趟，但他一趟车费都没有报销过，都是自己拿钱买车票。吕玉兰曾经劝他说：“你回家探亲的路费可以不报销，但你到北京办事和开会的路费还是应该报销的。”习近平同志说：“我到北京办事和开会也会回家，这样是分不清楚的，我就都不报销了。”

① 习近平：《之江新语》，浙江人民出版社2007年版，第176页。

习近平同志下去调研或者开会，经常赶不上机关食堂的饭点。有时候忙起来工作忘记吃饭，等忙完了赶到食堂却没饭了。那时候，经济不发达，街上没有饭店，他就只能凑合吃一些食堂剩下的凉馒头和咸菜。

党员干部是“关键少数”，岗位重要，面临诱惑较多。加强对权力的监督，但外部监督不能代替自律。在监督触不到的地方，领导者能否保持清廉，取决于自律意识。事实说明，如果不能自律，即使外部监督很严、制度较多，也会钻监督和制度的空子。一个我行我素的人，是难以在某一领域取得突破的。人们往往容易在自觉不自觉间追求个人利益的最大化，这就有一个对私欲约束的问题。如果一味追求个人利益最大化，自制力就会大大降低；思想动摇，心里的天平就会倾斜，接着就是行动上失去自律、约束。比尔·盖茨说：“我们唯一能控制的便是我们的头脑，如果不能控制它，别的力量就会来左右它了……”但丁说过，测量一个人力量大小，应看他的自制力如何。歌德说过：“谁不能主宰自己，则永远是奴隶。”匈牙利裴多斐有句名言：“把每一个黎明看作生命的开始，把每一个黄昏看作生命的小结；让每一个生命都能为崇高事业留下一点儿脚印，和你心灵得到充实的痕迹。”

自我监督既是监控自身行为的警戒器，又是提高自身思想品德层次的催生剂。要经常按照党章和党纪政纪条规对照检查，从违法违纪的典型案例中汲取教训，培养对特权的零容忍意识，决不姑息、放纵特权，决不把党和人民赋予的权力作为个人进行等价交换的商品，搞权钱交易。

加强自律自治，必须自觉接受监督。习近平同志指出：“要把从严管理干部贯彻落实到干部队伍建设全过程，坚持从严教育、从严管理、从严监督，让每一个干部都深刻懂得，当干部就必须付出更多辛劳、接受更严格的约束。”应习惯于在监督下工作，自觉做懂规矩、守规矩、用规矩的表率。我们的权力由人民赋予，因而接受人民群众的监督，天经地义，合情合理。组织的监督、群众的监督、舆论的监督，是对权力运行的提醒和督促，促使党员干部及时修正错误。因而，监督是爱护和保护，是被监督者的福分。

严以律己，是每个党员干部必备的道德品质，是永葆本色的“护身符”。党员干部要在自己的团队中保持权威，起到核心作用，必须认真落实和严格执行《中国共产党廉洁自律准则》等法规，心中始终有戒，戒贪欲、戒嗜好、戒妄为，用自律内敛的闸门抵挡私欲上涨，展现出共产党人的高尚道德情操，为奋进新时代、阔步新征程提供有力的道德支撑。

败由奢靡鉴古今

许多事实告诫我们，一些贪官奢靡享乐，花天酒地，把腐朽当神奇，最终身败名裂，家破人亡。官位高者奢侈无度，就会成为社会的大蠹，将是害莫大焉。许多王朝走向衰落和灭亡，其主要原因是君主们的奢侈。

商代太师箕子（纣王叔父），有一次发现纣王用上象牙筷子，敏锐地预测到，纣王用上象牙筷子，就不想再用陶土做的碗碟盛菜了，必然要配用上犀牛角、玉石做的杯子，必然要吃山珍海味，必然要穿华丽的衣服，要住辉煌的殿堂。箕子说：“吾畏其卒，怖其始。”害怕它的萌芽，会带来祸害。如同箕子所料，纣王的欲望无限制地膨胀，走向奢侈，过了五年，建造了肉林、酒池，酒糟堆成了山……骄奢淫逸至极，导致商朝灭亡。

一切政治的腐败往往是由生活的腐败开始的。“玉杯饮尽千家血，银烛烧残百家膏。”只顾自己享乐，花天酒地，荒淫无道，多无好下场。春秋时，卫国国君卫懿公在位九年，纵情享乐，不理朝政，非常喜爱仙鹤。卫国人投其所好，纷纷前来献鹤领赏。懿公将整个宫廷花苑养得处处是鹤，而对百姓的冻馁，却全然不顾，引起百姓的不满。

公元前660年，狄人攻打卫国，卫懿公急忙敛兵授甲，命百姓受甲迎敌。卫国的百姓说：“国君给仙鹤官位俸禄，你让仙鹤去迎战吧！”拒不受命，溃散而去。卫国在荧泽（今河北）被狄人打得大败，卫懿公被杀死，卫国灭亡。

综观历史上的奢靡现象，有两个带有规律性的现象值得注意，一是搞奢靡的人多是有权势的人，或经济上富可敌国，或两者兼而有之，“既贵且富”。二是盛世容易出现奢靡之风。

唐玄宗李隆基（712—756），又称唐明皇，唐代的中兴君主，英武有才略，励精图治，重用姚崇等贤人，革新政治，出现了“开元盛世”。令人惋惜的是，唐玄宗认为天下太平了，被盛世的辉煌所陶醉，渐渐失去了开元初年励精图治的作风，丧失了奋发进取的精神，日益骄奢，懒于政事，寄情于声色犬马，不顾国计民生。

公元745年，61岁的唐玄宗册封27岁的杨玉环为贵妃，对她恩宠备至到了极点，礼数同皇后一样，日夜陶醉，称赞她是自己的“解语之花”。从此他不理朝政，终日沉湎于酒色当中，荒淫无度。为了讨杨贵妃的欢心，唐玄宗让700多人给她织锦刺绣。杨贵妃每次骑马，都是大宦官高力士亲自架鞍执鞭。杨玉环喜欢吃荔枝，唐玄宗就派人骑马奔跑几千里，把荔枝送到宫中。“一骑红尘妃子笑，无人知是荔枝来”……唐人的诗句是当时情景的真实写照。“春宵苦短日高起，从此君王不早朝”，昔日的进取精神消失殆尽，大权旁落于李林甫、杨国忠、安禄山之手，酿成安史之乱、马嵬哗变，使唐朝走了下坡路。司马光认为唐玄宗不幸的晚年是因奢侈而招致的。

“忧劳可以兴国，逸豫可以亡身”，是欧阳修根据五代时期后唐庄宗李存勖从“思危”到“忘危”，重用伶官，骄淫乱政，由“兴国”到“亡身”的史实提出的著名论断——忧患劳苦，可以使国家兴盛；一味贪图安逸享乐，就会葬送自身。这个道理对封建统治者来说是如此，对领导干部来说也是如此。纵观古今，大凡有作为、有担当、有良知的人，无不注重戒奢以俭、居安思危。

成由勤俭，败由奢侈，这是亘古不变的真理，也是干部立身处世的基本原则。历史证明，舍弃勤俭的美德，迷恋奢靡之风，都是没有希望和前途的。共产党人理应在利益面前不贪心、在诱惑面前不动心，“甘天下之淡味，安天下之卑位，不戚戚于贫贱，不忻忻于富贵”，把自己锤炼成无愧于党和人民的公仆。“中国共产党党员永远是劳动人民的普通一员。除了法律和政策规定范围内的个人利益和工作职权以外，所有共产党员都不得谋求任何私利和特权。”党章的规定犹如警钟，应时时在我们的内心敲响。“一丝一粒，我之名节；一厘一毫，民之脂膏”，封建廉吏尚且有此境界，共产党人应当比之更高。

据《清廉文鉴》记载，黄克诚是党和军队的卓越领导人，在庐山会议上被错定为“反党集团”成员，在“文化大革命”中又惨遭迫害。党的十一届三中全会后，蒙冤18年的黄克诚重新担任了党和军队的领导职务。有关部门按他的职务准备建房，他坚决不同意，就住一个原军职干部的旧房。这栋房子冬天透风、夏天漏雨，大家多次动员黄克诚搬迁或翻修住房。但是，黄克诚就是不答应。他说：“我们国家现在还很穷，群众住房更困难，许多家庭几代人同住一间房子。我现在的住房条件，比起他们来，不知要好多少倍。还是把搬迁、翻修的钱省下来，用在当用之处吧！”

有一次，从房顶掉下一块朽木板，正砸在他的床边。在这种情况下，黄克诚才同意把房子翻修一下。可是听说维修费要几万元，他又不同意了，说："花这么多钱去维修没有必要。简单地修修，下雨和化雪时不漏水就可以了。"结果一个修理工只用了大半天时间，爬上屋顶把漏水的地方修补一下就算行了。

黄克诚住处邻近王府井，旁边又有一个消防站，噪声较大，身边工作人员提议调到一个安静的地方。黄克诚说："不要提，别人搬到这里不同样吵吗？"冬天，黄克诚家里暖气热量不足，年轻人坐在屋里也被冻得直跺脚。管理部门打算将烧煤锅炉改造为烧煤气锅炉。黄克诚问：周围的老百姓能不能用得上？管理部门说：投资太大，老百姓目前用不起。结果黄克诚也未同意改造。就这样，黄克诚直到去世之前，一直住在这所旧房里。

反对奢靡之风，要着重纠治铺张浪费、挥霍无度、骄奢淫逸的不良风气。一些人走上违法犯罪的道路，往往是从贪图安逸追求享受开始的。思想上的放纵，生活上的奢靡，个人主义和享乐主义的膨胀，为逐渐蜕变成为腐败分子埋下了祸根。

天津市医药集团原党委书记、董事长张建津（正局级）无视党纪党规、变换花样搞"四风"，被开除党籍、开除公职。2013年5月至2015年8月受审查前，他常常以商务接待为名，频繁出入高档酒楼，组织和接受公款宴请，每餐"燕鲍参翅"等高档菜肴必点，茅台、五粮液、特供保健酒必上，而且一般茅台酒不入口，要喝就喝15年、30年的年份茅台酒。遇到风声紧、查得严时，就事先叮嘱人把茅台酒倒入矿泉水瓶，改头换面后带到饭店，冠冕堂皇地摆上酒桌。张建津有时躲到自认为十二分"保险"的医药集团下属单位会议室，请来名厨，采买高级食材，现做大餐、现支桌，美味佳肴一应俱全。

2018年5月9日《中国纪检监察报》载，李伟，吉林省信托有限责任公司原党委书记、董事长，白山市委原书记，2017年8

月，因涉嫌严重违纪，接受组织审查。他在“忏悔书”中写道：

“我背叛了曾为之奋斗的理想信念，背叛了党性原则和党的宗旨，信奉‘人不为己、天诛地灭’的唯我主义世界观，崇尚玉盘珍馐、花天酒地、享乐奢靡的人生观，追求金钱至上和拜金主义的价值观。由于理想信念的动摇，党性原则和宗旨观念的丧失，世界观、人生观、价值观的变异，使我思想和观念的‘总开关’失灵，灵魂也随之扭曲。私欲占据并统治了我的灵魂，我对贪欲有一种强烈的兴趣和偏好，让我的人生轨迹发生逆转，迅速滑向违法犯罪的悬崖深渊。”

“我是噙着泪水书写下面这段文字的。我是一名有33年党龄的共产党员，跟随党风雨同舟、奋斗拼搏了10940多个日夜，那是何等让人难忘的火红岁月！我永远珍视它，那是我人生永存的光荣和幸福。因为我的违纪违法，为了纯洁党的队伍、保持党的先进性，开除我的党籍是应该的，我无怨但是有悔。我在开除党籍决定书上签字后写下这样几句话当作感怀：签字画押泪流痕，刻骨铭心欲断魂。痛悔平生留憾事，跪乳反哺报党恩……”

领导干部的行为往往是社会的风向标，奢侈消费对社会风尚起着导向作用，会诱使一些人为了奢侈消费而不择手段，进而危及社会文明进步。近些年，有些领导干部因为精神颓废，沉溺于歌舞升平之中，甚至以挥金如土、骄奢淫逸为荣，奢侈享乐，导致腐化堕落、贪污受贿，受到党纪政纪的追究。这些惨痛的教训，当铭记于心。

慎权如始无败事

杨震（59—124），东汉的名臣，从小勤奋好学，潜心钻研儒家经典，从事教育事业30年，人送雅号“关西孔子”。良好的生活情趣陶冶了杨震的情操，也给了杨震以抵制诱惑的定力。郡长官多次征召他出来做官，都被他称病而拒，直到50岁时才开始出任郡、州官。

《后汉书·杨震传》载：东汉杨震任东莱太守，途经昌邑，县令王密求见。至晚，以十金奉杨曰：“暮夜无知者。”杨曰：“天知，神知，我知，子知。何谓无知者？”遂拒而不受。后人以“却金暮夜”言其为官清廉。杨震暮夜拒金的事迹千百年来广为传颂。唐代周昙诗《杨震》：“为国推贤非惠私，十金为报遽相危。无言暗室无人见，咫尺斯须已四知。”杨震官至太常、太尉，耿直无私、洁身自好的品格未曾有过改变，成为人们推崇的慎始慎独的典范。

对于宋仁宗，后世给予较多好评。不怎么谦虚的乾隆也说他只佩服三个皇帝：一是祖父康熙，二是李世民，三是赵祯。有一天，赵祯理政至半夜，想吃碗羊肉热汤，但没有说出来。第二天与皇后闲谈时才说起。皇后怨道：“陛下日夜操劳，想吃随时吩咐御厨就是，怎能让龙体受饥？”赵祯说：“朕昨夜如果吃了羊肉汤，御厨就会夜夜宰杀，一年下来数百只，形成定例。为朕一碗饮食，创此恶例，于心不忍！”

贪官们并不是在人生之初就“恶贯满盈”，从其蜕化的轨迹看，都有一个从量变逐步到质变的渐进过程，经历了积小恶为大恶的演变。慎重对待“第一次”，是立身安命、保持幸福的护身符。一个人若不能自律而违背道德，迈出第一步，走向堕落，就会出一系列问题。

第一次骄横撒泼，第一次贪占集体和他人的钱财，第一次收受贿赂……这无数个“第一次”，都是走上犯罪道路的第一步，当初可能性质并不严重，但祸根却扎在这里。从不敢收钱到默认，从敢收到疯狂敛财，基本上是始于无视党纪国法。一次两次可能别人发现不了，胆子大了起来，已打开闸门的贪欲，就会如决堤的洪水不可阻挡，无数个“第一次”的叠加和发展，如同打开潘多拉魔盒，一发而不可收，无视高悬的法规制度之剑，不再顾惜自己的形象与前途，胆大妄为、胡作非为，逐步完成了向“恶魔”的蜕变。所以，领导干部要慎重地对待开始，防止“第一次”。不该去的地方不去，不该拿的东西不拿，把好第一道关口；在不义之财面前，避免第一次放纵，守住第一道防线。

在独立工作、无人监督的时候，小心谨慎、严以律己，谨慎走好从政从业的每一步。“道自微而生，祸自微而成。”小事往往体现出品德的高低。醉心玩乐、贪图享受，看似生活小节，却最容易消磨人的理想信念和进取精神，使人陷入精神空虚、意志消沉、思想颓废的状态，进而引发贪污受贿、权钱交易等违法乱纪行为。2018 年 3 月，习近平同志在参加十三届全国人大一次会议重庆代表团审议时强调：“小事小节是一面镜子，小事小节中有党性、有原则、有人格。”党员干部要从日常点滴做起，从一言一行严起，不搞“下不为例”，慎小事，拘小节，守住党纪法规的“红线”。

宋代思想家程颐有言：“一念之欲不能制，而祸流于滔天。”在无人监督的情况下，消除使人作出不正确判断的侥幸心理，视“第一次”为“高压线”。凡是党纪国法禁止的，绝不“越雷池半步”：违反原则的事一件也不能做，不能要的礼品一次也不收，贿赂一点也不要。要变下不为例为坚决不开此例。

千里之堤，溃于蚁穴。祸患积于忽微，小恶终成大疾。生活情趣的雅俗与否，也是从每一个细小的环节反映的。因此，要慎始、慎微，从一开始就不要助长不良念头，消除非分之想。“一念过差，足丧生平之善；终生检饬，难盖一事之愆。”一念差错，就足以使一生的清名蒙辱；终生谨慎，也难以掩盖一件事上的罪责。

慎权、慎初、慎微、慎独，是个很高的要求，但又是党员、干部的必备。“有官贫至无官日，去时荣于到任时。”有了以慎始为起点，把权力当作负担，兢兢业业、如履薄冰地工作，坚定地一步一个脚印地走下去，就会实现慎终之目的。要将违纪违法行为扼杀在萌芽阶段，坚持原则，坚守规矩。必须把“第一次”“小意思”拒之千里，防微杜渐，勿使小节变大恶，坚决、彻底地把“贪”念扼杀在萌芽状态，这样才能转祸为福，起死回生，峰回路转，柳暗花明。

美国康奈尔大学的科学家做过一个“温水煮蛙”实验：将一只青蛙丢进沸水中，青蛙奋力跳出锅中，安然逃生。科研人员又把这只青蛙放进装满冷水的锅里，然后慢慢加温。开始，青蛙在温暖惬意的水中悠然自得，待感到水烫得无法忍受时，再想跃出水面却已四肢无力，欲跳不能了，最终被活活煮死在热水中。“温水煮蛙”道出了从量变到质变的原理。说的正是由于对渐变的适应性和习惯性，失去了戒备而招灾的道理，对党员领导干部具有很强的警示作用。

湛江市公安局原刑警支队政委马东进，曾经获得过全国公安英模、广东省劳动模范等荣誉称号，他曾经热心救助一名遭遇车祸的孩子，在将孩子送到医院后悄然离去。在陶醉荣誉的喜悦中时，由于身边人的一次次蛊惑，没能经受住金钱诱惑的马东进最终还是变质了。心里一旦滋生贪婪的种子，只要气候合适，就会在行动上结出罪恶的果实。后来他因犯徇私枉法罪、受贿罪，获有期徒刑 11 年。

廉洁是对党员干部的基本要求，也是党取信于民的前提要件。廉洁自律，可保一生清誉；贪污腐化，难免沦为罪犯。职务意味着责任和义务，也意味着奉献和牺牲。因此，党员干部除了用权力为党和人民办事、正当享有自己的一份利益外，决不能用自己手中的权力谋取不正当的利益。一定要经常思虑自己的责任，常修为政之德，常思贪欲之害，常怀律己之心，守洁如玉，清廉如水，取信于民，才能敢于碰硬，提高威信，产生凝聚力，增加号召力。领导干部一身正气，廉洁从政，就敢于正视执法执纪人员，没有内疚和畏惧，就可以闲庭信步，坦荡无忧，谈笑风生，泰然自若。

让党纪伴我行

守纪律、懂规矩，不仅是工作之所系，大局之所需，也是个人幸福之保证。没有规矩的约束和保障作为前提，自由就是一句空话。如果不严明纪律、不立起规矩，党的凝聚力和战斗力就会大大削弱。如果纪律和规矩成为“纸老虎”“橡皮泥”“稻草人”，就会导致政治生态恶化。坚守底线，就是遵守纪律的刚性约束，习惯在受监督和约束的环境中工作生活。坚持纪律挺在前边，强化政治纪律和组织纪律，带动廉洁纪律、群众纪律、工作纪律、生活纪律立起来严起来，用纪律、规矩来立威、立信。

十九大党章第三条规定：党员必须“自觉遵守党的纪律，首先是党的政治纪律和政治规矩，模范遵守国家的法律法规，严格保守党和国家的秘密，执行党的决定，服从组织分配，积极完成党的任务”。作为党员干部，无论在什么场合，都要心存敬畏之心，牢固树立纪律和规矩意识，把学习党章、遵守党章作为必修课，时刻用党章党规党纪这把尺子去衡量自己的言行，牢牢守住做人、处事、用权、交友的底线，为人民用好权。

在新的历史条件下，党内出现了一些纪律弱化问题。有些干部走向腐化堕落，受到党纪国法的制裁，从根本上看都是不守纪律的结果。没有规矩不成方圆，有了规矩不执行也成不了方圆。言论自由不等于自由言论，更不能无原则无底线。遵纪守法不仅是一种义务，也是一种考验；不仅是一种自律，也是一种“自卫”。作为党员尤其是领导干部，在任何时候、任何情况下，都要受到一定的约束，遵守党纪政纪条规，不踩“红线”，不越“雷池”，不闯“禁区”，绝不把公权变私权，不把职权变特权，时时处处带头模范遵守党纪国法。

2018 年 5 月 19 日的《中国纪检监察报》载：一乡镇卫生院党员因违规多收一位患者 89 元钱被给予党内警告处分。以之前在检察院办案的视角看，此事中的金额太小不会被纳入查办范围，但现在从党纪的角度看，这个处分很必要，党纪无小事。无数案例证明，党员“破法”，无不始于“破纪”。党员守住了纪律，就不至于滑向违法犯罪的深渊。全面从严治党，把纪律和规矩挺在前面就是治本。党要管党、从严治党，要靠党章党规党纪。“党纪”与“国法”不是一个概念，不能混同。党纪严于国法。习近平总书记郑重地强调：“在我们国家，法律是对全体公民的要求，党内法规制度是对全体党员的要求，而且很多地方比法律的要求更严格。我们党是先锋队，对党员的要求应该更严。”

加强纪律修养，必须经常学习党纪政纪和法律条规，入脑入心，不当“纪盲”“法盲”，不能有“刑不上大夫”的侥幸，更不要有擅权营私的特权。党的十九大报告提出：“重点强化政治纪律和组织纪律，带动廉洁纪律、群众纪律、工作纪律、生活纪律严起来。”十九大党章规定：“党的纪律是党的各级组织和全体党员必须遵守的行为规则，是维护党的团结统一、完成党的任务的保证。党组织必须严格执行和维护党的纪律，共产党员必须自觉接受党的纪律的约束。”新修订的《中国共产党纪律处分条例》共有142条，给出了党员和党员领导干部必须遵守的底线，一旦违背就要受到惩处。我们要把纪律修养作为增强党性修养的硬指标，以党纪处分条例为戒尺，千万不能触碰“高压线”，把纪律的外在约束力转化为内在的自制力，严格遵守党的政治纪律、组织纪律、廉洁纪律、群众纪律、工作纪律、生活纪律，严格对照宪法法律、党章党纪和中央八项规定的要求，争当遵纪守法的表率。

加强纪律修养，必须“慎独”。慎是指小心谨慎，随时戒备；独是独处。综合起来，就是纪律和道德舆论管不到的地方，别人看不到、听不到的时候，也能坚持自己的道德信念，不因无人监督而恣意妄为，做不道德的事情。刘少奇指出：“即使在他个人独立工作，无人监督，有做各种坏事的可能的时候，他能够‘慎独’，不做任何坏事。”[①] 慎独是一个人圣洁内心世界的反映，展现出高尚的人格力量和道德品质，自觉遵守领导干部道德规范要求。

阴暗处与明亮处在一定条件下是可以转化的。远离组织的监督、群众的目光，不能律己，表里不一，发展下去，是很危险的。那种自以为背地里放纵自己，做出违反党的纪律和不符合党的标准的事无人知晓的想法，其实是自欺欺人。富兰克林说得好：如果自己对这些“没人看见”的小错假装没看见，那你就犯了大错。因为，它已使你心灵染上了能迅速酿成苦酒的“酵母”。因此，我们要常怀律己之心，保持“慎独”，经常自省，不能任凭各种欲望无限增长，不让不健康的东西有藏身之地。

应自觉地加强纪律修养，在每一项工作中，在每一个工作环

①《刘少奇选集》(上卷)，人民出版社1981年版，第133页。

节上，在每一个工作细节上，都要严格遵守党纪国法，做到“能干事、不出事”。在大事小情上不放松对自己的要求，管住自己的头、嘴、手、脚，把纪律、法律转变为高度的自律，做到时刻警醒，不能满足于良好的自我感觉。

做到遵纪守法，还要同违反纪律的行为作斗争。要敢管敢严，坚持横下心来管、硬起手来抓，原则问题必须丝毫不让，坚持无禁区、全覆盖、零容忍，以坚决的态度反腐惩恶；要管在日常、严在经常，让“红脸出汗”成为常态，不能因为有些违反纪律的人是自己的好朋友、老同学，一时犯纪律就听之任之，不要因为违反纪律的是“抬头不见低头见”的身边同志，就息事宁人、优柔寡断、畏难手软，放松纪律要求。

目无法度必被惩

一些别有用心的人，用金钱、美色等迎合、满足某些掌权者的嗜好，使掌权者在享乐中，渐渐麻痹，失去理智，被别有用心的人所利用，成为不法之徒腐蚀的缺口。权力寻租纵能短时间聚敛大量财富，看似风光，实际上却陷入了行贿者精心设置的陷阱。那些美酒佳肴、金钱美色，无非是行贿者的诱饵，一旦着了他们的道，就会处处受制于人，因小失大，后悔莫及。

江苏省睢宁县普通的纺织女工蔡虹，用近 30 年的时间，成长为一名镇党委书记。然而，从镇党委书记沦为阶下囚，蔡虹只用了 3 年时间。建筑商李某在蔡虹的强拆手段配合下，房子卖得还算不错。2011 年春节前，李某用黑色纸袋包着 5 万元现金来到蔡虹家，聊起小区建设进展情况，临走时把装着钱的袋子放在桌上，蔡虹看到后犹豫了一下，还是选择了拒绝。但李某没有理会，丢下纸袋夺门而出。

第二天，蔡虹专门打电话给李某要求对方来取回纸袋，李某并没有去。经过一番思想斗争，贪欲最终战胜了理性，蔡虹将这5万元收了下来。第二次，李某又送去5万元，蔡虹没有推托。第三次、第四次、第五次，贪欲膨胀的蔡虹一发不可收，前后收受李某现金计23万元。多次“付出”的李某自然也收到了回报——顺利地从魏集镇拿到了土地整理、新政府大院绿化、垃圾中转站等市政工程……另一建筑商丁某也盯上魏集镇新农村建设这块“肥肉”。他先是从其亲属下手，后来干脆开车尾随蔡虹的车，一直跟到她家里，送给蔡虹10万元现金，顺便提了一下拨付工程款的请求，蔡虹欣然允诺。经查，蔡虹在任职魏集镇党委书记期间，收受贿赂、贪污公款，敛财160多万元，获有期徒刑12年。

一个人如果以金钱本身或者它带来的奢侈生活为人生主要目的，他（她）就是一个被贪欲控制的人。“破山中之贼易，破心中之贼难。”以金钱和奢侈为目的，往往会使人用多种手段去追逐，一心想着的是“拿来”，不择手段地掠取、占有，金钱已有许多还要再多，美女已占有还想再占有，生活已奢靡还要更奢靡，如此纵欲无度，会搅乱内心世界，必然的结果是奢侈无度、生活糜烂。已有的尊严、恪守的原则、追求的理想，都会在膨胀的贪欲面前垮掉，心无良知，不仁不义，目无法纪，会感到心灵不自由、不愉悦，争逐和烦恼永无宁日。

“升官发财请走别路，贪生怕死莫入此门”，做一个脱离低级趣味的人、高尚的人，以殷为鉴，严守法纪。习近平同志引用黄埔军校名联对党员、干部进行的教诲，也给全党同志画出一道红线：当官不要想发财、发财别来做官，决不能脚踩两只船，切莫让权力染上铜臭。习近平同志说：“鱼和熊掌不可兼得，当干部就不要想发财，想发财就不要当干部。”

违法违纪者不是智力低下，而是都有一种贪婪心理、攀比心理（怕吃亏）和侥幸心理。一些贪官自以为其行动天衣无缝，无人知晓，或者主观认定行贿人不会出卖自己，纪检机关并未掌握证据，这种过度的欲望会给人带来烦恼，带来灾祸。

贵州省金沙县原县委副书记、县长卢宏，随着职务的升迁、权力的增大，动摇了自己为人民服务的初心。2012年春节，一名卢宏在项目建设征地拆迁、矛盾纠纷调处中“帮助”过的开发商为了表示“感谢”，在卢宏的办公室送上了2根100克的金条。当时卢宏反复推辞，但经不住劝说和诱惑，最终收下了金条。2013年春节，卢宏帮助“推荐”做项目的一位老板到他家里拜年，送上了10万元礼金，推却一番后，卢宏收下了钱。贪婪和侥幸之心再次战胜了理智。2017年9月，卢宏因其违纪行为情节严重，被开除党籍、公职；其违纪所得予以收缴；其涉嫌犯罪问题及线索移送司法机关依法处理。

贪是万恶之首，贪欲必须遏制。贪欲是可怕的，得寸进尺，得陇望蜀，犹如沾上鸦片毒品，成瘾变魔，难逃纠缠，甚至滑向犯罪的深渊。贪欲是可悲的，犹如大坝决了口，洪水便会一泻而下，将你现有的、原有的地位、职位、名誉等一并吞没。爱比克泰特有言：“导致痛苦的不是贫穷，而是贪欲。”有的人之所以不愿放弃一些东西，就是因为过于贪婪。应想清楚钱财是身外的、美色是有害的、权位是暂时的这些根本问题，学会控制“欲望之魔”，排斥那些过分、不正当的欲望，使自己的欲望现实一点、合理一点，勇于舍弃不属于自己的东西。

成功的男人背后站着一个贤淑的女人，贪官背后往往站着一个贪婪的女人。她们或对丈夫腐败行为视而不见，或者同流合污，赤裸裸地帮助丈夫受贿、索贿、窝藏，把丈夫一步步推向深渊。云南省委原书记白恩培的妻子张慧清酷爱玉石翡翠。因此别有用心者便投其所好，竞相贿赂。案发时，张慧清所收藏的玉手镯多到无处安放，不得不用竹竿串起，最终白氏夫妇双双锒铛入狱。

高飞之鸟，亡于贪食；深潭之鱼，死于香饵。良田万顷，也不过一日三餐；大厦千间，也不过夜卧七尺。因此，应提高自控能力，在种种诱惑面前持有淡泊之心、超脱之怀，永葆共产党人的高风亮节。党员、干部真正做到廉洁从政，以不贪为宝，才能永远立于不败之地。

习近平同志指出："廉洁是对领导干部的一项基本要求，是官德的重要内容。对于领导干部而言，官德与廉洁高度一致。讲官德必然要求讲廉洁，不廉洁就不可能有官德，这是古今如一的道理。做共产党的'官'，就是要全心全意为人民服务，注定是不能发财的。因此，领导干部用权讲官德，就必须争当廉洁奉公的表率。""党的干部都是人民公仆，自当在其位谋其政，既廉又勤，既干净又干事。"

修身养性最好的办法就是减少不良欲望。如同孟子所言："养心莫善于寡欲。"一位西方哲人说："知足的天性足可抵过每年1000万英镑的收入。"一个人对财物欲望越少，精神上的自由就越多。一个人过于追求物质享受，一味讲究奢华，就必然要付出精神上的代价。外面的世界很精彩，吸引人、诱惑人的东西很多。领导干部要自觉遏制自己的一些欲望，既要抵制官欲、权欲，又要抵制物欲、钱欲，还要抵制生理上的某些欲望。欲望过度，会出问题。贪欲往往会使人用多种手段去追逐，常常会感到心灵不自由、不愉悦。万般罪错皆因贪欲而起，种种苦恼常因贪念而生。贪欲过多不会得到幸福，得到的只能是遗憾和怨恨。

"一失足成千古恨，再回头已百年身。"一个人在政治上、生活上陡然丧失理智、犯了大错误，就像走路失足陷入了泥淖，再没办法自拔，就会酿成终身恨事，追悔莫及，即使再回过头来，许多大好时机都已经白白溜走了。因此，切莫因一时糊涂而犯下抱憾终身的错误！

“以人为镜，可以知得失。”少数领导干部变成腐败分子和反面教员，应当成为全体党员及领导干部明断得失的明镜。应当用这面镜子照一照自己，检查一下自己，是否放松了学习和世界观的改造，是否只讲人情不讲原则、只讲关系不讲党性、只讲义气不讲正气，树立正确的权力观、利益观，珍惜工作岗位、个人名誉、家庭幸福，增强拒腐防变能力。

共产党员没有自己的特殊利益和要求，本意就不图索取任何东西。共产党员尤其是领导干部既要珍惜名声，珍惜职位，更要保持共产党人的政治本色，从肩负历史使命和增强执政能力来要求和衡量自己，不断提升精神境界，时刻保持廉洁的心态，坚守廉洁的底线，珍视廉洁的操守，就能在物质利益的诱惑面前始终保持清醒的头脑，抵御任何形式的“糖衣炮弹”的袭击，自觉地做到清正廉洁、秉公用权，坚持破世俗一尘不染，立高洁两袖清风，靠党性来调解自己的欲望，保持清廉本色，远离职务犯罪，不辱党和人民赋予的神圣使命，向党和人民交上满意的答卷。

在敬畏中行进

恪守敬畏之心，是领导干部安身立命之本。“敬”是“畏”的前提和基础，“敬”是严肃、尊重和认真的体现，进一步指做事严肃，避免错误；“畏”是“敬”的延伸和支撑，“畏”是指谨慎、害怕，心存忧惧而不懈怠。“敬畏之心”是两者的互动统一。《淮南子·说林训》说，君子治理百姓，他的心情就像用腐烂的缰绳驾驭奔马，就像踩在薄冰上而下面藏着蛟龙一样战战兢兢。

有个寓言故事：一只羊站在高高的屋顶上，看见一只狼从屋旁走过，于是骂道：“你这只笨狼，你这只傻狼，你有什么了不起……”狼向上望了望，对羊说道：“你之所以敢骂我，只不过是因为你站的位置比我高罢了……”

德国哲学家康德有句名言：“有两种东西，对它们的思考越是深沉和持久，它们在心灵中唤起的惊奇和敬畏就会越来越历久弥新：一个是我们头顶浩瀚的星空，另一个是我们心中的道德律令。”敬畏不是做个平庸官，而是敬畏权力的神圣性，依法用权、秉公用权，任何时候不搞特权，防止权力的滥用，尊重人心民意，敬畏党纪国法，敬畏党组织的监督，敬畏“水能载舟亦能覆舟”，既要有所为，又要有所不为，预防“蝴蝶效应”的发生，成为一名“敬畏的快乐者”。

人生不可无敬畏。历史上因无敬畏之心、为所欲为而败亡，屡见不鲜。后唐李存勖前半生成功，即位四年垮台。从谦卑做起，在敬畏中行进，可以避免许多矛盾和纷争。敬畏是悬崖勒马的“惊回首”，能受益一生。敬畏在心中，就会想到自重、自省、自警、自励。《资治通鉴》载：“魏征有胆略，常犯颜苦谏。如逢皇上震怒，他仍神色不改，皇帝对他也有所畏惧。”《宋史·贾谊》记载，为官从政有“五畏”：“一畏上下相蒙，而毁誉不得其真；二畏政事苟且，且官人不任其责；三畏经费不足，而生财不得其道；四畏人才废缺，而教善不得方；五畏刑赏失中，而心中不知所向。”

习近平同志在2014年中央政法工作会议上说了一句意味深长的话：举头三尺有神明，一定要有敬畏之心。告诫大家要恪尽职守。他在庆祝中国共产党成立95周年大会的讲话中提出：“各级领导干部要牢固树立正确权力观，保持高尚精神追求，敬畏人民、敬畏组织、敬畏法纪，做到公正用权、依法用权、为民用权、廉洁用权，永葆共产党人拒腐蚀、永不沾的政治本色。”[①]只有心怀敬畏才能居安思危，才能知方圆、守规矩，忠于职守。心存敬畏之心，方能行有所止。

敬畏之心理应成为每一位党员干部理政的政治品格。习近平同志在党的十九大报告中指出：“加强纪律教育，强化纪律执行，让党员、干部知敬畏、存戒惧、守底线，习惯在受监督和约束的环境中工作生活。”一个人如果没有敬畏之心，就不懂得尊重和害怕，为所欲为，肆无忌惮，最终会吞下自酿的苦果。因此，无论做人还是从政，都应有敬畏之心。有的人刚刚做了个芝麻官，就淡忘了党组织的培养、同志们的支持，官气十足起来，不知天高地厚，动辄训人，唯我独尊，骄躁，蛮横，轻浮，受贿，容不得别人冒犯一点点。

党员干部要“有所为”，须经常检查自己的一言一行、一举一动，是否对得起党和人民，是否正确履行自己的职责，在追求真理、执政为民中寻找快乐，在做出实绩中得到快乐。与此同时，又要“有所不为”，越是仕途顺利、踌躇满志，越要管好自己，注重名节，懂得珍惜，不能胡来。“有所不为”才能保证“有所为”。做到“有所不为”，须确立“有所怕”的意识，有一种敬畏心理。敬畏权力，就要敬畏权力的神圣性，根除特权思想，从制度创新上破解权力运行上的“特权机制”，慎之又慎地用权力，时刻警惕与特权为伍，防止权力的滥用，严守党纪国法，秉公用权，廉洁用权。有敬畏之心，就不会触犯法律，不会蒙人生污迹

①《习近平在庆祝中国共产党成立95周年大会上的讲话》，载《人民日报》2016年7月2日。

之羞，不会受身败名裂之辱，从而远离穷奢极欲、中饱私囊的贪婪，自然也不会担心东窗事发，从而活得洒脱、快活。

应当经常用“怕”字来约束自己，有一种如临深渊、如履薄冰的心态，掌实权而不揽势，居高位而不骄狂，可以避免许多矛盾和纷争。“怕”在违法违纪之前好。“怕”是悬崖勒马的“惊回首”，能受益一生，可一生无悔，一世无忧。“怕”字在心中，就会想到自重、自省、自警、自励。我们还应敬畏自然规律和社会发展规律、敬畏真理、敬畏舆论、敬畏一切神圣的东西。

自律常须临明镜，怕做世间贪腐人。《菜根谭》有言：“人只一念贪私，便销钢为柔，塞智为昏，变恩为仇，染洁为污，坏了一生人品。”贪图钱财，贪图权力，贪图美色，最后势必利令智昏，堕入万劫不复深渊。“贪蛇勇行，必忘其尾。”当贪官在贪污受贿的道路上，一味“勇行”“只恨聚无多”的时候，确实是忘记了身后的退路，自以为神不知、鬼不觉。然而当他们醒悟的时候，面对的是恢恢法网和高墙铁窗，才想念起自由的珍贵，敬畏起法纪的尊严，一切悔之晚矣！

“高飞之鸟，亡于贪食；深渊之鱼，死于诱饵。”如果无视党纪政纪这个“高压线”，把党纪政纪当作吓唬鸟儿用的稻草人，不自觉接受监督，放纵自己的私欲，让富贵所淫，被金钱所惑，为美色所迷，任性而行，为所欲为，以权代法，“前腐后继”，那么，到头来就会损害事业发展，失去家庭幸福，贻误自己前途，又怎么可能立党为公、执政为民呢？

官有所畏，业有所成。邓小平说过：“共产党员谨小慎微不好，胆子太大了也不好。一怕党，二怕群众，三怕民主党派，总是好一些。”这是对党员干部心有“怕”字的最好的诠释，其中的道理值得深思。常怀敬畏之心，才会谨慎行事，做事容易成功。应从谦卑做起，在敬畏中行进，掌实权而不揽势，居高位而不骄狂，确保权力行使不越轨、不出格，绝不把手中的权力异化为谋取私利的工具。

2014 年 1 月 14 日，习近平同志在中纪委三次会议上重要讲话中强调，要让每一个干部牢记“手莫伸，伸手必被捉”的道理。“见善如不及，见不善如探汤。”要从反面教材特别是从违纪违法的典型腐败分子身上吸取教训，引为鉴戒。看到别人有不良行为，就应当成一面镜子，检查一下自己有无同样的行为；看到别人犯了错误，应反思一下自己有无犯同样错误的苗头，从别人所犯错误中吸取教训，及时防范，使自己不犯或少犯错误。为政清廉是做人为官之宝，是一种精神境界和情操。

党员、干部应当始终保持清醒的头脑，树立正确的权力观，把自己当作人民的公仆、人民的“孺子牛”，把人民赋予的权力只用来为人民服务，有权不辱崇高使命，位高不失公仆之心，鞠躬尽瘁，死而后已。将来回首往事的时候不会感到后悔。

新形势下的反腐败斗争形势依然严峻复杂。“要坚持无禁区、全覆盖、零容忍，坚持重遏制、强高压、长震慑，坚持受贿行贿一起查，坚决防止党内形成利益集团。”领导干部手里握有权力，就要知道权力使用的边界和底线。在遇到可能违反党纪政纪的时候，有临深渊、履薄冰的心态，多一份警醒，做事有底线，远离穷奢极欲、中饱私囊的贪婪。

廉洁是对党员干部的基本要求，也是党取信于民的前提要件。廉洁自律，可保一生清誉；贪污腐化，难免沦为罪犯。职务意味着责任和义务，也意味着奉献和牺牲。因此，党员干部除了用权力为党和人民办事、正当享有自己的一份利益外，决不能用权力谋取不正当的利益。一定要经常思虑自己的责任，守洁如玉，清廉如水，取信于民，才能敢于碰硬，提高威信，产生凝聚力，增加号召力。

常给权力戴紧箍

我们有些领导干部道德失范、违法犯罪，固然与其思想作风有关，组织制度、工作制度方面的问题更重要。权力是个好东西，能提供干事的舞台；权力是个坏东西，驾驭不好就会成为脱缰野马，既害己又害人；权力是个怪东西，怪就怪在它就像“有色镜”和“变色镜”，让人看不清真实的自我，以致形成权力越大优点越多、真理越多、朋友越多、亲戚越多的错觉。因此，我们要把好权、用好权、公正用权、依法用权，防止滥用权力，为权所害。

权力制衡是习近平同志从严治党思想的核心内容，他多次强调要“把权力关进制度的笼子”。领导干部要严以用权，要按照规则和制度行使权力，要严格依法用权，确保手中的权力不偏向、不变质，要严守党纪，严以律己，还要严以律家人、身边人，防止“身边黑”“灯下黑”。党的十九大报告指出：“强化不敢腐的震慑，扎牢不能腐的笼子，增强不想腐的自觉，通过不懈努力换来海晏河清、朗朗乾坤。”

依靠制度预防和惩治腐败，是坚持依法执政、依法治国的必然要求，是做好反腐倡廉工作的重要保证。制度建设必须寓于预防和惩治腐败的各个环节，预防腐败和惩治腐败同样要靠制度，发挥制度的规范和保证作用，是严厉惩治腐败和有效预防腐败的前提和基础。

把权力关进制度的笼子里，体现了将权力纳入制度的轨道中，把权力运行制度化；权力的运行不是根据个别领导人的讲话，而应该依据制度的安排。广州大学廉政研究中心主任卢汉桥说，反腐倡廉的核心问题是对权力的制约，实现权力制约的基本路径还是靠制度保障。习近平总书记关于“把权力关进制度的笼子里”的论述，对权力的安全运行提出了更明确的要求；“不敢腐的惩戒机制、不能腐的防范机制、不易腐的保障机制”，构成反腐倡廉的“组合拳”，通过惩戒机制对腐败形成一种威慑，通过防范机制降低权力滥用的几率，通过保障机制构建公权力规范运行的安全平台。

依靠制度约束权力的运行，充分发挥制度在反腐倡廉中的根本性、全局性、长久性作用。如果权力不进笼子，就会有官员进‘笼子’。制度的笼子，原来也有，或许是笼子本身不够细密，或许是看笼子的人没尽到责任，让一些权力进出自如、肆无忌惮。这笼子得是个真笼子，是带有前瞻性的笼子，坚实、致密、合体。它既能遏制腐败，又能在中国的政治传统与未来之间形成契合。

多年来，我们在思想、组织、作风建设上比较重视，但是对于党的制度建设（主要是权力结构），却没有予以足够的重视。党内具体制度存在的种种弊端，成为“我们过去发生的各种错误”的“总病根”。根据邓小平关于《党和国家领导制度的改革》战略构想，党的十八大报告在提出思想建设、组织建设、作风建设的同时，强调反腐倡廉建设和制度建设，充分发挥制度在惩治和预防腐败中的保证作用。

加强廉政制度设计，必须从制度结构上做出缜密的设计和安排，真正形成用制度规范从政行为、按制度办事、靠制度管人的有效机制，具体、可行、管用。英国哲学家休谟说：制度设计要把每个人都视为“无赖”，只有严密才能让人们服从公共利益。

制度建设在精不在多，要具操作性，在实践中起到应有的规范作用。应将领导干部个人事项报告制度，扩展为家庭财产报告制度，不仅向上级报告，而且向社会公开。公开财产有利于与合法收入比较，防止将赃款转移和合法化。进一步提高权力运行过程的公开性与透明度，让腐败一览无余；进一步制约那些“绝对权力”，形成决策权、执行权、监督权的相互制约的科学权力结构，赋予专门机构与任务相适应的权力，以保证其能够“进行铁面无私的监督检查”；进一步加大社会监督，让腐败无处藏身。

要建立健全监督管理制度。围绕人权、财权、物权和事权，制定并完善资本运营、产权交易、招投标采购等一系列监督制度及措施。以严密的管理体制和高效的内部运行机制为目标，融入监督制约机制，通过在权力配置上的横向合理分权，在委托代理上的纵向适度授权，实现权责明确，防止权力的滥用。

健全和落实党风廉政建设责任制，抓好责任分解、检查考核和责任追究。落实责任制的前提是明确责任。根据机构职能和领导分工的变化，及时明确领导和部门的党风廉政建设责任，并把它作为任职谈话和工作交接的重要内容。按照党风责任制的要求分解落实年度重点工作。落实监督责任，完善责任追究，使任务到肩、责任到人，防止有事无责，有人说事、没人干事，达到事与责的统一，从而推动制度的落实。

英国著名政治学家拉斯基说：“制度是活的东西，是不轻易将它们的秘密透露给刻板的文字的。”要加大力量抓廉政制度的落实到位。督促检查制度落实情况，及时肯定好的，激励先进，批评差的，鞭策后进；对违犯者，及时执纪，给予处分，使其不越雷池。严格执纪体现了制度的权威性。对于违反制度的人和事要做到发现一起，查处一起，起到震慑作用。

党委、纪委的领导要狠抓制度的落实，加强检查考核。发挥纪检监察组织的职能优势，加强监督检查和考核力度，强力推进制度的有效贯彻执行，以贯彻落实问责制为重点，完善惩处和问责机制，严厉惩处违反制度的行为。

在查办案件中，要把责任追究作为分析研究案件的重要内容；

在案件查结处理时，必须提出是否对有关领导进行责任追究的具体意见。对领导人员的责任追究，要以发生党风廉政建设问题时所涉及的领导班子和领导人员为责任追究对象，不受领导班子的调整和领导人员工作变动、职务任免等因素的影响。违纪处分与责任追究各有不同的规定。领导人员只要不履行或不认真履行职责，在责任范围内发生问题，就应当研究是否追究其领导责任，不能把追究责任局限于发生案件，对屡发同类问题又长期整改不力的，也应当采取相应的追究措施。

为了使责任追究切实到位，上一级党委、纪委要做到：凡涉及干部作风和纪律的事件调查和案件审查，对直接责任者提出处理意见的同时，必须提出对负有领导和管理责任的人员给予或免予追究的意见；对直接责任者作出处理决定的同时，必须作出对负有领导和管理责任的人员给予或免予处分的决定或提出建议意见。

纪检监察干部应抓好组织协调，协助党委对责任追究的全过程加强监督检查，不论涉及谁，都应督促相关部门一查到底，追究到位，防止碍于人情或面子不追究、轻追究现象的发生。另外，要配合有关部门做好被追究者的思想说服教育工作，保证责任追究切实落实到位。

要用制度和监督保证教育的效果，用教育和监督推进制度的落实，用制度和教育规范监督的到位，形成三者相互依存和协调联动，发挥惩防腐败体系的整体效能。

制度的效用取决于制度执行力。要完善用制度管人、管事、管权的“制度链”，执行力就显得至关重要。让制度行得通、管得住、用得好，必须在狠抓制度落实上下大功夫，使党员干部了解制度、崇尚制度、敬畏制度、执行制度。党员干部要带头执行各项反腐倡廉制度，“法律面前人人平等、制度面前没有特权、制度约束没有例外”；坚持原则、敢抓敢管，提高制度的执行力。

接受监督莫任性

提高监督能力，促进监督到位，主动接受监督，是一个党、一个国家跳出兴亡周期率的关键环节，是解决腐败现象的有效措施，是民主政治的生命线。一个政党只有自觉接受监督，才能不犯或少犯错误；一个领导干部只有自觉接受监督，将自己置于阳光之下，才会防微杜渐，保持蓬勃朝气、昂扬锐气和浩然正气。

有的领导者乐于接受权力而不愿意被人监督行使权力，认为被人监督不是好受的事，想挣脱监督，让自己不受监督，把手中的权力不受约束地尽情发挥。当掌握权力而没有监督和制约时，虽然一时感到“舒服”、神怡，但容易得意忘形，滥用权力，甚至产生权力寻租，导致腐败，导致专横，甚至会导致悲剧，自毁前程。

有些领导把小节上的被监督视为较真、与自己过不去。殊不知，“不自重者致辱，不自畏者招祸”，正是小节上的节节失守而导致大节沦陷堕落。有个年轻干部看着身边接触的人，变成了“大腕”“大款”，由羡慕到追求，私欲极度膨胀，占了上风，被手中权力，被阿谀、笑脸、奉迎、吹捧，弄得忘乎所以。有人送来大量贿赂，欣然接受；有人送来贵重礼品，一律全收；而这些人请托办事时，无原则地予以关照、协调，结果在“平流无石处”出事。

对于党员领导干部来说，正确看待监督，主动服从监督，乐于接受监督，是其必备的政治素养，是其政治生命的题中应有之义，是改进作风的重要环节，是决策民主的重要内容。如果没有监督制约，不愿意面对监督，总爱一个人说了算，不自觉接受监督，逃避监督或者排斥监督，也就丧失了作为党的干部的起码资格，思想就会“滑坡”，随时都有被权力腐蚀的可能性，就会犯错误。

有些领导干部原来很优秀，随着职位的升迁和权力的扩大，逐渐放松了对自己的要求，搞家长制和一言堂，没有接受组织的监督，结果在错误的道路上越滑越远，最后变成了一副贪官嘴脸。有的人在八小时之外，与狐朋狗友混在一起，吃喝玩乐，彻底“放松”，把自己等同于小混混，误入歧途，直到被押上审判席，才喟叹自己对不起党、对不起百姓、对不起家人。

列宁说过：“工人领袖不是天使，不是圣人，不是英雄，而是普通的人。他们犯了错误，党就去纠正这些错误。德国工人党甚至曾去纠正像倍倍尔这样伟大的领袖所犯的机会主义错误。”① 尽管共产党员“是特殊材料制成的”，领导干部是其中的佼佼者，但不能由此推论他们就必然具有天然的防腐功能——每个党员领导干部都面临着权力、地位、金钱、美色的考验，与腐败分子之间并没有不可逾越的鸿沟，因而必须约束自己，接受组织、群众、舆论的监督，树立法律面前人人平等、制度面前没有特权、制度约束没有例外的意识，增强接受党组织和群众监督的意识。

每个党员干部都要自觉接受监督，党内不允许有任何不接受监督的特殊党员。如果自我约束不力又脱离了监督，就会出问题。英国培根说得好：“最能保人心神之健康的预防药，就是朋友的忠言和规谏。”因此，千万不要认为自己就是管别人的，将自己置身于监督对象之外，监督不到自己头上，不要自以为高明、总是有理、比别人了不起，千万不要摆架子，认为主动接受监督会降低身价，一听到监督就反感，不要认为同级的监督是不给面子，下级的监督是抓住一点不及其余，群众的监督是对自己不尊重。加强对领导干部监督绝不是对谁不信任、跟谁过不去，更不是“整

①《列宁全集》（第 21 卷），人民出版社 2017 年版，第 435 页。

人”，而是爱护干部，是保护干部健康成长的重要措施。

自觉接受党和群众的批评和监督，是十九大党章对党的干部的基本要求。党员领导干部是党的事业的骨干，是人民的公仆。公仆接受公众的监督，合情合理，天经地义。拒绝监督就等于否认自身的公仆定位。组织的监督看起来是对我们的约束，但实际上，监督是一种关心，一种爱护，一种保护，是被监督者的福分。当一个人有权的时候，最值得担忧的是随着权力的增大而被监督意识逐渐淡化，最值得庆幸的是被监督意识随着权力的增大而愈加强化。

党员、干部自觉接受党组织监督、群众监督、民主党派监督，必须清醒地认识到权力绝不是可以无限扩大的，权力绝不是可以滥用的，权力必须是始终受监督和制约的。必须按照党的纪律以及办事规则和程序去行使权力，摆正自己在党内的位置，积极参加组织生活，虚心听取别人的批评，处处以法律“高压线”自危，事事以纪律“警戒线”自律，时时以政策“生命线”自持，防止主观随意性和滥用职权。做不到这一点，就意味着可能要脱轨、要失控，要拒绝监督。

党员、干部把自己置于组织和群众的监督之下，才会提高党性觉悟，约束自己不犯错误，即使有了缺点毛病，也很快就能发觉，及时得到纠正，不会酿成不可挽回的大错。因此，应习惯于在监督下工作，把各方面监督当作一面镜子，闻过则喜、有过则改，不断完善自己，不把上级监督看成是对自己不信任，不把同级监督看成是跟自己闹别扭，不把下级监督看成是与自己过不去。

监督是最好的防腐剂，接受监督是最好的自我保护。乐于被监督，约束的是私欲，保护的是生存权。被监督，如同为自己请了一个保健医生，经常为你做“体检”，做到无病预防，有病治疗，防止小毛病发展成大错误，避免“亚健康”恶化成“不健康”。因此，领导干部应自觉接受监督，养成在党组织和群众监督下开展工作的好习惯，及时给自己装上“防火墙”、构筑“防洪坝”、增强“免疫力”，从严要求、从严律己，做到忠诚、干净、担当。

虚心接受监督和批评，让手中的权力在阳光下运行，是坚持党性原则、实施民主政治、增强公信度的重大问题，是增强免疫力的内在力量，是抵御诱惑、防止腐败、赢得民心、保持不败的重要保证。党员、干部自觉接受党组织监督、群众监督、舆论监督、司法监督，参加组织生活会，主动交流思想，诚恳接受批评，就可以使自己的思想受到触动，得到警醒，经常反思，加强防范，有些小来小去的事，警惕性可能就高些，不会轻易上当，就可以使自己认清党纪政纪规范必须遵守，经常规范自己，矫正言行的误差，不越雷池一步，使已发生的问题得到及时改正。

不要人夸颜色好，只留清气满乾坤。自我监督是监督的一个不可缺少的环节。只有在自我不断的对照、反省、提示、督促下，精神境界才可能提高。有些事领导监督不了，家属也监督不了，这就更要靠自身过硬，思想道德防线牢固，什么事能做，什么事不能做，一定不能含糊，千万不能迈出错误的第一步。

自我监督既是监控自身行为的警戒器，又是提高自身思想品德层次的催生剂。要经常按照党章和党纪政纪条规对照检查，经常从典型案例中汲取教训，决不把党和人民赋予的权力作为个人进行等价交换的商品，搞权钱交易。要虚心听取批评，勿以善小而不为，勿以恶小而为之。不要以自己“功劳大”“资历深”自居，不能目空一切、“一手遮天”。要把接受监督作为一种政治上的清醒和担当，作为一种严于律己的常态。

第五章

肩负使命，增强本领补短板

JIANFU SHIMING，ZENGQIANG BENLING BUDUANBAN

解决本领恐慌靠学习

“江郎才尽”的故事，人们耳熟能详。南朝江淹早年家境贫寒，学习刻苦，勤奋不怠，“留情于文章”，誉满朝野。到了后半辈子，他认为平生所求皆已具备，于是由嬉而随，自我放纵，不再刻苦砥砺了，以致诗文褪色，这便是“江郎才尽”。

学习是成才之基，成长之梯。人的差距是怎样产生的？后天分工和学习是重要因素。从小时候上学到参加工作，经历差不多的人在能力上、业绩上逐渐拉开了距离，从根本上说是由学习拉开的。

最好的领导者无一不是无论寒暑披星戴月手不释卷的读书人。如果说健康的秘诀在早上，那么成功的秘诀在晚上。他们有一个共同的身份和神圣的名称：“读者”。高尔基说：“我扑在书籍上，就像一个饥饿的人扑在面包上。没有任何力量比知识更强大，用知识武装起来的人是不可战胜的！”

早在70多年前，毛泽东就曾经告诫全党：“我们队伍里有一种恐慌，不是经济恐慌，也不是政治恐慌，而是本领恐慌。”在新形势下，各种新问题新情况不断出现，问题的严重性、情况的复杂性超出人们的想象，我们不熟悉、不了解、不懂得的东西还很多，知识结构老化、业务素质欠缺的掣肘愈加明显，出现了本领恐慌。有的领导干部看不懂形势、厘不清思路，工作无从下手，迷茫焦虑，于是遇见难事东躲西藏、碰到矛盾上推下卸。

中国特色社会主义进入新时代。时代是出卷人，我们是答卷人，人民是阅卷人。党员、干部处理好新情况新问题，要交出一份无愧于前辈、不负于时代的优秀答卷，就要不驰于空想、不骛于虚声，增强我们的本领，不断更新知识结构、补齐本领短板，具备想为、敢为、勤为、善为的专业素养。

习近平同志指出："领导干部加强学习，根本目的是增强工作本领、提高解决实际问题的水平。""增强本领就要加强学习，既把学到的知识运用于实践，又在实践中增长解决问题的新本领。"对于领导干部而言，必须练就一副担当的宽肩膀，才能扛起干事创业的硬担子。党员干部如果不加强读书学习，思想就会僵化，能力就会退化，知识就会老化。爱学习、勤读书，通过学习来增长知识、增加智慧、增强本领，这是党员干部胜任工作的内在要求和必经之路。

履好职、尽好责的前提是具备专业能力。如果在决策拍板时，说的是外行话，办的是外行事，就会出偏差，错失发展良机。提高专业能力需要日日为继、久久为功。习近平曾多次提到"本领恐慌"。2013 年 3 月 1 日，在中央党校建校 80 周年庆祝大会上明确要求"全党同志特别是各级领导干部都要有加强学习的紧迫感，都要一刻不停地增强本领"。任何人的能力都不是固有的，本领也不是天生的，要解决新问题、应对新挑战，领导干部必须切实加强学习。学习是个前提，放松了学习，思想落后于形势，政治上就不可能成熟，就不可能自觉改造自己的主观世界，就会使精神世界陷于低级趣味，就难以提升工作本领。习近平同志说，我爱好挺多，最大的爱好是读书，读书已成为我的一种生活方式。读书可以让人保持思想活力，让人得到智慧启发，让人滋养浩然之气。

习近平指出："各级领导干部要加快知识更新、加强实践锻炼，使专业素养和工作能力跟上时代节拍，避免少知而迷、无知而乱，努力成为做好工作的行家里手。”党的十九大报告提出了全面增强“八种本领”的要求，摆在第一位的就是增强学习本领。要把学习当作终身的任务。只有通过不断学习，才能持续提升执政本领，开拓前进。将学习工作化、工作学习化。党员干部必须坚持读常识性的“本本”，经典性的“本本”，坚定理想、信念，提高自身素质。放弃学习，丢掉应有的理想、信念，精神支柱就会倒塌，在前进中落伍。工作有突出业绩者首先得益于学习。党员干部在读书学习上存在不正常的“剪刀差”现象。学习要用加法，骄傲要减，机会要乘，懒惰要除。要利用“针头线脑”的时间读书，挤出时间读书，“苦其心志，劳其筋骨，饿其体肤”，也要坚持下去。

“八个本领中，学习本领排在第一。”学习水平，在很大程度上决定着工作水平和领导水平。领导干部如果不加强读书学习，知识就会老化，思想就会僵化，能力就会退化。“领导干部不仅要有担当的宽肩膀，还得有成事的真本领。”善于学习新知识的人能够很好地适应工作、适应社会，而只会抱着学校里学来的知识，不思进取的人就会有落伍的感觉。因此，一个人加入党组织之后，要把学习作为重要途径和根本方法，在工作中不断学习新的知识和新的技能。此时，学习效率的高低和投入的时间都会影响他的工作成绩，继而影响事业和前途。学习效率高的人会不断得到晋升的机会。相比之下，学习效率差的人将无法在事业上更上一层楼。

思考是阅读的深化、认知的必然，是把书读活的关键。如果没有思考，只是机械地阅读、简单地浏览，再好的知识也难以吸收和消化。怎样才能“消化”呢？《共产党宣言》是毛泽东常读、精读、细读的一本书。读了多少遍？无法统计。1939 年，他对党内同志说：“《共产党宣言》，我看了不下一百遍，遇到问题，我就翻阅马克思的《共产党宣言》，有时只阅读一两段，有时全篇都读，每阅读一次，我都有新的启发。我写《新民主主义论》时，《共产党宣言》就翻阅过多次。”[①]1945 年 5 月，在中共七大上，毛泽东在向全党推荐《共产党宣言》等五本必读的马克思主义著作时曾说：“我们可以把这五本书装在干粮袋里，打完仗后，就读它一遍或者看它一两句，没有味道就放起来，有味道就多看几句，七看八看就看出味道来了。”[②] 要消化所读之书，唯有勤于思考、不断咀嚼一途。

一切学问都始于疑问。德国有一则格言：“怀疑乃真理之父。”伽利略说：“怀疑乃发明之父。”引起思考的最好办法，就是在认真学习过程中，提出疑问，多问几个“是什么”“是多少”“为什么”。法国大作家巴尔扎克说：“打开一切科学之门的钥匙都毫无疑问的是问号，我们大部分的伟大发现应归功于‘如何’，而生活的智慧在于逢事都问个为什么。”高尔基在《克里姆·萨木金的一生》中说：要把情况弄清楚就不要急着去相信；知识的力量就在于怀疑。爱因斯坦在学习时善于独立思考，不迷信任何权威，不崇拜任何偶像。他在青年时代，看了许多科普读物，认定《圣经》上的许多故事不可能是真的。他在谈到获得成功的体会时说：“学习知识要善于思考、思考、再思考，我就是靠这个方法成为科学家的。”

光思考而不学习，思考就会成为“无源之水，无本之木”。应当使头脑成为一个加工厂，对所学习的每部分内容、每个问题，都应勤思考，善于找出它们之间的联系，总结出规律性东西，不能让头脑只作为一个批发站，不动脑子，不求甚解，书云亦云，亦步亦趋，毫无见识。习近平同志讲了三条：其中第一条，善于思考是关键，它贯穿于读书学习的全过程。古今中外，有许多理

① 参见人民日报评论部：《习近平讲故事》，人民出版社 2017 年版，第 126 页。

② 中共中央文献研究室编：《毛泽东文集》（第 3 卷），人民出版社 1996 版，第 417—418 页。

论家、思想家很重视在学习中精心思考，认为学习与思考密不可分。

善于学习是加强党性修养的重要途径。党员干部都要把学习作为一种使命、一种境界、一种追求，融入人生和事业之中，做到生活学习化、工作学习化，避免陷入少知而迷、不知而盲、无知而乱的困境，使自己的专业素养和工作能力跟上形势的发展和时代的节拍。

学习永远在路上

王安石特别聪明，读过的书终生不忘，写文章时下笔如飞。然而他非常重视后天学习，一生手不释卷，知识非常渊博。王安石写过一篇名为《伤仲永》的文章，讲了一个神童终成平庸的故事。康熙是中国皇帝中学识最渊博的，因而识通古今，能以前代治乱的经验教训作为安邦治国的鉴诫，故能平定“三藩”，统一台湾，抗击沙俄侵略，从而奠下了康乾盛世的基础。

曾国藩第一次会试落第后，便作江南之游，沿途拜师求教。他将衣物送进当铺，换了100两银子，买下整套《二十三史》，养成终生读史习惯。曾国藩是一位半路出家的儒将，带兵时“每天读史10页，虽戎马生涯，从未间断一日”。他通过读书，治学有方，领会了行军打仗之术，实践了报效国家、明道经世的志向。

读书、学习不一定非要做官，但做了官必须多读书、多学习，能判断又善决断，敢担当又会担当。“我们的干部是复合型干部，有些知识是基础性的，都得掌握，不可偏废，然后再术业有专攻。”每一位党员、干部都应拥有一套知识体系，由外行变为内行，既有基础又有专长。毛泽东说过：“以其昏昏，使人昭昭，是不行的。”

长征途中，红军战士把字贴在后背上，后面的人边行军边认字。延安时期，抗日军政大学流行“认字就在背包上，写字就在大地上，课堂就在大路上，桌子就在膝盖上”。接管上海时，不少解放军指战员拿到了《城市常识》小册子……这些真实的历史正是中国共产党人求知若渴的最好见证。

习近平同志强调：“爱学习、勤读书，通过读书学习来增长知识、增加智慧、增强本领，这是新形势下做一名称职的领导干部、胜任地履行领导职责的内在要求和必经之路。”

职务的晋升并不意味着能力会自然随之提升。领导干部走上新岗位，应当正确认识自己，功劳簿只能说明过去，应当清醒认识新的职务带来的是较大的责任、更高的要求，因而应当自觉提升自身素质和能力，练好应对新挑战的“内功”。领导干部一定要改变终日埋在事务堆里、让烦杂的小事缠得筋疲力尽的状况，都应有强烈的学习意念和持久的毅力，努力成为“杂家”，成为复合型人才。

要精学专业理论，深学业务知识，具备专业思维、专业素养、专业方法，根据干部的知识结构、岗位职责、专业特点，有针对性地进行“加油”“充电”。习近平同志强调：党员干部加强学习，应当坚持干什么学什么、缺什么补什么，有针对性地学习掌握做好领导工作、履行岗位职责所必备的各种知识，努力使自己真正成为行家里手、内行领导。应像海绵吸水一样涉猎经济知识、企业管理和专业知识，熟悉有关部门业务，做到大到天文地理，小到鸡毛蒜皮，无师自通。在此基础上应有自己的知识侧重领域，成为某方面的“行家里手”。

加强学习的问题，“是天大的事情”，关系工作的全局。自觉地刻苦地学习，不断吸取新知识新经验，也是保持好的思想、好的作风的前提条件。2013 年 3 月 1 日，在中共中央党校建校 80

周年庆祝大会上，习近平同志发表题为《依靠学习走向未来》的讲话指出，“中国共产党人依靠学习走到今天，也必然要依靠学习走向未来”。他回顾历史，“延安时期，我们党就注意到‘本领恐慌’的问题”；今天，全党面临的一个重要问题，就是如何正确认识和妥善处理不断出现的新情况新问题。过去，党是依靠学习克服了重重困难，今天，依然要依靠学习才能赢得未来。当今时代，是要求人们必须终生学习的时代。《中国共产党章程》对党员学习马克思主义提出了明确要求。它规定中国共产党以马克思列宁主义、毛泽东思想、邓小平理论、“三个代表”重要思想、科学发展观、习近平新时代中国特色社会主义思想作为自己的行动指南。浮光掠影、一知半解、浅尝辄止不行，知晓一些名句、个别篇目也不行，要在横向和纵向两个维度上系统品读。要把读马克思主义经典、悟马克思主义原理当作一种生活习惯、当作一种精神追求，用经典涵养正气、淬炼思想、升华境界、指导实践。对《共产党宣言》等经典著作要原原本本学，熟读精思，学深悟透。党员干部如果不努力用科学的理论武装自己的头脑，不努力掌握先进的科学技术知识，不善于实现知识的不断更新，就必定要落后，就不可能肩负起党和人民交给自己的历史任务。这应该成为每个党员、干部的非常清醒和自觉的认识。

只有在工作中学习，在学习中工作，通过学习促进工作、通过工作推动学习，才能不断提高自己的能力，使工作更得心应手。一方面要在实践中学习，带着问题学，拜人民为师，做到干中学、学中干，学以致用，要持之以恒在干中学、在学中干，把工作当学问做。另一方面要把学到的知识运用于实践，干一行、爱一行，钻一行、精一行，加快知识更新、加强实践锻炼，既知其然又知其所以然，练好岗位必备的，补好自身短缺的，干中学、学中干，努力成为行业领域的“政策通”“活字典”和本职岗位的“行家里手”。

提升战略思维能力

“滚滚长江东逝水，浪花淘尽英雄”，但大浪淘不尽的是金子般的智慧和谋略。战略思维是善于从战略高度观察问题、思考问题、分析问题并提出解决问题思路和对策的一种思维方式。战略思维能力，是高瞻远瞩、统揽全局，善于把握事物发展总体趋势和方向的能力，在复杂多变的局势中审时度势、抓住机遇。习近平同志指出：“我们看世界，不能被乱花迷眼，也不能被浮云遮眼，而要端起历史规律的望远镜去细心观望。”面对复杂的局势，我们要有足够的战略定力和战略自信，集中精力做好自己的事。要审时度势、内外兼顾，把握方向、用好机遇、创造条件，努力发展自己。

战略是着眼全局的谋划，是实现长远利益和未来目标的谋划。最好的领导者有战略眼光、大局意识，站得高、看得远，深谋远虑。站得高，就是要站在历史高位、世界高度来观察、思考和处理问题。站得高，就会心中有全局、心中有长远，做起事情来就能坚守原则，就能举重若轻、游刃有余，“会当凌绝顶，一览众山小”。习近平同志说：“善于观大势、谋大事，站在国内国际两个大局、党和国家工作大局、全面深化改革全局来思考和研究问题。”这里强调的就是战略思维能力的站位之高。对于那些从局部看可行、但从全局看不可行的事情坚决不能做，对于那些从局部看不可行、但从全局看可行甚至必行的事情要义无反顾地做。适应新方位，担当新使命，就要以宽广的视野、长远的眼光来思考和把握未来发展面临的一系列战略问题，战略思维能力，必须增强思维的全局性和系统性。领导干部必须善于从全局思考问题、分析问题，善于把自己所在地区和部门放到全局中去定位、去考量。要求将全局看成一个有机系统，充分考虑全局的大系统与局部的子系统之间的密切关系，把握事物发展的内在逻辑。这就要求看事情、想问题的站位要高，从全局来谋划局部，坚决不做那些从局部看可行、从全局看不可行的事情，避免陷入本位主义、山头主义、小团体主义的窠臼。

提高战略思维能力，必须提高思维的预见性。战略思维指向未来，要求准确预测未来可能出现的趋势、状态和结果。毛泽东在党的七大上说过："预见就是预先看到前途趋向，如果没有预见，叫不叫领导？我说不叫领导。""坐在指挥台上，只看见地平线上已经出现的大量普通的东西，那是平平常常的，也不叫领导。只有当着还没有出现大量的明显的东西的时候，当桅杆顶刚露出的时候，就能看出这是要发展成为大量的普遍的东西，并能掌握住它，这才叫领导。"要超前谋，就是登高望远，具有远见卓识。不应被眼前局部的东西束缚了眼界，而应着眼于长远利益，着眼于未来。"自古不谋万世者，不足谋一时"。

自古以来，不超前谋划长远利益的，就不能够考虑好当前的问题。最好的领导有极强的前瞻力。前瞻力与他的预见能力密切相关。毛泽东曾指出："没有预见，就没有领导，没有领导就没有胜利。因此，可以说没有预见就没有一切。"下棋的人都懂得一个道理：善弈者谋势，不善弈者谋子。毛泽东说过："没有全局在胸，是不会真的投下一着好棋子的。"井冈山时期，有一次他站在黄洋界上问战士，从这里你能看多远，战士们你一言我一语说能看到江西，还可以看到湖南，毛泽东接着大家的话说："不仅要看到江西和湖南，还要看到全中国、全世界。"

应未雨绸缪，引领方向，在筹划未来时能越过眼前看得更远。

《高层领导枕边书》写道："身居高位的领导，面对的是大问题，掌控的是大局面，必须有大胸怀、大眼光、大智慧。能见他人所不能见，想他人所不能想，行他人所未行。看问题高屋建瓴，直指核心，做决策平衡得失，抓大放小。"最好的领导能够看到凡人看不到的眼前利害以外的事情。他们需要有站在高山之巅极目远眺的眼力。能引领方向，在筹划未来时能越过眼前看得更远，也能洞若观火，置身事外。领导干部要科学谋划长远，就必须摸清摸透实际情况，把握事物发展的大趋势、大潮流和客观规律，在长远发展中考虑当前，把解决当前问题作为实现长远发展的根基。

李自成是个平民英雄，意志坚强，领导农民起义军经过十几年艰苦奋战，推翻了腐朽的明王朝，确实让人惊叹。闯王由大胜转为大败的原因是多方面的，一个重要原因是缺乏战略眼光，驾驭全局的视野过于狭窄，不具有政治家的深谋远虑和综合才智，没有得天下、治天下的文韬武略。换言之，他善于破坏旧世界，却不具有使中国社会发生根本性变革的战略眼光，无力建设新世界。他在政权建设、军队建设、建国方略方面拿不出方略。

李岩是李自成打天下的谋士，其作用就像朱元璋拥有刘基一样。李岩向李自成提出重要建议：大局未定，登基之事，享乐之事，应在清除外患后再议；追赃影响军纪，必须停止；乘胜追击，稳定阵脚；山海关城战略地位非常重要，应以招抚为主，防止明室反扑。可惜李自成没有采纳这些建议，对内不能凝聚军心、统一意志，对外不能驾驭全局、消除隐患，政治上不能高瞻远瞩、安抚天下，军事上不能洞察形势、把握战机。

谋深计远，需要认识和掌握事物发展变化的可能和趋势，事先采取相应的措施。遇到危险时，能够"软着陆"。"英风犹想入关初，相国功勋世莫知。"萧何的不同寻常之处在于，能知人所不知，见人所未见，看到事物存在状态和未来走势。

公元前206年10月，刘邦的军队攻占了秦朝的都城咸阳，秦王子婴在大路边跪拜求降，宣告了秦王朝的灭亡。其部属争先恐后抢掠金帛财宝，只有萧何看到事物发展的趋势，面对金银财宝、宫室美女不动心，首先入秦宫，把秦朝的律令、地图、书籍收藏起来。萧何得到了这些宝贵资料，对秦朝的法律制度、关河要塞、郡县人口、强弱之处、经济发展状况了如指掌，为刘邦得天下、治天下，提供了非常有力的帮助。人们一经认识到它的巨大价值时，恍然大悟，叹服不已。刘邦说："各位，你们知道打猎吗？打猎的时候，追杀野兽的是猎狗，而指示行踪，放狗追兽的是人。诸位能猎获野兽，相当于猎狗的功劳。萧何能放出猎狗，指示追逐目标，那相当于猎人的功劳。"

"崛起何嫌本做僧，汉高同杰又多能。"朱元璋是一位平民出身的开国皇帝，是一位具有传奇色彩的人物。1356年，朱元璋在攻占南京后，因为群雄并峙，天下大乱，为了赢得各个击破的时间与力量，避免或减少提早与元军主力和强劲诸侯军队作战，他接受了谋士朱升的建议："高筑墙、广积粮、缓称王"——意谓要想夺取天下，首先必须建立牢固的根据地，尽快壮大军队，使自己立于不易被击败之地，站稳脚跟，由点成面，不断扩张，步步为营地消灭敌人；其次要轻徭薄赋，爱护百姓，广积粮食作后盾，才能打胜仗；然后是在义军蜂起、群雄并立的形势下，不急于称王，进而逐步巩固了根据地，壮大了实力，积蓄了力量，在众人眼皮底下暗渡陈仓，成就了一番伟业。毛泽东对于朱元璋这一决策赞赏有加："朱洪武是个放牛娃出身，人倒也不蠢。他有个谋士叫朱升，很有见识。朱洪武听了朱升的话，'广积粮、高筑墙、缓称王'，最后取得民心，得了天下。"

毛泽东大半生在马背上度过。在中国新民主主义革命的艰难历程中，毛泽东以他超乎常人的特有智慧和远见卓识，指出了中国革命发展的必由之路。当1927年蒋介石背叛革命，中国大地血雨腥风，共产党人几乎处于绝境的紧急关头，是毛泽东带领队伍走上井冈山，开辟革命根据地，高瞻远瞩地提出了“枪杆子里面出政权”的理论，创造性地提出农村包围城市的革命之路，临危制变，席卷千军，中国的革命一步步走向胜利。抗日战争刚刚爆发，毛泽东就在他的《论持久战》中预言，抗日战争将是“防御、相持、反攻”三阶段，果断提出了“敌进我退、敌驻我扰、敌疲我打、敌退我追”的游击战争16字诀，使我军创造了许多以少胜多、以劣胜优、以弱胜强的战术，节节胜利，捷报频传，使中国革命从胜利走向胜利。

“……如果没有毛泽东同志多次从危机中挽救中国革命，如果没有以他为首的党中央给全党、全国各族人民和人民军队指明坚定正确的政治方向，我们党和人民可能还要在黑暗中摸索更长时间。”(《中国共产党中央委员会关于建国以来党的若干历史问题的决议》)电视纪录片《走近毛泽东》中有两句解说词让人震撼：“他不会拿枪，他却是军事家；他不当元帅，他却缔造了共和国。”

当代中国正在进行伟大斗争、建设伟大工程、推进伟大事业、实现伟大梦想，中国特色社会主义实践是党员、干部提高战略思维能力、增强战略定力最好的“磨刀石”。战略问题涉及的范围广、领域多。习近平同志强调：“全党要提高战略思维能力，不断增强工作的原则性、系统性、预见性、创造性。”在新时代，领导干部是“领头雁”，要有新作为，必须以强烈的责任意识和忧患意识把方向、观全局、虑长远、抓重点，把战略思维能力提高到新水平。

战略思维的基础是广博的知识和宽广的视野。没有科学理论的指导，就不可能具有高超的战略思维能力。党员、干部只有自觉坚持以人民为中心的发展思想，坚定革命理想，以勇于自我革命的精神锤炼自己，才能把战略思维能力与战略定力用到实处，为党和国家事业发展贡献力量。要多掌握相关领域的基础知识，尤其要用习近平新时代中国特色社会主义思想武装头脑、指导实践、推动工作。要向专家学习、向同行学习、向群众学习，不断提升战略思维能力和战略定力。

跟毛泽东学调研

革命导师马克思、恩格斯、列宁、毛泽东，从无产阶级革命事业出发，历来极为重视调查研究。他们不仅是科学的调查研究理论的奠基人，而且是实际的调查研究活动的倡导者和参加者。

毛泽东从中国革命和建设事业的需要出发，历来极为重视调查研究。毛泽东有关调查研究的具体论述和实践，为科学的调查研究活动提供了方法论的指导和可资效法的范例。

毛泽东搞调研没有排场。他以“竹杖芒鞋轻胜马”的姿态，穿起蓝布长衫，蹬起草鞋，拿起雨伞就走，穿街过巷，访商店和进农家，在田头和农民一起劳动。早在第一次国内革命战争初期，为了回答党内外对于农民革命斗争的非难，毛泽东于1927年初，步行1400余里，亲自考察了湖南湘潭、湘乡、衡山等五县，写出著名的《湖南农民运动考察报告》。到了20世纪30年代，毛泽东所作的社会调查就更多了。他一方面领导红军在极为艰难的条件下转战南北，另一方面在战斗间隙进行大量的社会调查。其中著名的有《寻乌调查》（1930年）、《兴国调查》（1930年）、《木口村调查》（1930年）、《才溪乡调查》（1933年）等。这些调查坚持用马克思主义原理分析材料，探讨中国革命的实践问题，特别是中国革命的土地问题，指出了革命根据地的建设方向和发展前途，同当时那些“把马克思主义教条化和把外国经验神圣化的幼稚病患者”形成鲜明对照。

调查研究就像“十月怀胎”，决策就像“一朝分娩”。正确的决策，绝对不是一个人或者一堆人，不作调查研究，坐在房子里苦思冥想就能产生的。《毛泽东的智慧与当代领导艺术》记载，1930年5月，毛泽东在江西寻乌调查后，起草了《调查工作》一文。这篇重要著作是毛泽东从事调查研究的理论总结，它是毛泽东同党内教条主义错误思想斗争的一个重要历史总结。他在文章中指出，“中国革命斗争的胜利要靠中国同志了解中国情况”，提出了“没有调查，就没有发言权”“调查就是解决问题”等观点，第一次明确提出了马克思主义必须同中国革命实际相结合的实事求是的思想原则。同年6月上旬，毛泽东带着初稿来到上杭，交由闽西特委翻印出版。可是，在第五次反“围剿”中，《调查工作》小册子意外散失。

1955年4月10日，中共中央办公厅发出了在全国范围内征集革命历史档案的通知。1957年2月，赖茂基老人毅然把这本小册子捐给中共上杭县委，后上交龙岩地委。1960年初冬，中央档案馆征集科的同志从中共福建省委办公厅报送来的革命历史文件目录中得知有毛泽东写的《调查工作》这一重要文献，而中央档案馆却无此件，于是同年11月，中央档案馆将石印本小册子铅印后呈送毛泽东。

1961年1月，毛泽东不仅仔细改正了文中的错别字，并将此文改名为《反对本本主义》，还亲笔作了批示：“这是一篇老文章，是为了反对当时红军中的教条主义思想而写的，那时没有用‘教条主义’这个名称，我们叫它做‘本本主义’。写作时间大约在1930年春季，已经三十年不见了。1961年1月忽然从中央革命博物馆里找到，而中央革命博物馆是从福建龙岩地区找到的。看来还有些用处，印发若干份供同志们参考。”[①]毛泽东在这篇名著中强调了调查研究工作的重要性，号召全党同志要到实际中进行调查研究。

毛泽东是全党从事调查研究的典范。可以说，坚持调查研究，把马克思主义基本原理同中国实际结合起来，是毛泽东领导艺术的精华所在，也是他留给后人的宝贵精神财富。“没有调查，没有发言权”的珍贵名言和科学论断，是毛泽东在《反对本本主义》一文中提出的，一直影响到今天。调查研究的方法，是马克思主义认识论的最基本方法。实践证明，各个单位、任何行业的领导干部想要搞好工作，少犯错误，都必须熟练掌握和应用这个方法。

为了使调查研究真正做到实事求是，1931年4月21日，毛泽东起草了《总政治部关于调查人口和土地状况》的通知，进一步提出“不做正确的调查同样没有发言权”的科学口号。这就是说，一个领导者，在对某一问题的判断与决策之前，虽然做了调查，但是，如果不做正确的调查研究，不能获得正确的事实或得到的情况不真实，他同样没有获得针对这一问题的正确的发言权。因为这样做出的判断和决策不可能做到实事求是，错误也同样是不可避免的。

抗日战争时期，毛泽东在《“农村调查”的序言和跋》《改造我们的学习》等重要著作中，进一步对有关调查研究的指导思想和调查方法问题作了系统的总结。在《关于农村调查》一文中，毛泽东详细答复了“怎样开调查会、怎样找调查的典型、如何收集和整理材料、怎样使对方说真话”等实际问题。他指出：“怎样开调查会？一个调查会不仅提出问题，而且要有解决问题的方

① 中共中央文献研究室编：《建国以来重要文献选编》（第十四册），中共文献出版社1997年版，第227页。

法。参加调查会最好有三五人。”“怎样找调查的典型？调查的典型可以分为三种：一、先进的，二、中间的，三、落后的。如果能依据这种分类，每类调查两三个，即可知一般的情形了。”“如何收集和整理材料？都必须自己亲身去做，在做的过程中找出经验来，用这些经验再随时去改进以后的调查和整理材料的工作。”毛泽东认为，选择调研对象要有典型性。材料是搜集，多多益善，但一定要抓住要点或特点，也就是矛盾的主要方面。他在一次指导调研的讲话中说：“有同志要问：‘十样事物，我调查了九样，只有一样没有调查，有没有发言权？’我以为如果你调查的九样都是一些次要的东西，把主要的东西都丢掉了，那末，仍旧是没有发言权。”找调研典型，要根据不同情况具体划分。比如，农业按地理分，“全国了解两个乡，南方一个，北方一个，对中国的农村就有一个基本概念了”。工业按行业分，“比如煤矿、冶金、机械等，各了解一个厂矿就差不多了”。“怎样使对方说真话？各个人特点不同，因此，要采取的方法也各不相同。但是，主要的一点是要和群众做朋友，而不是去做侦探，使人家讨厌。”他看得很明白：“群众不讲真话，是因为他们不知道你的来意究竟是否于他们有利。”所以，要“给他们一些时间摸索你的心，逐渐地让他们能够了解你的真意”。①

在兴国调查中，毛泽东也遇到过这样的情况。请几个农民来谈话，一开始，他们很疑惧，脸上没有一点笑容，也不多讲。后来，毛泽东请他们吃了饭，晚上又给他们宽大温暖的被子睡觉，这样他们慢慢有点笑容，说得也较多。到后来，他们毫无拘束，热烈地讨论，无话不谈，亲切得像自家人一样。

---

① 参见中共中央文献研究室编：《毛泽东文集》（第2卷），人民出版社1993年版，第382—383页。

毛泽东这一系列关于调查研究的思想方法，闪烁着真理的光芒。在大兴调查研究之风的1961年，他曾明确地提出："民主革命阶段，要进行调查研究，社会主义革命和社会主义建设阶段，还是要进行调查研究，一万年还是要进行调查研究工作。"毛泽东说过不止一次，中央领导机关只是一个制造思想产品的加工厂，如果不了解下情，没有原料，也没有半成品，怎么能出产品？他说：我在北京，差不多听不到什么，以后要多出来走走。他实在不甘于身居红墙内靠听汇报发文件左右中国大局。20世纪50年代末60年代初，是毛泽东大兴调查研究之风的重要时期，他以身作则，身体力行，经常深入各地，进行调查研究。

1958年，毛泽东几乎都在外面跑：新年刚过，就在杭州召开杭州会议，接着到湖南调查；2月到了东北，3月到了四川考察，召开成都会议；4月到广东，5—6月又到杭州，8月到河南、山东、天津等地，9月到湖北、安徽，10月在河北，11月又到河南，12月再到湖北，真可谓马不停蹄。又如1959年10月23日，毛泽东的专列离开北京，经天津、济南、徐州、合肥、南京、上海、杭州、江西、广州、长沙、浙江、江苏、天津返回北京。在历时五个月零三天的调查研究活动中，开会、谈话66次。

毛泽东提倡调查研究深入第一线，真正"沉"下去，深入基层、深入群众，选择一个调查点，"解剖麻雀"，以取得经验，指导全局。他在《我们党的一些历史经验》一文中指出："调查有两种方法，一种是走马看花，一种是下马看花。走马看花，不深入……这是很不够的，还必须用第二种方法，就是下马看花，过细看花，分析一朵'花'，解剖'麻雀'。"①

① 中共中央文献研究室编：《毛泽东文集》（第7卷），人民出版社1999年版，第134页。

毛泽东在调查方法上有许多创造，如典型调查、解剖麻雀、开调查会等。他还把这些方法与访谈法、观察法、调查表格等加以综合运用，使他的调查方法具有独到之处。历史表明，毛泽东思想的形成和发展，是同以毛泽东为首的中国共产党人紧密联系中国实际、坚持不懈地调查研究中国社会的优良传统密切相关的。

调研须坚持问题导向

调查研究是各级领导干部第一位职责，是做好一切工作的第一步，是实事求是之基石，开创新局之途径。曾担任安徽省委第一书记的万里同志，经常一部小车、三两个人，说走就走、随时可停，一竿子插到村、访到户。可以说，也正是这种“不走规定线路、不看摆好造型”“直奔基层、直插现场”的调研方式，才让万里同志能作出契合百姓期盼、顺应时代发展的正确判断，提出切实可行、有效管用的方法措施，为后来安徽打响农村改革第一炮打下根基。

可见，调查研究之于领导干部，恰如大地之于安泰，不可以离开。党的十八大以来，党中央高度重视调查研究，中央八项规定的第一条就是要改进调查研究。习近平同志经常深入基层、深入群众开展调查研究，为全党作出了表率。

中国特色社会主义进入新时代。我们前进在中国特色社会主义道路上，各种复杂的新情况需要我们去认识，许多重大的新问题需要我们去解决。增强问题意识、提升发现问题解决问题的能力，是坚持问题导向的必然要求。要有强烈的问题意识，以重大问题为导向，抓住关键问题进一步研究思考，着力推动解决我国发展面临的一系列突出矛盾和问题。党员、干部履行职责要有新作为，必须大兴调查研究之风，坚持深入基层，深入第一线，深入困难较多、矛盾尖锐的地方，开展系统的调查研究，在调查研究中发现问题、解决问题，努力做到决策成果的最优化，努力让调查研究工作在新时代焕发新生机、发挥新功效，推动习近平新时代中国特色社会主义思想和党的十九大精神在基层落地生根、开花结果。

有的党员、干部不愿或不会调查研究，只按规定路线走马观花，看精心准备的样板，听照本宣科的汇报，搞盆景式调查、花架子研究。领导干部在调研中应有“自选动作”，要看一些没有准备的地方，搞一些不打招呼、不作安排的随机性调研……避免出现“被调研”现象，防止调查研究走过场。

调查研究必须强化问题意识、坚持问题导向，因为调查研究的目的是解决问题、化解矛盾。只有深入基层扎实细致开展调查研究，才能找出问题症结，开出管用良方，才能抓住和解决群众最关心最直接最现实的利益问题，让惠及百姓的各项工作实起来，推动党中央大政方针和决策部署在基层落地生根、开花结果。

调查研究是一种能力，是一种方法，也是一种作风。调查研究必须从客观实际出发，必须认真、较真，对问题抓住不放，才能认清事物的本来面目，作出合乎实际的判断。陈云是对我国经济建设作出巨大贡献的党和国家领导人之一。陈云于1961年选择青浦小蒸公社进行半个月的蹲点调查，不仅蹲得住，坚持“一竿子插到底”，而且能蹲到群众中去，做到听真话、察实情、办实事。陈云运用交换、比较、反复的调研方法，抓住实际问题的要害，确保了调研情况的真实性。他以“不唯上、不唯书、只唯实”的方法，对市场供求情况、副食品产销情况、对公粮征收、统购统销等情况作调查，掌握大量第一手资料，解决了经济建设中的一系列复杂问题，被国内外经济专家誉为解决经济疑难问题的能手。毛泽东充分肯定陈云实事求是的调查研究精神，给予了很高评价。

许多干部反映，在革命和建设中许多难题，到了陈云同志手中，他三调查两调查，就找到了正确的出路，使难题得以解决。越是解决关键时刻的关键问题，越能显示出他调查研究的功力。只有从实际出发，具体情况具体分析，实事求是地研究处理问题，这才是最靠得住的。陈云说："从实际出发的关键是，从片面的实际出发，还是从全面的实际出发。"一定要把实际看完全，把有关的各种情况弄清楚，这才真正算是从实际出发。怎样弄清事实和解决问题，陈云概括为"交换、比较、反复"。"所谓交换，就是通过交换意见，使认识比较全面。交换意见，不仅要听正面意见，更要听反面意见。所谓比较，一是左右的比较……二是前后的比较……所谓反复，就是事情初步定了以后还要摆一摆，想一想，听一听不同意见。即使没有不同意见，还要自己设想出可能有的反对意见。我们反复进行研究，目的是弄清情况，把事情办好。"

"微信群"使领导干部拥有了观察现实情况的"千里眼""顺风耳"。但虚拟世界毕竟不同于现实，通过"微信群"了解群众呼声，不能代替深入基层调查研究，不能代替与人民群众面对面、心连心的思想交流。习近平同志 2011 年在中央党校强调："现在的交通通信手段越来越发达，获取信息的渠道越来越多，但都不能代替领导干部亲力亲为的调查研究。因为直接与基层干部群众接触，面对面地了解情况和商讨问题，对领导干部在认识上和感受上所起的作用和间接听汇报、看材料是不同的。通过深入实际调查研究，把大量零碎的材料经过由此及彼、由表及里的思考、分析、综合，加以系统化、条理化，去粗取精、去伪存真，透过纷繁复杂的现象抓住事物的本质，找出它的内在规律，由感性认识上升为理性认识，在此基础上作出正确的决策，这本身就是领导干部分析和解决问题本领的重要反映，也是领导干部思想理论水平和工作水平的重要反映。领导干部不论阅历多么丰富，不论从事哪一方面工作，都应始终坚持和不断加强调查研究。”

身体力行地搞好调查研究，必须克服“工作忙顾不上”“遇事拍脑门、出事拍大腿”的不良作风，克服形式主义、官僚主义的一套，切忌蜻蜓点水、走马观花。把调查研究这门软科学作为第一位工作始终不渝坚持下去。要从管理层特别是决策层抓起，从领导者自身做起，到车间班组去，到最艰苦的地方去做细致的调研，发挥好感官作用，拿出有分量的决策方案和依据。五年多来，习近平同志到基层考察调研 50 余次，足迹遍布祖国大地，为各级党政干部树立了光辉典范。他在考察中的所见、所思，上升为一系列新理念新思想新战略，推动党和国家事业发生历史性变革。实践证明，这样调研的好处是工作重心明确，主攻方向突出，节奏感较强。在调研中，不能希图调研一两次就完全弄清了事情的来龙去脉，就把握了它的内在联系；特别是对重大而复杂的情况，更不能抓到一鳞半爪就乱发议论或匆忙作结论。必须虚心体察和详细掌握情况，在调查中研究，在研究中再调查，才能逐步对问题的本质以及各部分各方面之间的联系有正确的认识，引出正确的结论。

搞好调研就要坚持实践第一，一切从实际出发，敢于突破框框。要思前人之未思，做前人之未做，走前人之未走。要敢碰书本上说过的，特别是经过后来实践证明是站不住脚的；敢碰文件上规定的，尤其是前后文件有矛盾的、错误的；敢碰领导人讲过的，尤其是被多数人公认的；敢于率先推出新经验，适时创造好方法，特别是带有方向性的，提出符合实际而独到的新见解。在调研中，要善于从整体和全局高度提出问题，了解情况，制定对策。既要对微观的具体问题进行调研，也要重视对宏观的全局性问题进行调研；既要从一个侧面解剖问题，更要从多侧面分析综合。对于复杂问题，应当组织各方面力量调研，以便集中更多见解和智慧，使认识得到升华，使理性认识能够指导实践。

调研能力是领导干部整体素质的一部分，调查研究也是一个自我学习、提高本领的过程。改革发展面临许多新情况、新问题，面临许多困难和挑战，须臾离不开调查研究这个党的“重要传家宝”。调研本身就是向群众学习、向实践学习的过程，是提高认识能力、判断能力和工作能力的过程。2017 年 12 月 25 日，中央政治局召开民主生活会，习近平同志主持会议并发表重要讲话时指出：“要在全党大兴调查研究之风，放下架子、扑下身子，接地气、通下情，‘身入’更要‘心至’，开展深入细致的调查研究。”经常调研，“非常有益于促进领导干部正确认识客观世界、改造主观世界、转变工作作风、增进同人民群众的感情，有益于深切了解群众的需求、愿望和创造精神、实践经验”。在基层调查研究，不要像“井中的葫芦”那样浮在“下面的上面”（小机关），防止走马观花，蜻蜓点水，走走过场，浅尝辄止；防止受“规定路线”“标准答案”和“示范样板”的影响，使调研成了“论证会”“报喜会”和“盆景展”。到基层一线作随机性调研，悄悄地下，悄悄地看，悄悄地听，细致地观察，有针对性地追问，潜心地研究，才能听到最真实的声音，获得最真实的东西，发现真正的问题，有的放矢地加以解决。

要通过与群众面对面交流，了解真实情况，博采众言。要学习孔夫子的“每事问”，须有“入于泽而问牧童，入于水而问渔师”的精神，切莫不知以为知。要把老一辈革命家陈云所说的“不唯上、不唯书、要唯实”和“全面、比较、反复”作为座右铭，必须虚心体察和详细掌握情况，多听不同的意见，在调查中研究，在研究中再调查，才能逐步对问题的本质以及各部分各方面之间的联系有正确的认识，引出正确的结论。

沟通能力：工作利器

“沟通”一词，按照《辞海》的解释，原意是指开沟而使两水相通。沟通，是人们在互动过程中进行信息、知识、思想、感情的传递，并寻求反馈以达到相互理解、达到共识的过程。一位哲人说：“没有沟通能力的人，就像陆地上的船，永远到不了人生的大海。”领导干部与上下左右各个层次人员的沟通能力，常常被当作考察领导综合素质的重要指标。

沟通能力不是与生俱来的，是在多年工作实践中培养和锻炼出来的。国家行政学院对国家 40 个部委司局级干部进行了问卷调查，有 79.9% 的人提出当前“最需要提高的能力是沟通协调能力”，这种能力为问卷中所列的 10 种能力之首。

提升沟通能力，首先要注重学习。“工欲善其事，必先利其器。”只有拥有了理论、知识、文化、技能，提升内在素质，才能使自己成为一个有能力且懂沟通的领导干部，才能站在全局的高度思考问题，提高出谋献策的层次和能力，不做出格的事，不说违规的话，才能履行好领导干部的职责。领导干部首先要学习理论，拓展自己的知识面，多了解各方面的新知识、新信息，使自己在沟通中掌握话语权。

提升沟通能力，要切实提高语言表达能力。同样一句话，口气语调不同，反映的情感也不同，会产生不同的意思和理解。如果语言表达不当，容易产生沟通障碍。因此，领导干部要不断提高驾驭语言的能力。“言不在多，达意则灵。”在沟通中，力求简明扼要、口齿清楚、语言流畅、条理清晰，语调婉转，从容不迫，恰到好处地切入正题，重要的问题先说，用较少的时间将沟通的事项、目的表达清楚，不要占用对方较多的时间，让沟通中说的每一句话都有价值。沟通时，发现对方心不在焉时，就应适可而止，或转换话题，使沟通能在良好的氛围中进行；表明某个意思后，稍作停顿，向对方投以征询的目光，使对方有插话的机会。

提升沟通能力，要具备良好的沟通心态。要出以公心，襟怀坦白，不感情用事，不抱有个人恩怨；要将心比心，推己及人，不口是心非，不虚情假意，有话讲在当面；要相互尊重、以诚相见，严于律己、宽以待人，胸怀坦荡，不斤斤计较，不制造矛盾，不说长道短，不搞小团体，不拉帮结派。充满自信，展示自我优势，显示个人实力，以诚恳的态度打动对方，让对方感觉到自己的态度和能力，从而取得对方的信任，达到沟通的目的。

提升沟通能力，要选择时机。“事之难易，不在大小，务在知时。”沟通要因人、因事、因时而异，考虑到沟通对象的具体情况。如果条件不成熟，就匆匆沟通，往往欲速则不达；如果条件成熟了，不及时沟通，将错失良机。对方情绪不好或正在气头上时，尽量不要沟通重要事项，避免使对方因失去理智，做出冲动性的“决定”。

提升沟通能力，要灵活应对不同的沟通对象。正职与副职沟通时，应该授权、放权，不越权；支持、依靠，不撒手；关心、揽过，不诿过。副职与正职沟通协调时，应甘当绿叶，当好参谋、助手。平级之间沟通时，要尊重对方，心平气和，坦诚相待，互相支持，以理服人，求同存异，和谐相处。与上级沟通协调时，尊重而不奉迎，不卑不亢，服从而不盲从，要有大局意识。与下级沟通时，要有民主作风，多些宽容，大事讲原则，小事讲风格。

领导干部要放下架子，走出办公室，深入实践，深入群众之中，与群众加强情感上的交流，拉近与群众的距离，这样才能听到真话和实话，实现心贴心的沟通。要学会多使用群众的语言，多用通俗易懂、生动活泼的语言，只有用群众的语言引起群众的共鸣，才能得到群众的充分理解和支持。

领导干部与群众沟通的关键，是解决对群众的感情问题。领导和群众只是分工不同，而无高低贵贱之别。你把群众当亲人，群众才会把你当亲人。开诚布公、虚怀若谷，群众自然愿“掏心窝子”、实话实说。与群众沟通，不要带权力色彩，不以强硬口吻说教，不能一味地讲深奥难懂的大道理，应时刻以人民群众为主体，话语体现民主性，达到相互之间的理解，才能真正为群众所接受和信服。

经常与群众进行有效沟通，是保持与群众密切联系的基础。与群众进行平等的交流，尊重群众的话语权，疏通群众表达意愿的渠道，不能自以为是，居高临下，仗势欺人，以权压人，将党和政府的路线方针政策用朴实、简单、大众的语言浅显地表达出来，善于同群众交流，积极回应群众所盼，多做一些“顺气”“解结”“纳言”“化怨”之类的工作，让群众听得懂、愿意听，易为群众所接受。打官腔、拿架子、讲空话、绕圈子，只会增加群众的反感。感情看不见、摸不着，却往往能解决许多棘手的问题，是人际沟通的“金钥匙”。带着感情与群众进行交流与沟通，以真心待人，靠诚心感人，用热心暖人，把“话”说得入耳入心，比华丽的辞藻、激情的演讲更为真切、更能深入人心。

提升沟通能力，要善于倾听。有些领导干部注重“说”，而忽略了“听”的重要性，从而导致沟通的效果不理想。“听”是说的基础。善于倾听，能够帮助领导干部及时地获取未知信息，增进彼此的信任。要花较多的时间，和上级、同事、下级、群众作面对面的沟通。在倾听中，做到静下心听，保持冷静，不要经常打断别人的谈话，也不要仅听自己想听或愿意听的东西，不与对方争论或妄加评论。倾听是一个过程，静下心来听，通过判断和推理获得正确的解释和理解。

松下幸之助经常问下属管理人员：“说说看，你对这件事是怎么考虑的？”“要是你干的话，你会怎么办？”一些年轻的管理人员开始还不太愿意说，但当他们发现董事长很尊重自己、认真倾听自己的讲话、常常拿笔记下自己的建议时，就开始发表自己的见解了。

提升沟通能力，要换位思考，将心比心。即使我们的出发点是好的，不注意对方的感受，说话的口气很强势，也会让人难以接受。要站在对方的立场上来想问题，常用“我觉得……你看这样可不可以、行不行”“我赞同你的观点，同时我认为……”等交心式的语气表明自己的态度，则容易让人接受。

提升沟通能力，要适时调整，求同存异。沟通中，由于人们的智慧、才能、性格不同，看问题的出发点、角度不同，沟通的结果常常不能一致，这就需要辩证思维，学会适时调整、适当妥协，求大同、存小异。沟通中贵在换位思考，不强人所难，遇事好商量，主要的着眼点应该是寻找双方相同的地方，扩大相同的地方，逐步解决“不同”的认识和问题。适时调整是一种深层次的积极进取。沟通就是一个不断调整的过程。只有适时地调整，才能抵达沟通的彼岸。沟通中，求同存异，减少争执和分歧，找到双方的平衡点，找到双方都能够接受的好办法，达成共识，解决问题、推动工作。“两弊相衡取其轻，两利相权取其重。”适当妥协是沟通中的润滑剂，追求整体利益的最大化。

增强处理突发事件的能力

当前，我国正处于一个发展的黄金期，又是矛盾的凸现期和突发事件的多发期。党员干部必须居安思危，增强忧患意识，在应对各种风险和考验中成为群众的主心骨。古人云：“安而不忘危，存而不忘亡，治而不忘乱”（《周易》），“居安思危，思则有备，有备无患”（《左传》），给我们以宝贵的启示。如何果断而巧妙地应对、处置突发性事件，做好实践性很强的应急管理，事关党和国家的工作大局，考验着领导干部的执政能力，也是检验领导干部综合素质的重要标志。科学妥善处置各类突发事件，应增强以下几个能力。

要有危机预测能力。几乎每次危机的发生都有预兆。危机管理的重点在于预防危机。唐代诗人杜荀鹤的《泾溪》诗写道：“泾溪石险人兢慎，终岁不闻倾覆人。却是平流无石处，时时闻说有沉沦。”突发性事件往往时间紧，影响面大，处理难度高。突发性事件决不是空穴来风，必然会表现出一些不易被人察觉的迹象，都是由小到大、由简单到复杂的。如果领导干部在危机发生之前居安思危，有敏锐的洞察力，能根据日常收集到的各方面信息，对可能面临的危机进行预测，未雨绸缪，做好预警工作，并采取有效的防范措施，就可以避免危机发生或把危机造成的损害和影响减少。因此，要敏锐地捕捉那些初露端倪的现象，掌握真实的信息，预测事态发展趋势，做到早发现、早警觉，及时采取预防和控制的措施，把矛盾和问题化解在萌芽状态，避免事态的扩大。

要有预警预控能力。预测和预警是迥然不同的事情：前者说明的是将要发生什么，后者则是一种行动建议。在应急管理中，预警主要是指危险因素尚没有转变为突发事件之前，将有关风险的信息及时告知潜在的受影响者，使其采取必要的行动，做好相应的准备，避免事件影响的最坏结果。

《重大突发事件应急机制研究》一书记载，2004年印度洋大海啸中，孟加拉国海边的渔民对海啸毫无防范意识。当海啸把大量鱼虾卷到岸上时，他们争先恐后地前去捡拾，结果被海水无情地吞没。相反，在泰国海滩上，一个来此度假的英国小姑娘凭借在小学地理课本上的知识，看到海水倒抽后判断：海啸将来了，她向周围的人传递了这一消息，结果挽救了整个海滩上的人们。

突发事件往往由矛盾长期积累和激化引起。因此，要构建有效的突发事件预防预警机制，通过先进的监测技术对危险要素进行监测和持续的跟踪，将有关的精确数据和信息传输给风险管理者。风险管理者分析、评估风险等级，清晰、简洁、有效地发出警报，避免使用冗长、晦涩的专业性语言，促使可能受到突发事件影响地区的公众采取行动规避风险。建立突发事件的信息沟通机制等，寓危机管理于常态管理之中，减少突发事件的发生。

要有组织协调能力。对突发事件的处置，需要统观全局，周密思考，防止急于求成，避免顾此失彼、贻误全局的现象发生。要按照分类分层管理、实行分级负责、条块结合、属地为主和就地化解的原则，在短时间内聚合各种要素，把各方面的人力、物力、财力在第一时间内集聚到位，不同的职能部门之间协调运作，优化整合各种社会资源，发挥其基本功效。与专家做好沟通咨询工作。当危机事件超出本辖区应对能力时，及时向上级报告。与人民群众充分沟通，争取人民大众的理解和协作。与媒体及时沟通工作，借助媒体的力量安抚人心。应对突发事件，以理性的、柔性的、开放的方式，处理好突发事件。能够统一指挥，有条不紊地开展工作，各个部门相互协调，最大限度地发挥其效能。能优化调控手段，避免组织拖延、调控不当。通过综合协调，防止在事件处理过程中组织内部冲突，增强组织内部的向心力，提高决策方案的适应力和决策方案的执行力度。

在处置突发性事件中，要始终把立足点放在解决群众反映的问题上。凡群众正当、合理的要求都要尽可能予以满足，有条件解决的要迅速解决，能创造条件解决的要积极解决，对一时不能解决的要讲清道理，决不能敷衍搪塞。

要有快速决策能力。突发事件来势猛、发展快，处置突发性事件争取时间极为重要，如果该决断的时候还在犹豫不决，优柔寡断，便会形成小事闹大，规模扩大，难度增大的局面。因此，领导者面对突如其来的场面，要保持清醒的头脑，有处变不惊、敢担风险精神，有胆有识，火速处理，巧妙安排，抓住时机出奇制胜。对事件的起因、事态程度、发展趋势、社会影响等情况进行深入调查摸底，掌握实情，潜心分析和认识各种现象之间的因果联系，通过去粗取精，去伪存真，由此及彼，由表及里，从而认准制约整个事件的根本矛盾，透过事物的现象，把握事物的本质，针对性地制定解决的策略和办法。注意做好通信联络、现场保护、灾情报告、原因调查等工作。在控制事态时，行政领导者应该行事果断，不能贻误时机；争取时间上的主动，根据事件的不同起因和性质，采取有针对性的措施手段，尤其要时刻注意事件的动向，不断地应对调整。要依靠群众出主意，集思广益，在集聚各方智慧的基础上择善而从，迅速作出初步部署，并使之立即付诸实施，迅速平息事态。同时，要讲清道理，进行正面宣传。如果随便训人、整人，盲目抓人、关人，就会把事情办糟，激发新的矛盾。只有在万不得已的情况下，才能依照党纪国法予以处置，使事件得以平息。要镇静自若，有条不紊地做好工作，以高度的自信心和果敢的作风稳住阵脚，这样才能增加下属的信心，使事情向好的方向转化。

要有与媒体合作的能力。领导干部要研究突发事件处理与媒体互动规律，主动与媒体保持联系，提升与媒体合作能力，充分发挥媒体在突发事件应急管理中的积极作用，努力把政府要说的、媒体感兴趣的、公众关心的结合起来，做到三者有机统一。

在 2011 年 3 月发生的日本大地震、海啸、核辐射等一系列危机中，有一位日本官员得到了日本公众的尊重和爱戴，这就是日本官房长官枝野幸男。这位官员一天面对 5 场以上的新闻发布会，把最新情况通报给媒体和公众，连续 105 个小时没有睡觉。日本网民在网上发起呼吁“枝野长官，你睡觉吧”的活动，可见获得公众的信任，不是一个技术问题，而是一个态度和情感的问题。

危机出现了，就必须承认，必须正视，坦诚相待，坦然向媒体提供真实的、尽可能完整的事实材料，让媒体准确地掌握并全面地报道出去。在危机处理过程中努力做到掌握宣传报道的主动权，通过召开新闻发布会以及使用互联网、电话传真等多种媒介，向社会公众和其他利益相关人及时、具体、准确地告知危机发生的时间、地点、原因、现状，应对的措施等相关的和可以公开的信息；设立 24 小时开通的危机处理信息中心，随时接受媒体和公众访问，保证信息通畅。领导干部要正确对待媒体的舆论监督，善于通过媒体监督来发现问题、改进工作、树立形象。

业精于勤荒于嬉

“业精于勤荒于嬉，行成于思毁于随”，这是唐代文学家韩愈写的《进学解》一文开头的两句话。一个人的学业由于勤奋而精进，因为嬉玩而荒废；做人行事因为考虑周详而取得成功，由于随意任性而导致毁败。一勤一嬉，一思一随，正反对比，含义鲜明，因果各异，言简意赅。阐述的道理在于，一个人学问和品行的精疏成败，关键在于“勤”还是“嬉”，“思”还是“随”。如果要想取得学业上的精进和成功，就必须做到勤和思。如果你付出的比别人少，就别奢望比别人得到得多。如果人生只是沉湎于嬉戏玩耍，那么学业、事业就要荒废，“少壮不努力，老大徒伤悲”。

勤奋是中华民族的优良传统，是个人道德修养的重要品质，是成为工作的行家里手、成就功业、筑就美好梦想的根本原因。勤奋在历代帝王统治时期乃至当今为政者理政，都是弥足珍贵的。政之不勤，为官荒怠，民则劳苦。朱元璋将为官勤奋纳入敬天、孝亲、忠君的道德规范体系之内。朱元璋认为，“安危治乱，在于能勤与否耳。自昔日有国家者，未有不以勤而兴，以逸而废。勤与逸，理乱盛衰所系也”。他劝诫官吏兢兢业业，一心为民，“居安思危，处治思乱”，不要贪图享受。阐述儒家官德思想的《三事忠告》，将勤于职守落实到为官的各个细节之中。

天下无难事，只怕勤奋人。勤就是要劳心劳力、锲而不舍，奋就是要有所作为、奋进不止。勤奋出才能，勤奋出成果。天才出自勤奋。没有勤奋，哪有天才？一切有真才实学的人，盖出于勤奋。司马光编撰《资治通鉴》，不辞劳苦，阅读、考证了前人几百种“杂史”，翻阅、编写经常到深夜，有时通宵达旦。他用圆木为自己做了一个“警枕”，睡在上面稍微动一下，圆木枕头就会滚动，便被惊醒，醒来继续工作，绝不会因睡得太久而耽误了时间。寒来暑往，历时 19 年，终于完成了《资治通鉴》这部巨著。

勤，是曾国藩谈得最多，体会最深的品质之一。他说，“勤”字为人生第一要义，无论居家、为官、治军，皆以“勤”字为本。自古以来，当政之人皆以“勤政爱民”为训；为官之人只有勤于做事，才能造福于一方百姓。“勤”的精神贯穿了曾国藩的一生。

他每日自晨至晚，不断工作，不稍歇息。主要公文均亲自批拟，很少借他人之手。晚年右目失明，仍然阅公文、作诗文、写日记。他还勉励部下做到“身勤”“手勤”“口勤”“心勤”。曾国藩坚持勤奋、隐忍、慎独，最终从一介布衣到中兴名臣。

马克思为了写作《资本论》，曾研读过1500本以上的书籍，并且都做了提纲、摘录和笔记，单是政治经济学的笔记就有20多本。为了写《资本论》中关于英国劳工法的20来页文章，他曾把整个图书馆里载有英国与苏格兰调查委员会和工厂视察员的蓝皮书都研究过。在《资本论》的法文版序言上，马克思给后人留下了这样一句名言：“在科学的道路上没有平坦的大道，只有不畏艰险沿着陡峭山路向上攀登的人，才有希望达到光辉的顶点。”

勤奋就是不懈地努力，锲而不舍，发奋图强，撸起袖子加油干。一分耕耘，一分收获。雷平生曾与习近平在梁家河同住窑洞大约六年时间。他回忆说：习近平勤奋好学，到了夜以继日的程度，数年如一日保持着刻苦学习的习惯。我们在炕上有各自的床位，中间隔着一个炕桌，炕桌上有盏煤油灯。白天干了一天活就已经很累了，晚上吃过饭，我如果觉得累，就睡觉了。而近平吃过晚饭总是又拿起书本，开始学习。他怕影响我睡觉，就把灯移到一旁，用身体挡住光线。他看书常常到非常晚。有时候，我半夜醒来，发现近平还在看书。就问：“近平，你怎么还不睡呀？”他总是说：“再看一会儿。”有一次白天聊起天来，他和我调侃说：“昨晚看书至深夜，四周寂静，颇有些‘世人皆睡我独醒’的味道。”还有一次他颇有感慨地说：“农村知青生活可真是体力劳动和脑力劳动高度结合呀！”

习近平同志从陕西梁家河的知青到正定县的县委书记，从宁德地委书记到福建、浙江、上海的省级领导干部，再到国家领导人，

40年的时间里，他一直是非常勤勉，每一年的时间表都安排得满满当当，每一步都走得扎扎实实。“承担我这样的工作，基本上没有自己的时间……我个人的时间都去哪儿了？当然是都被工作占去了。”[①]2014年2月7日，在索契接受俄罗斯电视台专访时，习近平这样说。如果用一个词来形容2014年习近平的工作状态，“忙碌”无疑最贴切，这一整年他和他的执政团队都在忙着“赶考”。

爱因斯坦曾经说过，人与人的差异在于闲暇时间。玩手机、刷朋友圈，双眼只看掌中屏，浪费时间身心累。从虚拟世界中解放出来，是一个现实和紧迫的课题。做不到这一点就谈不上发扬勤奋精神。

科学思维的魅力

坚持和发展新时代中国特色社会主义，实现中华民族伟大复兴，离不开科学思维的思想领航、宏阔的战略思维提供目标指向、深邃的历史思维提供经验借鉴、严密的辩证思维提供方法论、强烈的创新思维提供动力、清醒的底线思维提供保障。

黑格尔指出：一个没有哲学的民族，就像一座神庙里没有神像。考虑问题如果局限于一个点、一条线、一个面上，不会换个角度思考，不愿多想几种可能性，就会于事无补，甚至会把事情搞糟、搞砸。应从多种角度去观察、去探索，才有可能获得全面、正确的认识。习近平同志在多个重要场合下都强调，“辩证唯物主义是中国共产党人的世界观和方法论”。并指出，“辩证思维能

①《习近平接受俄罗斯电视台专访》，载《人民日报》2014年2月9日。

力，就是承认矛盾、分析矛盾、解决矛盾，善于抓住关键、找准重点、洞察事物发展规律的能力”。

任何事物都包含着相互对立的两个方面，这两方面都是相互依存、相互包含、相互转化的，万事万物既相互对立而又趋于统一。这都是合乎辩证法的重要思想。辩证思维，是唯物辩证法应用于思维过程和思维方式的一种总体性的思维方式。辩证思维体系包含“矛盾”“主次”“整体”以及“发展”。矛盾具有普遍性、客观性，无处不在，问题无时不有。矛盾又有主次之分，这就给解决矛盾提供了有效的思维途径：优先解决主要矛盾的主要方面，以此带动其他矛盾的解决。在寻求矛盾解决途径的过程中，也应有整体思维。从整体的高度看待矛盾才能分清“是”与“非”，分清“是”中各观点间的内在联系，从而找到化解矛盾的方式方法。事物的矛盾是在不断变化、不断发展的，因此应与因循守旧、鼠目寸光、一成不变的处事方法告别，用发展的眼光看待问题。

列宁认为：“人的认识不是直线（也就是说，不是沿着直线进行的），而是无限地近似于一串圆圈，近似于螺旋的曲线。”他还指出：“客观地运用的灵活性，即反映物质过程的全面性及其统一性的灵活性，就是辩证法，就是世界的永恒发展的正确反映。”领导者如果习惯于只求一个所谓唯一正确答案，就会常常与鲜为人知的创造性答案擦肩而过。思维的灵活性表现为及时进行思维“拐弯”，随机应变，进行新的构思，即能在事物发展中审时度势，根据变化了的情况对问题作出及时而恰当的处理。思维不灵活，会导致“山重水复疑无路”；思维转转弯，会出现“柳暗花明又一村”。

明洪武年间，郭德成做骁骑指挥。有一次他到皇宫中去，明太祖将两锭黄金塞到他袖中说：“回去以后不要告诉别人。”郭德成恭敬地称是，于是将黄金装在靴筒里。等他出宫门时，假装醉酒，脱靴时露出黄金，守门的人向上报告。皇帝说：“这是我赏赐给他的。”有人责怪郭德成，郭说：“皇宫守卫如此严密，藏着金子出去，别人岂不是说你偷的吗？况且我妹妹在宫内服侍皇上，我出入无阻，怎么知道皇上是否以此试探我呢？”众人都很佩服郭的看法。

思维不应呆板、僵化，换换观察、思维的角度，变单向思维为多向思维，多视角、多侧面、多层次地思维，则会产生新的思路，进入新的境界。要有“会当凌绝顶，一览众山小”的思维高度，要有“落叶知秋，见木知林”的思维深度，要有“登高望远，极目楚天舒”的思维广度。

思维要善于联想，触类旁通，举一反三。运用日常积累的不同领域、不同侧面的知识、经验，通过推测、想象，沿着各种不同的方向，或从不同角度进行有效的思维，不限于“每个问题有一个正确答案”。

凡是有创新思维并取得成就者，血管里总是奔流着不甘示弱的血液素质，都是有胆有识、敢于做“第一个吃螃蟹”的人。鲁迅说过：“第一次吃螃蟹的人是很可佩服的，不是勇士谁敢去吃它呢？”唯有能开创新天地的人，才是超古迈今的人。历史上的帝王们林林总总，能万古不朽的总是几个开创的帝王。孔子有孔子的天地，孔子之前无孔子。马克思有马克思的天地，马克思之前无马克思。比尔·盖茨创造出“前无古人、后无来者”的软件奇迹。有人说比尔·盖茨对软件的贡献，就像爱迪生对灯泡的贡献一样。

创新是成功的火种，它能点燃理想的明灯，激发智慧的火花，创造人间的奇迹。英国有句格言：“死鱼永远随波逐流。”世界在创新中变得绚丽多彩，社会在创新中呈现勃勃生机。创新的本质是进取，是不做复制者。因此，那种把老气横秋当成熟，把墨守成规当稳健，把惰性十足当深沉，乃是没有把握时代的脉搏，没有和着时代的节拍行进。古人云：“因循二字，从来误尽英雄；浮躁一分，到处便招尤悔。”因循则易守旧、拖沓难成大业；浮躁容易引起轻举妄动，往往招致后悔。

有一句经典的语言叫作“（人的）思维一旦进入死角，其智力就在常人之下”。所以，如果我们要想有创新思维，就必须把思维定势打破。只要打破思维定势，另辟思维的新径，就能迎来柳暗花明的全新天地。在领导工作中，培养自己提出问题和研究问题的习惯，不仅是克服思维简单的一种方法，也是提高自己创新能力的重要途径。正如马克思所说：“准确地发现和提出问题，就等于问题解决了一半。”英国培根有言：“如果你从肯定开始，必将以问题告终；如果你从问题开始，必将以肯定结束。”

创新是对事物积极的探索。世界在创新中变得绚丽多彩，社会在创新中呈现勃勃生机。创新已经成为新世纪的主旋律。一个没有创新意识、创新能力的民族，就难以屹立于世界先进民族之林。如果不站在时代前列和实践前沿，不再开拓创新和与时俱进，就有被时代淘汰的危险。

谨记“过犹不及”

说话、办事，过犹不及，言行过头了、言行不到位，都不好，恰到好处才是高水平。太过，会使自己陷于被动，甚至会把自己弄得伤痕累累。须“点到为止”，见好就收。

过犹不及，是《论语》中一个很重要的哲学思想。人们常说“乐极生悲”“物极必反”“欲速则不达”，说的就是事情超过了一定的限度，就会改变原来的状态，走向自己的反面，发生根本性质的变化。领导者综合素质不同，表现出的领导风格也不同，但都要把握刚与柔之间的度。刚是指原则性、坚定性；柔是指灵活性、策略性。在处理问题时，要刚中有柔，柔中有刚，刚柔相济，做到刚强而不固执，刚毅而不刚愎。

领导对下属要注意保持一定的距离。但有的领导不能正确处理这个问题，对个别下属过于亲密，而且在下属面前丧失原则，准许他们侵犯自己的权利。等到出了问题的时候，或者他不高兴的时候，又翻脸不认人。"适"字摆正了主观与客观的关系，而适度摒弃了极端主义。"春色满园关不住，一枝红杏出墙来"，这一佳句流传千古，重要一点是适度展现满园春色。正如王安石所云："浓绿万枝红一点，动人春色不须多。"

有的领导者只见上级不见群众，结果脱离群众，工作贯彻不力；有的领导"敢于"同上级"顶牛"，只顾局部利益，迎合部分群众，结果使全局利益受损。这都是过犹不及的表现。什么时候说话，什么时候不说话，自己也要有尺度，不可不注意"分寸""火候"。言未及之而言谓之躁——话还没说到那儿，你就来说话了，这是急躁的表现，不好。言及之而不言谓之隐——该你说话，你不说，遮遮掩掩，犹抱琵琶半遮面，也不好。孔子说：未见颜色而言谓之瞽(gǔ)。就是一个人不看别人的脸色，上来就说话，这就叫瞎子。你要看别人希望说什么，能够说出最合适的话。

应努力做到：有头脑、有主见而不偏激执拗，勇往直前、披坚执锐而不鲁莽，严厉正直、刚强坚毅而不忽视策略，柔顺宽恕、安详文静而不忽视果决，壮怀激烈、侠肝义胆而不轻慢法规，强硬刚直、刚健有为而不专断固执，精细谨慎、精思远虑而不行动迟缓，衣着得体、大方而不过于时髦。《玉铃经》说："大将虽以周详稳重为贵，但是不可以犹豫不决；虽以多方了解情况为能，但不能顾忌太多，患得患失。"这可说是评论将领之最精妙的言论。领导者处世、为政，要坚持但不固执，有"城府"但不圆滑，正直但不清高，勇敢但不轻率，果断但不莽撞，和善但不懦弱，得胜但不骄矜，豪放但不失深沉，灵活的人不要有失分寸，机警的人不要多疑，退让的人不要怯懦，随和的人不要放弃尊严，坚强刚毅的人要防止刚愎自用。

明代民族英雄于谦之为官、为人，恤民公廉，品行高洁，在国家有难时挺身而出、扶危定鼎，砥砺狂澜，屹然不动，坐使社稷，危而复安，永远值得人们讴歌，但于谦性格上有明显弱点。于谦个性刚直，遇有贪生怕死的同僚或部属，如主张南迁的徐有贞，即当众喝责之。于谦与石亨在危城中共御强敌，保全了明朝之命脉，两人在战火中相许为平生知己。石亨认为于谦保卫北京的功劳大于自己，推荐于谦之子于冕为千户时，于谦非常生气，反应过度地对石亨严辞拒绝，使石亨当场下不了台，而两人之情谊从此蒙上阴影，埋下了日后相残的伏笔。于谦这种守正不阿、清廉如水的品格令人敬佩，但他主观意识太强的态度，使徐有贞与石亨在自惭形秽后转变为憎恨，石亨后来在“夺门之变”中成为陷害于谦的元凶。于谦的性命就这样丢在小人之手。

列宁在《共产主义运动中的“左”派幼稚病》中，提出了一个经典的论断：“真理只要再多走一小步，仿佛是向同一方向迈的一小步，真理便会变成谬误。”切莫多走“一小步”，这是把握“度”的生动描述，更是一项高超的领导艺术。斯大林说过：“真理往往就在中间。”这个中间可不是简单的几何中间，而是使事物保持张力的平衡点，亦即质与量保持相对稳定状态的适度。斯大林指出，领导艺术是一件重要的事情，不能落在运动后面，因为落在后面就要脱离群众，但是也不能跑得太远，因为跑得太远就会失掉群众而使自己孤立。

事物的发展一旦走向极端，便会向相反的方向转化，盈满之后便会亏损。所以，精明强干、富于智慧的人，要用愚鲁的方式来固守；博闻强记、善于雄辩的人，要用收敛简约的方法来固守；

强健刚勇的人，要以畏惧的方式来固守；成为富豪的人，要通过主动减削的方法来固守；恩德博施天下的人，要通过谦让的方式来固守。同样，对欲望也应当适度。放纵七情六欲，就会走向反面。总是胡吃海鲜，厚味不断，胃肠就会受不了。

世事如棋难自料，权衡得失见好收。唐代史学家吴竞有句名言："嗜欲喜怒之情，贤愚皆同，贤者能节之不使过度，愚者纵之多至失所。"（《贞观政要》）

日中则昃，月盈则亏。任何事物都有向它的相反方面转化的趋势，而当这种转化开始时就有种种征兆：张开是闭合的征兆，强盛是衰弱的征兆……雨果说得好："丑就在美的旁边，畸形靠在优美的身上，庸俗藏在崇高的背后；恶与善并存，黑暗与光明相共。"英国查尔斯·里德说："祸与福的相倚相伏，是一种耐人寻味而又几乎普遍存在的现象。"

《周易》说，龙飞到一定的高度就达到极点了，若继续向上飞，可能会招来灾祸，因为凡事过了头就不会长久。物极而必反，否极而泰来。因此，做人为官不可做绝，走向极端，"有福不可享尽，有势不可使尽"。

当事业处于顶峰时期，要时时以"人无千日好，花无百日红"提示自己，不要陶醉于鲜花和掌声之中，不可忘乎所以，不要贸然向前走。张弓不能过满，要留有余地。"谦，美德也，过谦者怀诈；默，懿行也，过默者藏奸"。（清代金樱）得意时莫忘回头，防止"过"与"不及"。见好就收，方是赢家。

幽默：真理的轻松面

幽默是很高级的东西。幽默是成功者的"助力器"，往往能起化腐朽为神奇的作用。如果你想增添自身的魅力，那就培养一点幽默感吧。幽默的语言要从善意的目的出发，做到分寸有度，褒贬适宜，笑而不俗，充满健康而愉快的笑声。

幽默提高魅力指数。幽默的语言能给人带来乐趣，活泼而不放任，严肃而不呆板，敞开心扉，畅所欲言，而且寓意深刻，也能使人在笑声中领悟到其中的哲理。恩格斯认为，幽默是具有智慧、教养和道德上优越感的表现。“幽默是真理的轻松面。”（马克·吐温）幽默不是正面的说理，而是侧面的笑谈。幽默的语言来自纯洁、真诚和宽容如大海般的心灵，是生命之中的波光艳影。

培养幽默感必须善于运用联想和比喻，提高想象力、观察力和应变能力。与各种层次的人交往，接触形形色色的人，也能够增强幽默感，谈资丰富，妙语成趣，从而做出恰当的比喻，培养高尚的情趣和乐观的信念。幽默属于那些心胸宽广、对生活充满热情的人。一个心胸狭窄，思想消极的人是不会有幽默感的。

林肯是一个善于运用幽默化解尴尬的高手。有一次，林肯正在演讲，一个青年递给他一张纸条。林肯打开一看，上面只有两个字：“笨蛋”。林肯的脸上掠过一丝不快，但他很快地恢复了平静，笑着对大家说：“本总统收到许多匿名信，全都只有正文，不见写信人的署名；而今天正好相反，刚才这位先生只署上了自己的名字，却忘了写正文。”

1945 年，国共谈判期间，毛泽东曾应文艺界人士之邀作演讲，演讲后有人问：“假如谈判失败，国共全面开战，毛先生有没有信心战胜蒋先生？”毛泽东答道：“蒋先生的‘蒋,字是将军的‘将’字加上一棵草，他不过是草头将军而已。我这个‘毛’字可不是毛手毛脚的‘毛’，而是一个反‘手’。反手即反掌。意思就是，代表大多数中国民众意愿和利益的共产党，要战胜代表少数人利益的国民党，易如反掌。”毛泽东通过机智的姓氏拆解，成功表达了共产党必胜的信心。

1979 年 1 月，在《中美建交公报》发表后不久，邓小平为推动中美关系的发展，应邀访问美国。邓小平同卡特总统在华盛顿第一次会谈时，卡特说：“1949 年 4 月，我作为一名年轻的潜艇军官曾经在青岛待过。”邓小平说：“我们的部队当时已经包围了那个城市。”布热津斯插话说：“那你们早就见过面了？”“是的。”邓小平笑道。会谈结束后，一群记者蜂拥而来，纷纷向邓小平询问他同卡特总统谈论了些什么。邓小平诙谐地说：“我们无所不谈，上至天文，下至地理。”这句话看似夸大，其实巧妙地回应了记者的询问，含糊而不失礼貌。

幽默的语言，褒贬适宜，笑而不俗。幽默要从善意的目的出发，做到分寸有度，增添健康而愉快的笑声。用幽默语言表达自己的语言信息，使听众能够拥有愉快的心情来倾听，同时又能在轻松一笑之后明白幽默背后的道理。

有一次，英国上院议员基尔在进行演讲，听众都认真倾听着，突然有一个椅子腿断了，座位上的那个人跌倒在地。基尔马上说：“各位现在一定可以相信，我提出的理由足以压倒别人。”那个跌倒的人在别人善意的笑声中，找到了新座位。

使用双关语言，言有尽而意无穷。双关语言包含了两层含义：一是这句话本身的含义；二是引申的含义，幽默就从这里产生出来。也可说是言在此而意在彼，让听者不只从字面上去理解，领会其言外之意。

运用意味深长的暗示，制造幽默效果，能帮助你把许多不可能变为可能，它比笑更有深度。日本前总理大臣吉田茂应对女记者“纠缠性采访”，回答了一连串的问题。最后，女记者突然不友好地问：“我还想提个问题，阁下对女人有什么想法？”吉田茂回答：“啊，过去想法很多。不过，自从这回看到您之后，就没有什么想法了……”

巧妙地运用比喻，可以生动地表情达意，达到幽默效果。比喻是用具体的、浅显的、熟知的事物去说明或描写抽象的、深奥的、生疏的事物。古希腊哲学家亚里士多德说过：“比喻是天才的标志。”

运用反语来幽默，能起到讥讪和激励的作用。鲁迅的《记念刘和珍君》中有这样一段文字：“当三个女子从容的转辗于文明人所发明的枪弹的攒射中的时候，这是怎样的一个惊心动魄的伟大呵！中国军人的屠戮妇婴的伟绩，八国联军惩创学生的武功，不幸全被这几缕血痕抹杀了。”文中正反杂陈，含义明显，“文明人”“伟大”“伟绩”“武功”都为反语，这种幽默极富辛辣讽刺意味。

有情趣的人总是受人欢迎的，而自嘲作为一种幽默的表达方式，能体现出情趣和智慧。有的人面对缺失，喜欢遮遮掩掩；有的人喜欢极力辩解。其实，遮掩消除不了心理失衡，辩解往往越描越黑，最佳的办法是学会嘲笑自己。

曼德拉卸任总统不久，南非警察总署发生了一起严重的种族歧视事件：一间办公室的电脑开启时，屏幕上的曼德拉头像竟逐渐变成了“大猩猩”。全国警察总监和公安部部长得知勃然大怒，南非人民义愤填膺，可曼德拉对此却平静地说：“我的尊严并不会因此而受到损害。”

几天后，在参加南非地方选举投票，工作人员看着他身份证上的照片，再与其本人对照时，曼德拉便拿自己开涮道：“你看我像大猩猩吗？”逗得在场的人哄堂大笑。不久，在南非东部一所学校的竣工典礼上，曼德拉对孩子们说：“看到你们有这么好的学校，连大猩猩都十分高兴呢！”听到他的自嘲，肤色不同的孩子们都笑了起来。

自嘲是聪明睿智者幽默的说话方式。用自嘲的方式制造一点小情趣，化解尴尬，调节气氛，还可以彰显自己谦虚、真诚的品德。美国的赫伯·特鲁在《论幽默》一书中把自我解嘲列入“最高层次的幽默”。美国一位肥胖的女政治家在竞选演讲中自我解嘲：“有一次我穿上白色的泳装在大海里游泳，结果引来了苏联的轰炸机，他们还以为发现了美国的军舰。”在笑声中，选民反不以其肥胖为意，使女政治家在竞选中处于优势。

自嘲是自信者使用的艺术，不失为一种良好修养。“善于自嘲是智慧，乐于自嘲是襟怀，勇于自嘲是自信。”自嘲可以用来活跃谈话气氛、消除紧张，保住面子。自嘲是一种积极向上的正能量，它看似在玩味自身缺陷或不足，却彰显自信，明抑暗扬，虚贬实褒，让人确信他的气场。

提升说话能力

会说话，是人与人之间交流的重要方式，是领导干部做好工作的基本功。因此，要重视讲话，提升说话能力。“一人之辩重于九鼎之宝，三寸之舌强于百万之兵。”历史上，晏子使楚，不卑不亢，用语委婉，名扬天下；苏秦善辩，游说诸侯，六国达成合纵联盟，是了不起的纵横家；诸葛亮舌战群儒，英才过管乐，妙策胜孙吴，刘皇叔三分天下有其一。这些都是以言兴邦的典范。

比喻是利用事物之间的相似点，用较形象、具体、容易理解的事物来描绘所要表现的事物的一种修辞方法，即打比方。巧妙运用比喻，能给语言涂上一层绚丽的色彩，增加说话和在会议上讲话时的形象性、生动性和感染力，让语言更精彩。

列宁在向苏联广大工农群众演讲时，就把资本主义比作一具已经死亡、但还在腐烂发臭的尸体。这个比喻既尖锐深刻又容易使人记住。

毛泽东是党内外公认的语言大师，他的文章和讲话，比喻、拟人、排比处处可见；名言、俗话、故事比比皆是；旁征博引，形象生动，诙谐幽默，妙语连珠，一语胜千言，给人留下深刻的印象。如“夺取全国胜利，这只是万里长征走完了第一步”，“妇女能顶半边天”……毛泽东在抗大的一次讲话中，从唐僧的坚定、八戒的吃苦、孙悟空的灵活中概括出八路军、新四军的“三大作风”；在七大的讲话中，运用“愚公移山”的典故，激励全党有恒心、有毅力地“挖山不止”。这样的话，蕴含理趣、情趣，把理说“透”了，把理讲“活”了，使人感到亲切，回味无穷。

1941年5月19日，毛泽东在延安高级干部会议上作了题为《改造我们的学习》的报告。在揭露了广泛存在于党内的伪装马克思列宁主义的小资产阶级思想作风的种种表现之后，毛泽东说：“有一副对子，是替这种人画像的。那对子说：墙上芦苇，头重脚轻根底浅；山间竹笋，嘴尖皮厚腹中空。对于没有科学态度的人，对于只知背诵马克思、恩格斯、列宁、斯大林著作中的若干词句的人，对于徒有虚名并无实学的人，你们看，像不像？如果有人真正想诊治自己的毛病的话，我劝他把这副对子记下来；或者再勇敢一点，把它贴在自己房子里的墙壁上。”

毛泽东用“头重脚轻根底浅”的“墙上芦苇”和“嘴尖皮厚腹中空”的“山间竹笋’，来比喻那些“无实事求是之意，有哗众取宠之心；华而不实、脆而不坚”的思想作风，多么有想象力、多么幽默风趣，多么形象生动啊！

语言是个神奇的东西。同样一个意思，有好多种说法，说得好使人高兴，说得差惹人烦恼。朱自清有言：“说话并不是一件容易事。天天说话，不见得就会说话；许多人说了一辈子话，没有说好过几句话。”习近平同志在任浙江省委书记时，曾就一些干部不会说话而批评道：他们与新社会群体说话，说不上去；与困难群众说话，说不下去；与青年学生说话，说不进去；与老同志说话，给顶了回去。

说话是领导干部叙述客观情况、思想观点、学识理念的直接体现。在工作中要说服他人，激励和引导下属及基层同志，直接体现其思维能力、组织能力、调研能力等综合素质。因此，掌握说话的技巧，是每一位领导干部必备的技能。领导干部要有效地开展领导活动，促进工作的深入开展，必须善于表达思想、交流感情、传播信息。这就要求领导者掌握语言表达的规律和技巧，努力做到善说与会讲。

说话要注意环境。与人谈话，应语出真诚，亲切自然。如果说成功有诀窍的话，那就是要有能理解他人的处境，从自己和别人的角度看待事物的能力。一些领导同志，开会讲话、与人谈话，喜欢讲大道理，说漂亮话，堆砌政治术语，如同“懒婆娘的裹脚布”，脱离实际，空发议论，时间占用多，问题解决少。应当努力具备这样的本领：从繁复的意见中理出清晰的思路，从纷乱的信息中选取最有价值的内容，用言简意赅的语言阐明自己的主张，讲话要有真情实感，接地气、带露珠，生动活泼，让人入脑入心。

多年来，一些单位的会议出现领导干部拿着讲稿照本宣科的现象，甚至闹出“此处可能有掌声”的笑话。一些重要的报告、要表决的议案，是要郑重其事地念的，但一般性会议的发言，脱稿、即席讲话的效果好，有利于增强讲话水平，讲到“点子”上，拉近与受众的感情与心理距离，让群众越听越爱听，引起共鸣。即席讲话，应以短为要，以精为佳。在职代会上讲话，应简明质朴，声音洪亮；在谈判桌上说话，应沉着冷静、不要口无遮拦。在项目开工动员大会上，应语调高昂，鼓舞斗志。在庆功会上，应热情洋溢，神采飞扬。

习近平同志对改进文风的实践与要求，一以贯之。在国内和国外，求短、求实、求新，是习近平说话、作文的风格，总能用朴实的话语一语中的，讲符合实际的话，讲管用的话，讲反映自己判断的话。习近平同志讲了不少生动、精练的话，如“撸起袖子加油干”等，比那些空洞枯燥的说教、言之无物的套话高明得多，听起来实实在在、言简意赅，听之入耳、悟之入心。习近平同志在党的十九大工作报告中的语言深入浅出：“中华民族伟大复兴，绝不是轻轻松松、敲锣打鼓就能实现的。”“有事好商量，众人的事情由众人商量，是人民民主的真谛。”“人民群众反对什么、痛恨什么，我们就要坚决防范和纠正什么。”

提高领导水平，很好地表达思想、沟通感情，要多读书、读好书，坚持不辍，开阔视野，丰富我们的知识储备和表达能力。这样讲话就有底气、见功底。要通过运用比喻、类比、联想、借代、谐音等方式，将内心的感受和深刻的意义委婉地表达出来，同时给人一种新鲜、明快的感受，增强语言的启发力和感染力。要多到群众中去，多掌握第一手资料，多了解鲜活的素材，掌握生动活泼的群众语言，多讲些贴近基层、贴近群众的“大实话”，让话语有“泥土味”，接地气，带露珠，鲜活有趣，受用、管用，让人记得住、印象深，感觉解渴。

讲话要引人入胜，运用排比最能提升语言气势，可以让话语整齐明朗，富有节奏感，让听众感受到一种气势如虹、滔滔不绝的语气力量和强烈的震撼力，使语气气势强劲，情感得到升华，形成强烈的表达效果。

第六章

担当使命，奋发有为开新局

DANDANG SHIMING，FENFA YOUWEI KAIXINJU

奋斗托起幸福人生

奋斗者是精神最为富足的人，也是最懂得幸福、最享受幸福的人。在奋斗中参与新时代的蓬勃生活，在奋斗中度过有理想的充实人生，在奋斗中实现人生价值最大化。

幸福是奋斗出来的。人主要活在精神生活中，有几百万以上的钱财不一定幸福。人生幸福就是玩乐、安逸、享受吗？真正的人生幸福主要是一种好的存在状态。而奋斗本身就是这样一种状态。习近平同志说，奋斗本身就是一种幸福。党的十九大报告提出："以永不懈怠的精神状态和一往无前的奋斗姿态，继续朝着实现中华民族伟大复兴的宏伟目标奋勇前进。""全党一定要保持艰苦奋斗、戒骄戒躁的作风，以时不我待、只争朝夕的精神，奋力走好新时代的长征路。"2018 年 2 月 14 日，习近平同志在春节团拜会上发表了重要讲话，其中关于"奋斗"的论述引起各界点赞："今天，我还要说，奋斗本身就是一种幸福。只有奋斗的人生才称得上幸福的人生。"

不懈奋斗的精神，是马克思主义政党保持旺盛活力和先进性的宝贵品格。守成者没有未来，奋斗者书写传奇。为理想而奋斗是快乐的，同时也是一个艰辛的长期过程。从来就没有立等可取的成功，也没有一劳永逸的奋斗。一代代共产党人从来都有坚强的意志品质，从来都以不懈奋斗勾连崇高理想。共产党人与人民一道，凭着艰苦奋斗精神，顽强进取，百折不挠，战胜艰难险阻，创立起焕然一新的人民共和国，从积贫积弱走向伟大复兴。无数事实雄辩地表明，世界上没有坐享其成的好事，要幸福就要奋斗。奋斗是重要法宝。越是艰苦卓绝，越需要坚忍不拔、踏实奋斗。

艰苦奋斗、锲而不舍、驰而不息，是我们共度时艰的传家宝，是保持蓬勃朝气、昂扬锐气和一身正气的法宝。1939 年 5 月，延安召开庆贺模范青年大会。毛泽东以“永久奋斗”为题发表讲话，号召全体共产党员、模范青年要把革命干到底，不达目的誓不罢休。树立永久奋斗的价值理念，让奋斗成为一种自觉、一种幸福、一种习惯，书写人生波澜壮阔的奋斗之歌，益莫大焉。习近平同志在党的十九大报告中指出：“历史只会眷顾坚定者、奋进者、搏击者，而不会等待犹豫者、懈怠者、畏难者。全党一定要保持艰苦奋斗、戒骄戒躁的作风，以时不我待、只争朝夕的精神，奋力走好新时代的长征路。”

艰苦奋斗能使人励精图治，造就出事业的强者，表明了从“憧憬世界”到“改变世界”的实践取向和基本路径。奋斗者的常态，远不只是泛着涟漪的池水，会有涌动的暗流、潜在的礁石。正是这些，才构成了完整而丰富的人生。也正是在崎岖道路上的砥砺前行，才能不断成长。经历艰苦奋斗，灵魂能得到净化，理想能在其中升腾，惰性能够消遁，智慧能够萌发，才能做成事。

久经磨难的中华民族，在浴火奋战中获得了重生，在百折不挠的奋斗中迎来了从站起来、富起来到强起来的伟大飞跃。艰苦奋斗，首先就是奋斗，多做事情，多出业绩；其次是不计条件，不怕困难大。不断增强艰苦奋斗精神，提高自身实践能力，是一个长期的过程。应经常自我提醒，不断激励自己，在其位、谋其政、尽其责，决不让思想滑向庸俗低俗，在吃喝、玩乐、贪占钱财美色上随波逐流、盲目攀比。习近平同志指出："全党要牢记毛泽东同志提出的'我们决不当李自成'的深刻警示，牢记'两个务必'，牢记'生于忧患，死于安乐'的古训，着力解决好'其兴也勃焉，其亡也忽焉'的历史性课题……"[①] 习总书记的论断，内涵深刻，彰显出强烈的忧患意识。新时代的共产党人仍然要奋斗，一刻也不要松懈，奋力实现"两个一百年"的宏伟目标，一起走向中华民族的伟大复兴。

党的十九大报告指出，中华民族伟大复兴，绝不是轻轻松松、敲锣打鼓就能实现的。2018 年 2 月 14 日，习近平同志在春节团拜会上说："新时代是奋斗者的时代。我们要坚持把人民对美好生活的向往作为我们的奋斗目标，始终为人民不懈奋斗、同人民一起奋斗，切实把奋斗精神贯彻到进行伟大斗争、建设伟大工程、推进伟大事业、实现伟大梦想全过程，形成竞相奋斗、团结奋斗的生动局面。"[②] 成就来源于不懈奋斗。奋斗和业绩是走向成功最好的通行证。在新时代，艰苦奋斗更多的含义是一种精神上的追求。艰苦奋斗的精神也更多地涵盖了顽强拼搏、百折不挠、自强不息、埋头苦干、常怀忧患、居安思危的情操。

艰苦奋斗可以磨炼意志、陶冶情操，增强人的责任感、进取心。人生谁能无忧愁，抱怨不如多奋斗。奋斗本身就是一种幸福；只有奋斗的人生才称得上幸福的人生。艰苦是一种困难的条件、恶劣的环境和无情的挑战，奋斗则是一种不惜憔悴自身的拼搏和敢为人先的超越。有奋斗才有幸福，有奋斗人生才有不同寻常的

---

① 习近平：《在纪念毛泽东同志诞辰 120 周年座谈会上的讲话》，人民出版社 2013 年版，第 24 页。

②《中共中央国务院举行春节团拜会　习近平发表重要讲话》，载《人民日报》2018 年 2 月 15 日。

意义。山再高，往上攀，总能登顶；路再长，走下去，定能到达。网上流传的一段任正非的视频也告诉我们，华为的成功，是华为人奋斗出来的。任正非在视频中说："这个国家不能像互联网一样，一天牢骚怪话，然后也不干活，然后就动不动搞个小目标就挣很多钱，这是毒害青少年，青少年还得奋斗！"永葆艰苦奋斗、真抓实干的优良作风，是我们取得辉煌胜利的重要原因，也是我们加强党性修养、弘扬良好作风的应有之义。

"时代是出卷人，我们是答卷人，人民是阅卷人。"从党的十九大到二十大，是"两个一百年"奋斗目标的历史交汇期，中国特色社会主义要从第一个百年迈向第二个百年。全体党员干部必须保持饱满的政治热情，弘扬艰苦奋斗精神，决不能因为取得胜利而骄傲，决不能因为成就而懈怠，决不能因为困难而退缩。世界上没有坐享其成的好事，幸福美好生活不会从天而降，一切幸福美好都要靠不懈奋斗。要创造更好的公平机制，让踏实奋斗者得到激励；要形成积极向上的氛围，有效遏制过度娱乐、奢靡、浮躁、颓废的风气。改革攻坚，社会转型，新问题、新矛盾凸显，困难还很多。中华民族伟大复兴的中国梦如何实现，迫切需要我们每一个人在新的历史起点上，弘扬艰苦奋斗、实干苦干的好传统、好作风。实现中国梦任重而道远，需要锲而不舍、驰而不息的艰苦努力。只有每个人都为美好梦想而奋斗，才能汇聚起实现中华民族伟大复兴的磅礴力量。让我们乘势而上，撸起袖子加油干，在奋斗中抵达心中的美好生活，谱写时代的新篇章，把可爱的祖国变得美丽富强。

要让美好生活焕发出强大、持久的活力，靠我们高扬奋斗的风帆，去参与、去拼搏、去争取。马克思主义政党的一切理论和奋斗都致力于实现最广大人民的根本利益，这是马克思主义鲜明的政治立场。我国发展正处于重要战略机遇期。如何满足人民日益增长的美好生活需要，提高群众的获得感、幸福感、安全感？如何推动经济从高速增长转向高质量发展，建立符合时代要求的现代经济体系？这就需要全体共产党人时刻牢记使命，为崇高目标而奋斗。踏准时代的节拍，为建设美丽富强的中国而孜孜以求，把责任扛在肩上，以奋发有为、顽强奋斗的精神状态，逢山开路、遇水搭桥，争做中国特色社会主义伟大时代的建设者和实干家。

中国以艰苦奋斗而强，民族以勤勉创业而兴。曾经遥不可及的梦想，正在我们的团结奋斗中不断靠近。“两个一百年”目标，已是望得见桅杆尖头的航船了，是已见光芒四射喷薄而出的红日。我们比历史上任何时期都更接近中华民族伟大复兴的目标。我们正恰逢着大发展大繁荣的机遇。有志向、有抱负的共产党人，一定能够不辱使命，承载着人民的美好向往勤奋进取，撸起袖子加油干，“只顾攀登莫问高”，把自身价值和人生光彩展现在中华民族的伟大复兴之中，做出仰无愧于前辈、俯不负于后人的业绩。

新时代要有新作为

新时代要有新作为，幸福生活要靠自己的奋斗去创造。“我们决不能安于现状、贪图安逸、乐而忘忧，必须不忘初心、牢记使命、奋发有为，努力创造属于新时代的光辉业绩！”习近平同志在十三届全国人大一次会议上的铿锵话语，催人奋进。

新时代是奋斗者的时代。历史只会眷顾坚定者、奋进者、搏击者。忆往昔，峥嵘岁月稠。久经磨难的中华民族迎来了从站起来、富起来到强起来的伟大飞跃。习近平同志在党的十九大报告中指出：综合分析国际国内形势和我国发展条件，从 2020 年到本世纪中叶可以分两个阶段来安排：第一个阶段，从 2020 年到 2035 年，在全面建成小康社会的基础上，再奋斗 15 年，基本实现社会主义现代化；第二个阶段，从 2035 年到本世纪中叶，在基本实现现代化的基础上，再奋斗 15 年，把我国建成富强民主文明和谐美丽的社会主义现代化强国。

新起点标注新方向，新时代呼唤大作为。不驰于空想，不骛于虚声，最终落实在“奋斗”两个字上。“幸福都是奋斗出来的”，努力奋斗才能梦想成真。进入新时代，发展不平衡不充分问题已成为满足人民日益增长的美好生活需要的主要制约因素。经过 40 年改革开放，改革进入攻坚期和深水区，深层次矛盾问题逐渐显露。“我们做人一世，为官一任，要有肝胆，要有担当精神，应该对‘为官不为’感到羞耻，应该予以严肃批评。”[①]我们决不能有松口气、歇歇脚的念头，决不能有打好一仗就一劳永逸的想法，要始终为人民不懈奋斗、同人民一起奋斗。这样的人生，才可谓更崇高的人生；这样的奋斗，才能通达更高远的境界。

习近平同志指出，有梦想，有机会，有奋斗，一切美好的东西都能够创造出来。实现中华民族伟大复兴是近代以来中华民族最伟大的梦想。“路漫漫其修远兮，吾将上下而求索。”不忘初心、继续前进，为中华民族谋复兴，是党员、干部义不容辞的历史使命，初心不改，矢志不渝。

面对国内外各种风险和挑战，面对新时代中国特色社会主义新要求，没有担当、“不作为”就是失职。莫做不作为、慢作为、得过且过的“庸官”。如果对党不忠诚，没有拼劲，没有斗志，

① 中共中央文献研究室编：《十八大以来重要文献选编》（中），中央文献出版社 2016 年版，第 98 页。

得过且过，当一天和尚撞一天钟，又怎能为党分忧、为党尽责、为民造福？党员干部要不忘初心，以“避事”为耻，把重担挑在肩上，奋发有为，常怀忧党之心，恪尽兴党之责，在岗一日，尽责一天，不畏艰难，加满油，把稳舵，鼓足劲，一步一个脚印向着美好未来前进，在为实现中华民族伟大复兴的不懈奋斗中书写人生华章。

党员干部只有始终保持奋发进取的精神状态，才能向党和人民交上一份满意的答卷。党的十九大报告指出：坚持严管和厚爱结合、激励和约束并重，完善干部考核评价机制，建立激励机制和容错纠错机制，旗帜鲜明为那些敢于担当、踏实做事、不谋私利的干部撑腰鼓劲。坚持有为才有位，突出实践实干实效，让那些想干事、能干事、干成事的干部有机会有舞台。坚持全面历史辩证地看待干部，公平公正对待干部，对个性鲜明、坚持原则、敢抓敢管、不怕得罪人的干部，符合条件的要大胆使用。比如，江西对符合容错免责情形的干部，不作负面评价，不影响政绩考核，不影响评先评优，不影响提拔使用；对被问责的干部，给予总结教训、改正错误、获得进步的机会。特别是对知过就改、积极工作、业绩突出、群众认可的干部，在处理处分影响期满后，根据工作需要又重新起用甚至提拔重用，树立了正确的导向。同时，及时为受到不实反映和误解的干部澄清和正名，坚决查处恶意诬告陷害行为，刹住歪风、弘扬正气。

看党员干部是否合格，很重要的是看有没有责任感，有没有担当精神。要按照习近平同志的要求：“坚持原则、认真负责，面对大是大非敢于亮剑，面对矛盾敢于迎难而上，面对危机敢于挺身而出，面对失误敢于承担责任，面对歪风邪气敢于坚决斗争。”大凡做大事、创大业者，都是勇于担当者。担当之人都是使命意识、忧患意识和责任意识强烈的人，都是敢为天下先、敢于坚持真理、敢作敢为的人。逢山开路、遇水架桥，通过进行伟大斗争、建设伟大工程、推进伟大事业来为实现梦想奠定坚实的基础。山再高，往上攀，总能登顶；路再长，走下去，定能到达。

站在全局处理问题

要把围绕中心、服务大局作为基本职责，胸怀大局、把握大势、着眼大事，找准工作切入点和着力点，做到因势而谋、应势而动、顺势而为。不谋全局者不足以谋一域，不谋长远者不足以谋一时。

房玄龄是一位“不畏浮云遮望眼”的人，总能顾全大局。每当李世民打了胜仗之后，他手下的人都忙着收集奇珍异宝，只有房玄龄收罗人才，安排到秦王幕府之中。他广交谋臣猛将，随时准备为李世民所用。房玄龄十分清楚，帮李世民打天下，靠的是有本事的人。

增强政治意识、大局意识、核心意识、看齐意识是一个统一的整体要求。顾全大局，把握好全局，谋划好大事，是我党的优良传统，是共产党人的政治品格，是领导干部必须具备的素质。毛泽东说过：“任何一级的首长，应当把自己注意的重心，放在那些对于他所指挥的全局说来最重要最有决定意义的问题或动作上，而不应当放在其他的问题或动作上。”[①] 如果丢了这个去忙一些次要的问题，那就难免要吃亏了。必须牢固树立高度自觉的大局意识，自觉从大局看问题。

顾全大局、令行禁止，是我们党对领导干部作风方面的一项

① 《毛泽东选集》(第 1 卷)，人民出版社 1991 年版，第 176 页。

严格要求，是领导干部必须具有的作风。罗荣桓是中华人民共和国的开国元勋、共和国十大元帅之一，在我们党的历史上堪称顾全大局的典范，曾受到毛泽东的高度评价。他从党和人民立场出发，坚持把人民利益放在首位，对党忠贞不渝：以坚决维护党中央权威为顾全大局的核心，自觉在全党全国“一盘棋”中行动；以大是大非不含糊为顾全大局的底线；以统筹兼顾着眼长远为顾全大局的基本要求。

把工作放到大局中去思考、定位、摆布，做到正确认识大局、自觉服从大局、坚决维护大局。各级领导干部在党内和社会上处于重要位置，在其位就要谋其政，履职尽责，在面对大是大非的问题时，坚决同以习近平同志为核心的党中央保持高度一致，立场坚定，旗帜鲜明，不随波逐流，始终坚持把党的原则、党的事业和人民利益放在第一位。领导干部无论做什么工作，都要着眼于全局与长远，站在全局的高度去观察和处理问题，不可囿于局部和一时，不可只见树木，不见森林，这是战略思维的基本要求。照顾全局，首先要把全局作为考虑问题、研究问题、解决问题的出发点和落脚点。因为每一个母系统都是由若干个子系统组成的。一方面，没有子系统的优化，母系统就不会优化，就是空洞的；另一方面，离开母系统，子系统就失去了持续发展的保障。要学会运用辩证法，善于“弹钢琴”，处理好局部和全局、当前和长远、重点和非重点的关系。

每个党员都应尊崇党章，自觉从大局看问题，把工作放到大局中去思考、定位。大局意识是形成和强化集体观念和身份意识的关键元素。只有从党的建设和党的事业发展大局的高度出发认识和解决问题，才能志同道合，心才能往一处想，劲才能往一处使，话才能说到一起，全党才能释放出无比强大的战斗力、凝聚力和创造力。党员领导干部的党性、政德强不强，突出地表现在思考、决策、处理问题能否从大局出发，考虑全面和长远，顾全大局，服从大局，对待问题做出快速反应和正确的决策，使整体的利益最大化。

要树立正确的政绩观。对于工作一定要重视规律性、系统性、前瞻性的思考，重视想大事、谋全局。平时我们讲高瞻远瞩，就是站在全局的高度去观察和处理问题，立足现在又放眼未来。应当善于把局部问题放在整体中加以思考，善于把当前问题放在过程中加以思考，分析问题、处理问题做到“不畏浮云遮望眼”；牢牢把握工作中的重点，统筹兼顾，整合工作资源，把自己的一言一行同上级的要求、大政方针联系起来，带头模范执行上级的重大战略决策。凡是利于全局的事情就一定要千方百计办好、凡是损害大局的事情就坚决不办，不能急功近利、鼠目寸光。坚决摒弃那些单纯追求个人政绩，放弃原则，不听招呼，不顾全局，做出损害集体利益的行为。全局搞好了，从根本上说有利于局部，全局利益是最高利益。当全局利益与局部利益不可兼得时，要以局部服从全局，不应计局部一时一地之得失。

党员领导干部要着眼于大局，着眼于长远，眼界要开阔，胸襟要宽阔，用统揽全局的眼光来谋划工作，把问题放在大局、全局中去分析、比较和判断；应视事业重如山，多考虑做事，少考虑做官，看个人得失淡如水；只有任劳任怨地做好工作的义务，而无向组织讨价还价的权利。如果摆不正个人和组织的关系、个人与大局的关系，太计较个人或局部的得失，就会得不偿失；个人的想法一旦实现不了，就对组织不满，怨天尤人，就会影响前途。各司其职是要忠诚履职，不是各自为政。顾全大局这一鲜明政治要求，对于统一思想，凝聚力量，做好各项工作，具有重要意义。

重提“居安思危”

增强忧患意识，做到居安思危，防止出现“战略性、颠覆性”错误，是我们党从历史兴替中得出的一条重要经验，也是治党治国必须始终坚持的一个重大原则。习近平同志在党的十九大报告中指出：“党的同志一定要登高望远、居安思危，勇于变革、勇于创新，永不僵化、永不停滞，团结带领全国各族人民决胜全面建成小康社会，奋力夺取新时代中国特色社会主义伟大胜利。”

安与危、胜与败、福与祸，都不是截然分开、一成不变的，在一定条件下都可以相互转化。“平流”中隐藏着险礁，胜利中潜伏着危机。今天的“平流”常常是从昨天的“险流”转化来的，但如果把握不当，志得意满，骄傲放纵，眼前的“平流”就会稍纵即逝，重新走向它的反面。《左传·襄公十一年》：“《书》曰：‘居安思危’，思则有备，有备无患。”倘若只看到“平流”的风平浪静，却觉察不到浪花下面还潜伏着旋涡逆流，结果水流湍急、滩多石险都闯过来了，却在小溪里翻了船。

贞观十五年，唐太宗问臣子守天下难易？魏征说甚难。太宗曰：“任贤能，受谏诤，即可，何谓为难？”魏征回答说：“观自古帝王，在于忧危之间，则任贤受谏。及至安乐，必怀宽怠，言事者惟令兢惧，日陵月替，以至危亡。圣人所以居安思危，正为此也。安而能惧，岂不为难？”魏征劝诫唐太宗要有忧患意识，安而不忘危。唐太宗听取魏征的劝诫，执政期间尚能居安思危，善始敬终。唐太宗有言：“天下稍安，尤须兢慎；若便骄逸，必至丧败。”

当错事、坏事还处于萌芽状态时，比较容易将它改正；危害不严重时，容易找到补救措施。如果认为自己的小节可以不拘，小的过失不在乎，不防微杜渐，不是“有过则改之，未萌则戒之”，日久积深，那就萌生和积累了犯错误的因素，势将酿成大患，再躲也来不及了，后悔也来不及了。

毛泽东同志讲“进京赶考”时提到李自成农民军。370多年前的甲申年间，历经艰难困苦才建立的大顺农民政权，仅仅40多天就灰飞烟灭。为什么李自成农民军亡得这么快？——起义军推翻了明王朝，崇祯帝在北京煤山自尽，经得起枪林弹雨考验的李自成，在巨大的成功面前，没有看到内忧外患，迅速滋长了骄傲自满、盲目乐观、麻痹轻敌、不思进取的思想和作风，犯了导致失败的严重错误。“其兴也勃焉，其亡也忽焉。”他没走出胜即骄傲、胜即变质、盲目喜悦的怪圈。

豪华尽出成功后，逸乐安知与祸双。胜利使起义军的许多将士忘乎所以，缺乏忧患意识，产生了骄傲自满的情绪，滋长了贪图享乐的思想，很快变得骄奢淫逸、腐化堕落起来。军中官兵从上到下花天酒地，尽情享乐。大堆的金银珠宝使他们眼花缭乱，革命精神迅速丧失。在40多天里，几十万大军驻屯京城，杀烧抢掠，追赃变成了分赃，掠夺民财，强占民女，往昔严明的军纪荡然无存。

不忘初心、牢记使命，抵制和战胜诱惑，远离腐败。自觉地坚定党性原则，勇于直面问题；须防微杜渐，从身边小事做起，严格约束自己的思想和行为，对现有职务、待遇要知足，对个人能力、贡献要知不足，抛弃心中的奢欲和贪念，及时防止和纠正小的过失，不让小错误在自己身上种下祸根，并能注意接受别人的提示和批评。领导干部要保持与群众密切联系，了解人民的疾苦和向往，要有“治大国如烹小鲜”的态度，夙夜在公，勤勉工作。

“当前，我国正处于一个大有可为的历史机遇期，发展形势总的是好的，但前进道路不可能一帆风顺，越是取得成绩的时候，越是要有如履薄冰的谨慎，越是要有居安思危的忧患，绝不能犯战略性、颠覆性错误。面对波谲云诡的国际形势、复杂敏感的周边环境、艰巨繁重的改革发展稳定任务，我们既要有防范风险的先手，也要有应对和化解风险挑战的高招；既要打好防范和抵御风险的有准备之战，也要打好化险为夷、转危为机的战略主动战。”在2018年1月5日学习贯彻党的十九大精神研讨班开班式上，习近平同志深入阐述了增强忧患意识，体现高远的战略视野，为全党同志上了居安思危的重要一课。习近平总书记强调：“功成名就时做到居安思危、保持创业初期那种励精图治的精神状态不容易，执掌政权后做到节俭内敛、敬终如始不容易，承平时期严以治吏、防腐戒奢不容易，重大变革关头顺乎潮流、顺应民心不容易。我们党要始终成为时代先锋、民族脊梁，始终成为马克思主义执政党，自身必须始终过硬。”这“四个不容易”彰显了深沉的忧患意识，提醒全党对居安思危必须保持清醒的认知。

我们要继续进行具有许多新的历史特点的伟大斗争，准备战胜一切艰难险阻，披荆斩棘，砥砺前行，中华民族伟大复兴绝不是轻轻松松、敲锣打鼓就能实现的。前进的道路绝不是一马平川，我们还会遇到“欲渡黄河雪满山”“将登太行雪满山”的风险挑战。我们必须增强忧患意识，绝不能犯战略性、颠覆性错误，充分做好防范和化解各种重大风险的各项准备。

共产党人的先进性、领导干部的职位都不是一劳永逸、一成不变的，过去先进不等于现在先进，现在先进不等于永远先进。现实生活中，如果身处精神懈怠、能力不足、脱离群众、消极腐败等危险之中却浑然不觉，如果不兢慎，目中无人，官升脾气长，对自己的生活情趣、个人爱好恣情放纵，即使在“平流无石处”，也会跌跤、沉沦的。真可谓“成名穷苦日，败事得志时”。正如《尚书》中所言：“骄淫矜侉，将由恶终。”——骄横、淫逸、自大、自伐的人，将会招来坏的后果。在复杂的执政环境下，影响党的先进性、弱化党的纯洁性的各种因素客观存在，而且具有很强的危险性和破坏性。

站在新的历史起点上，我国的发展既面临大有作为的历史机遇期，也面临不少风险和挑战。我们应以《泾溪》诗的深刻内涵作为警示，增强忧患意识，不忘居安思危，常怀律己之心，常除非分之念，时刻谨言慎行，走好人生之路，经受住执政考验，永远砥砺奋进，不负人民重托，不辱历史使命。

答好“担当”这道题

中华民族的传统文化中，很看重担当精神。明朝学者陈继儒《小窗幽记》有言：看一个人主要从四个方面着眼：“大事难事看担当，逆境顺境看襟度，临喜临怒看涵养，群行群止看识见。”四个标准中，第一个就是看担当。诸葛亮六出祁山，七擒孟获，草船借箭，火烧曹营，“鞠躬尽瘁，死而后已”；范仲淹不避艰险、不怕诬谤、敢说真话、犯颜直谏、大胆改革，“先天下之忧而忧，后天下之乐而乐”；林则徐虎门壮举毁毒烟，韩范勋名意志坚，“苟利国家生死以，岂因祸福避趋之”，“关山万里残宵梦，犹闻江东战鼓声”；孙中山总是愈挫愈奋，不屈不挠，再接再厉，勇往直前，以浩气赴事功，置死生于度外……这些都生动诠释了中华民族敢于责任担当的内在禀赋。

今天，我们比任何时期都更接近中华民族伟大复兴的目标，我们仍处于关键的重要战略机遇期。党员干部要始终保持“等不起、坐不住、慢不得”的紧迫感，心中有责，勇于担当，为官有为，一级带着一级干，一级做给一级看，以担当带动担当，以作为促进作为，走在时代的前列。

为官避事平生耻。精神懈怠，“做一天和尚敲一天钟”，甚至连“钟”也懒得敲，遇事推诿，不愿担责任，不敢担责任，就不是合格党员，就不配当干部。《阅微草堂笔记》载，有个官员做官三年，大约没做过坏事，但无绩可求，纯属混混一个。一天，他要阎王爷赏他来生还去做官。阎王爷讥笑道：不贪不占，就能算是好官吗？假若不搜刮民财就为好官，那么，塑一个木偶放在官府，连井水也不喝，岂不更好，还求什么来世再去为官？

许多官吏为保乌纱，八方奉迎，左右逢源，逃避责任，不求有功，但求无过，甘做“官混混”。宋朝大臣王珪，当政16年，有“三旨相公”之称，除了“取圣旨”“领圣旨”“得圣旨”之外，竟然没有自己的见解，一无事做。《宋史》称王珪“自执政至宰相，凡十六年，无所建明”。这类人因当官而发财，为发财而当官，成了专吃俸禄而无益于世的蠹虫。

看一个领导干部是否优秀，很重要的是看有没有勇于担当的精神。周恩来曾说：“干部要有革命热情和担当精神，敢于正视困难、努力解决问题。”担当大小，体现着干部的胸怀、勇气、格调，有多大担当才能干多大事业。习近平同志概括了好干部的标准：“好干部要做到信念坚定、为民服务、勤政务实、敢于担当、清正廉洁。”五条标准，其中一条就是敢于担当。习近平同志说：“敢于担当，党的干部必须坚持原则、认真负责，面对大是大非敢于亮剑，面对矛盾敢于迎难而上，面对危机敢于挺身而出，面对失误敢于承担责任，面对歪风邪气敢于坚决斗争。”①

1988年，习近平同志赴福建宁德任地委书记，建立“信访接待下基层、现场办公下基层、调查研究下基层、宣传党的方针政

① 习近平：《习近平谈治国理政》，外文出版社2014年版，第413页。

策下基层”的工作制度。在宁德第一个下访接待日上，他带领当地干部一件一件解决老百姓的问题，并总结道：“我们工作目的是为人民服务，不仅要对上面负责，而且要对群众负责，为人民做主。”深厚的为民情结，强烈的担当意识，为领导干部作出了示范。

习近平同志指出，看一个领导干部，很重要的是看有没有责任感，有没有担当精神。“面临改革大潮，我们要做改革的弄潮儿，要有强烈的历史担当精神。革命战争时代冲锋陷阵、英勇献身，现在，就是要勇于改革、善于改革。”[①] “担当就是责任，好干部必须有责任重于泰山的意识，坚持党的原则第一、党的事业第一、人民利益第一，敢于旗帜鲜明，敢于较真碰硬，对工作任劳任怨、尽心竭力、善始善终、善作善成。”[②] 习近平总书记饱含深情、朴素而深刻的讲话，句句重千钧。

担当是领导干部职责所系，使命所然。为政本色在担当。“要拎着乌纱帽干事，不要捂着乌纱帽做官”，不做世故的“老好人”、优雅的“绅士”、装睡的“稻草人”、避事的“太平官”。源于正义的事业、崇高的信念和凛然的正气的担当精神，蕴含于心，外化于行。“大石拦路，弱者视为前进的障碍，勇者视为前进的阶梯。”大凡做大事、创大业者，都是勇于担当者。他们都是忧患意识、使命意识和责任意识强烈的人，敢为天下先、敢于坚持真理、敢担风险、敢作敢为的人。一事当前，对工作、事业、任务、困难，敢于负责，勇于担当，这是使命所在，是强烈事业感的表现。能够担当责任的人，才能被担当更多的使命，承接更多的事业。能否在大事难事面前敢于勇挑重担、敢于负责，在急事危事面前挺身而出、冲锋在前，在名利面前不计得失，对

①《习近平勉励广东继续当改革排头兵》，载新华网 2014 年 3 月 6 日。

② 习近平：《习近平谈治国理政》，外文出版社 2014 年版，第 416 页。

领导干部是一种严峻考验，检验着思想素质、道德品质、党性信仰的强弱。

大力选拔敢于负责、勇于担当、善于作为、实绩突出的干部，鲜明树立重实干重实绩的用人导向。让敢于担当的干部有底气。客观、公正、辩证地看待担当者的责任，主动为他们解除后顾之忧，为他们保驾护航、撑腰鼓劲。让敢于担当的干部有位置。有为才有位，有德有才还要有担当，有多大的担当就给多大的平台和责任。不断深化干部人事制度改革，在准确把握德才兼备、以德为先的前提下，把敢于担当作为选人用人的重要导向贯穿于干部选拔任用工作的始终。对个性鲜明、坚持原则、敢抓敢管、不怕得罪人的干部，符合条件的要大胆使用。坚持优者上、庸者下、劣者汰，为敢于担当的干部造氛围。强化考核，使政治坚定、奋发有为的干部得到褒奖和鼓励，使慢作为、不作为、乱作为的干部受到警醒和惩戒。健全严肃的党内生活，运用好党内政治生活的"四大法宝"，大力倡导讲原则、敢负责、勇担当的良好风气。强化制度建设，明确领导干部的工作规范和行为准则，规范领导干部能够做什么、不能做什么、应该做什么、不该做什么，用制度保障领导干部权责一致、敢于担当。

广大党员领导干部能否敢于担当、迎难而上、开拓创新，事关中华民族复兴的成败，事关党能否始终成为中国社会主义事业的坚强领导核心。勇于担当，就是要破除"干得越多、犯错误的概率越高"的思想，重点解决"为官不为"的问题，常怀忧党之心，恪尽兴党之责，以"避事"为耻，破除畏难苟安的思想，杜绝"为官不作为"的行为，以敢负责、敢担当为荣，拿出"明知山有虎，偏向虎山行"的勇气，保持"不可夺志"的气概、昂扬奋进的锐气、澎湃不息的激情，面对歪风邪气敢于斗争，面对大是大非敢于亮剑，面对矛盾敢于迎难而上，敢于拍板，忠诚履责。

第一要务：知人善任

“为政之要，唯在得人”，此言很重要。还应加上一句：“得人之后，唯在用人。”许多为政者为了招揽人才、用好人才，倾注了不少心血。韩非认为，只是尽自我能力，是最差的领导者；会利用他人的力量，为中等水平的领导者；能使部下的才干完全发挥出来，是最好的领导者。刘邦总结他取得天下的原因时，说有“三不如”。这说明卓越的领导者不一定要什么都比人强，但他必须具备过人的用人本领。

习近平同志在中央党校 2011 年秋季学期开学典礼上的讲话中指出：“中国历史上凡是有作为的政治家都非常重视人才问题。他们深深懂得‘为政之道，任人为先’的道理，在选人用人方面留下了很多可取的思想和经验，诸如知人善任、选贤任能，才兼文武、德才兼备，敬贤敬能、礼贤下士，访求俊彦、唯贤是举，人尽其才、才尽其用，避其所短、用其所长，勤于教养、百年树人等。还有孟子说的‘故天将降大任于斯人也，必先苦其心志，劳其筋骨，饿其体肤，空乏其身，行拂乱其所为，所以动心忍性，增益其所不能’；韩非子说的‘宰相必起于州部，猛将必发于卒伍’，其意是说优秀的治国理政人才，必须经过艰苦条件的磨炼，必须具有起于社会基层的实际经验，这些认识都说明了人才成长的一般规律。”①

① 本书编写组：《习近平总书记系列讲话精神学习读本》，中共中央党校出版社 2013 年版，第 189 页。

坚持实事求是地用准一个干部，会对干部队伍起到积极的引导、示范和激励作用；用错一个干部，会挫伤干部群众的积极性，甚至败坏党的风气。如果坚持实事求是的干部能得到信任、提拔和重用，拉关系、找路子、跑官、要官、吹牛拍马的干部不吃香、不得逞，就能促进干部队伍形成实事求是之风。

用人要把德放在首位。应有惜才之心，识才之眼，“不实在于轻发，固陋在于离贤。”——得不到实效是由于轻举妄动，孤陋寡闻是由于疏远有才德的人。齐桓公晚年培养了自己的掘墓人。袁绍以自己好恶用人，一败涂地。秦桧提拔唯我是从之人，这些都是例子。

洪秀全大胆起用了李秀成、陈玉成等一批年轻有为的将领，太平天国很快出现转机。但就在这个时候，洪秀全用人出现偏差：派他的两个无能的哥哥去“协助”李秀成和陈玉成管理事务，结果把刚有起色的局面又搞得一团糟。要选择那些品德好、有能力的聪明人，而不是八面玲珑、狡猾的人，不是只与领导靠得近、缺少真才实学的人，才能够推动事业的发展。不要怕下级比自己强，敢于提携超己之才，说明你很有度量、品格高尚，是一个自信的成功的领导，只会提高你的政绩和威信，何乐而不为呢。

领导干部用人时，要有识人的慧眼，有容人的胸怀，具备宽容之德、兼容之量、包容之心，才能摒弃私心，任人唯贤。选人用人要坚持从党的事业出发，注重品行、崇尚实干、群众公认。品德高尚的人，会用自己的才干为人民做更多的事；品德低下的人，会用自己的才能谋取私利，损害他人。德好才不好，成不了大业；才好德不好，干不成好事。

司马光的《资治通鉴》中有句名言：“才者，德之资也；德者，才之帅也。”司马光总结，耳聪目明、坚强刚毅称为才；品行正直、公道平和叫作德。才是德之资，德为才之帅。他又将人才分为四类：德才兼备曰圣人；无德无才曰愚人；德胜于才曰君子；才胜于德曰小人。要让那些品德高尚、敢于承担责任、能力出色、实绩突出、不搞投机钻营的老实人受到尊重，得到重用。无论怎么说，用人的第一标准是品德，要以德为先，铸牢理想信念、锤炼坚强党性，在大是大非面前旗帜鲜明，在风浪考验面前无所畏惧，在各种诱惑面前立场坚定。当然，第一并不是一切，以德为先不是唯品德论。如果选拔了有德而无才的人，不用人家的长处，对事业有害无益。德与才，德是基础，才是条件；德是核心，才是关键；德靠才来彰显，才靠德来统帅。德是才的灵魂，决定着一个人的发展方向和成败得失。有德无才办不成事，有才无德办坏事，无德之人如若走上领导岗位，必将贻害党的事业，破坏党的形象。缺乏政治立场、思想品质、道德观念、工作作风、工作态度、自律意识、纪律观念等品德，容易迷失在摇摆不定、攫取私利、勾心斗角、尔虞我诈之中。

德才兼备、以德为先的用人标准，是吸纳英才、担当使命、成就伟业的重要保障，也是我们提高执政能力、夙夜在公、为民谋福的重要基础。一些领导干部出问题出在品德上，无论玩忽职守还是以权谋私，都与德的缺失相关。必须按照中央要求，改进干部考核的方式方法，注重对干部思想政治素质包括道德品质的考察，不能只重才而轻德。综合运用日常考核、年度考核以及巡视、审计、信访等情况，对干部底数清、情况明，客观研判一个干部各个时段的表现和各个层面的反映，防止考察失真、"带病提拔"、"带病上岗"现象。

种种用人失误，有的是不按规则、程序，刚愎自用只凭一己之见去选拔贤能，忽视政治品德、思想作风；有的是疑忌正直、老实之人而被假象所迷惑，偏信拨弄是非、过河拆桥的进谗言者之言；有的是对人才求全责备，舍长责短，导致人不能尽其才，才不能尽其用，喜欢的事不能做，不喜欢的事强求做，结果成事不足，败事有余。用人不能受老部下、老同事、老乡亲、三亲六故等因素的影响，更不能以人划线、拉帮结派、任人唯亲、搞小圈子。要力避有恩必报、有仇必报或者恩仇都报的江湖义气，这是党性原则所不允许的。

有些领导者喜欢用庸愚而听话的人，认为这些人好驾驭，视超过自己才能的卓越人才为威胁，“珠玉在侧，觉我形秽”，宁愿舍弃良才，而重用比自己差的平庸之人。采取手段冷落、排挤人才，这不会抬高自己，反而会让人感到你是在嫉妒人，小家子气，而且目光短浅。是金子到哪儿都会发光，是真正的人才早晚会脱颖而出，谁也压不住。有政治智慧的领导者对有才华、有建树的人才是喜而不是忧，是扶而不是压，是求而不是弃。

选人用人应当先“问德”，让德成为“硬杠杠”。要把德考实考准，真正选拔道德高尚、政治坚定、原则性强、清正廉洁的干部。要重视关心老实人、正派人、不巴结领导的人，防止任人唯亲、唯近。要鼓励厚道者，鞭策平庸者，教育“跟风”者，约束钻营者，惩处腐败者，提高识人用人水平，让那些品德低下、能力平庸、不干实事、不敢负责、群众信不过的人，没有市场、没有位置、没有地位，真正让能干事者有机会、干成事者有舞台。

在选人用人时，要看党员、干部台上怎么讲，看台下怎么做；要看人前怎么做，还要看人后怎么做，绝不能让搞两面派、做两面人的人得利。要严肃查处那些把法律和纪律挂在嘴上，背后却官商勾结、利益输送、权钱交易的人。严肃政治纪律，对搞有令不行、有禁不止、阳奉阴违的党员、干部，必须予以党纪政纪处分。

要推动“两个”责任落实，除追究直接责任人的责任外，还对负有主体责任、监督责任的领导进行责任追究，使责任追究成为新常态。要强化立行立改，扎紧制度建设笼子，针对干部监督管理和查办案件中发现的问题，从完善制度入手，建章立制，堵塞漏洞，跟踪督促其反思“致病”根源。要强化警示震慑，促进干部作风转变，通过会议通报、媒体曝光等方式，曝光反面问题，着重用身边事警示教育身边人，预防干部铸成大错。

人才要脱颖而出和充分发挥作用，离不开必要的条件和环境。比尔·盖茨说：“对我来说，大部分快乐一直来自我能聘请到有才华的人，与之一道工作。”有尊重人才、重视人才的意识，才能够耐心听取他人的意见，为他人提供好的发展空间。要公平即平等地看待每一位下属，给他们各自均等的发展机会，营造平等的工作氛围。

人才不是孤立的，只能在群体中发挥作用。用人不仅表现在人才的数量上，还在人才的合理搭配上，用最合适的人做合适的事，使他们优势互补，相互启发，形成一个有机的整体，以达到人才群体的最佳效能。

毛泽东是一位伟大的思想家，朱德是一位出色的军事家。毛泽东长于制定宏观的战略，而朱德则精于战术行动。在战争年代，两人互相取长补短，无往而不胜。毛泽东善于抓大事、做重大决策，周恩来则是处理实际事物的能手。对此有人评价说，毛泽东是个舵手，高瞻远瞩，掌握方向；周恩来是个划桨人，能够让船快速地前进。三位伟人配合得完美无缺，是最佳搭档。

从某种程度上说，蒋介石也注意用人，他的身边集中了一大批文臣武将，但才能参差不齐，有许多没有真实才能、只会溜须拍马的人混迹其中。这与蒋介石“忠诚第一、才德次之”的用人原则有很大关系。在使用军事将领上，蒋介石经常犯大材小用或小材大用的致命错误。刘峙是蒋介石的得意门生，为人狭隘，作战呆板。蒋介石依然委托他担任各种要职，以致吃了败仗。蒋介石对其他真正有才华、富于正义感的骁勇将领却大材小用，或者不用，甚至削职、打击报复以至处死，最后闹得兵败如山倒。蒋介石是亲属观念很重的人，他的亲属都享有高官厚禄。他对于亲属贪污受贿更是睁一只眼闭一只眼，最多不过是一番呵斥、痛骂了事。

领导干部用人时，要有识人的慧眼，有容人的胸怀。只有具备宽容之德、包容之心，才能摒弃私心。“用人才不用奴才”，是美国 IBM 公司的总裁小沃森用人的特点。小沃森在回忆录中写道:“我总是毫不犹豫地提拔我不喜欢的人。那种讨人喜欢的助手，喜欢与你一道外出钓鱼的好友，则是管理中的陷阱。相反，我总是寻找精明能干、爱挑毛病、语言尖刻、几乎令人生厌的人，他们能对你推心置腹。如果你能把这些人安排在你周围工作，耐心听取他们的意见，那么，你能取得的成就将是无限的。”

何载同志曾任中组部秘书长，曾到河北正定考察习近平同志的工作情况。他回忆说，习近平同志打动我的，首先是他在正定县实施的人才战略，是他大念“人才经”，大力推动人才建设。用他自己的话说，福建念“山海经”，青海念“草木经”，我们正定可以念“人才经”。人才战略的具体内容可以概括为：以内用、外招、上请、下挖、近补、远育等多种形式，打开人才开发工作的新局面。他先后调整 220 个基层领导班子，提拔了 570 名优秀青年充实基层领导岗位；还把 160 名专家学者型干部充实到县里各级班子，很多有专长的干部在他任职期间得到了提拔。作为县委书记，他为了招揽人才，采取了很多特殊办法，其中有些办法在全国范围内都是少有的、很少能做到的。比如，他在县里设立了招贤馆、人才楼、人才技术开发公司，用专门机构来管理人才，给人才提供强大的硬件支持。

习近平同志大胆使用了很多当时社会上有非议或不认可的人才，这是难能可贵的。比如，有些家庭成分高的、地主富农成分的人才，还有很多社会关系复杂的、以前犯过错误没人敢用的人才，他看准了就大胆使用。即使是那些犯过错误的人，只要改正了，他就给人家机会，给他们发挥作用的空间。事实证明，这些不同背景的人才表现都不错，后来都不同程度地为正定发展做出了贡献。

人才是当今社会的第一资源。要破除不利于人才成长、人才流动、人才使用的思想观念和体制性障碍，为人才成长创造良好条件和环境。坚持用好的作风选人，选作风好的人。公道正派，在用人中容得下比自己才能高的人，才有成功的希望。武大郎开店那样的做法，容不下部下才能比自己高，是浅薄和虚荣心理的反映，缺少大局意识的表现，其结果必然使本单位人员的素质越来越低，贻误事业的发展。用人要看业绩，不看背景，不嫉贤妒能；看公论，不看关系，不搞亲疏远近。坚持用事业聚才育才，不拘一格选拔人才，使各类人才创业有机会、干事有舞台、发展有空间，交出让人民满意的新时代答卷。

成功重在用贤能

重才用贤，知人善任，是取得事业成功的第一要务。能用人者，可以无敌于天下。司马光有言："为治之要，莫先于用人。"陈云说过："政治路线确立了，要由人来具体地贯彻执行。由什么样的人来执行，结果不一样。"自己聪明不算聪明，能辨别人才之高下，并能用一流人才才算真聪明，才是一切才能中最大的才能。做到爱贤重才，"星星堆里捧月亮"，就要知人善任。

夏朝的最后一任君主桀荒淫残暴，民怨沸腾。商部落的首领成汤精心治理商国，任用能人，求贤若渴。伊尹自幼聪明勤奋，有出众的才能，有远大的抱负。商汤发现他是个治国安邦人才，拜为右相。伊尹辅佐商汤起兵伐桀灭夏，建立商朝，立下了丰功伟绩，是我国历史上唯一的一位奴隶出身的宰相。

春秋时期，霸主们留给后世的重要启示在于革新政治，而革新政治又同重用贤能密切相关。齐桓公重用了管仲，实现了春秋霸主梦，以至孔子称道他“正而不谲”，孟子讴歌他“五霸桓公为盛”。可以说，没有管仲，就没有齐桓公的“九合诸侯”。同样，没有秦穆公慧眼识人、选才之德，重用百里奚为相国，就没有秦穆公的称霸西戎。没有齐威王重用贤人，轻视财宝，就不会在春秋时代一度称霸。

郑国是个小国，却在北晋南楚的夹缝里安然生存了几十年，这与相国子产治国才能有很大的关系。子产的才能在于他能够选用有才能的人，如冯简子、子大叔、公孙挥、裨谌等人各有一方面的才能。子产相信他们，重用他们，使他们有职有权，共同治理国家。

子产上台后的第一件大事，就是将城池赠送给郑大夫伯石。从这里看得出子产有着非凡的气度与睿智，子产笼络大族，不仅加固了自己不稳的根基，而且还为以后的改革和稳定国内局势奠定了基础。

子产抓住伯石的重利益和爱面子，以利诱之，使其忠心做事。一次，他派伯石独自出国时，和蔼地说：“有功即可受禄。事成之后，你就搬西城那幢富丽堂皇的房子去住吧！”伯石出色地完成任务后，就住进那座大房子里。子产又和郑王商量赐给他一座城邑，伯石乐不可支，但又作势交回耕地。子产就故意收回。过了几天，又重新发布命令赏赐给他。如此这般三次，伯石才接受。

周昙的《百里奚》云：“裁量何异刀将尺，只系用之能不能。”以裁量衣服的好与坏，比喻国家兴亡的关键在于能不能用人。虞国国君不懂得百里奚的价值，有谋而不用。晋国将百里奚打入奴婢之群。倘若不是秦穆公有眼力，重用人才，百里奚或许老死也只是个牧马人。

《史记》中有孔子的评论："秦，国虽小，其志大；处虽辟，行中正。"孟子曾用"虞不用百里奚而亡，秦穆公用之而霸"的故事来论证"不举贤则亡"的铁则。后来史学家有"里奚致霸"之说。"世上岂无千里马？人中难得九方皋。"（黄庭坚）——世上难道没有千里马吗？能够发现千里马的人太难得了。任用贤士，是历代的准则。

能否识人是关键。胸有百万雄兵的韩信，先是见弃于项羽，后又不被刘邦重用，幸被独具慧眼的萧何发现，再三推荐，陈说利害，刘邦终于答应起用韩信为大将（三军统帅）。韩信用"明修栈道、暗度陈仓"的计谋，轻取关中；后来指挥许多大战，都取得了胜利，协助刘邦开创了汉朝基业。司马光云："汉之所以得天下者，大抵皆信之功也。"这充分表明了良将贤臣的重要作用和巨大价值。

与项羽相比，刘邦有三个突出的长处：一是善结人心；二是举贤任能；三是虚心纳谏。刘邦慧眼重用萧何、韩信、张良，还作了精彩的总结："……夫运筹于帷帐之中，决胜于千里之外，吾不如子房。镇国家，抚百姓，给馈饷，不绝粮道，吾不如萧何。连百万之军，战必胜，攻必取，吾不如韩信。此三者，皆人杰也，吾能用之，此吾所以取天下也。"（《史记·高祖本纪》）由此观之，知人善任对于提升其领导力有着至关重要的作用。

刘邦善于从敌人营垒中争夺人才，像谋臣陈平、猛将韩信，对于出身卑微但才能超众的人也破格使用：当过吹鼓手的周勃，做过屠夫的樊哙，布贩出身的灌婴，穷书生郦食其，车老板娄敬，草寇彭越、英布，这些人都立下了赫赫战功。天下人都说刘邦善于用人，懂得为君之道，善于用自己的长项去对付项羽的短项，用智慧战胜了武力，开创了“布衣将相之局”。

刘邦去世后，萧何辅佐太子刘盈登上帝位。萧何临终前，不计前嫌，又向汉惠帝举荐了平时对自己有成见的曹参接替相位，彰显了他一心为国、宽宏大度的一代名相的风度，其名声流传于后世，可以与周朝的闳夭、散宜生等大功臣媲美了。司马迁在《史记·萧相国世家》中称赞萧何：“位冠群臣，声施后世。”

能否做到求贤若渴、知人善任，关系到领导的效能高低，关系到事业的成败。“用一贤人则贤人毕至，用一小人则小人齐趋”。用人要公道正派，容得下比自己才能高的人，让人才有施展本领的舞台、有干事创业的氛围，才有成功的希望。用人要看业绩，不看背景，不嫉妒能；看公论，不看关系，不搞亲疏远近。对于人才，看重的是他的品德和才干，是金子就该让它发光，是人才就该才尽其用，让能干事者有机会、干成事者有舞台。切莫让老实人吃亏，鼓励厚道者，鞭策平庸者，教育“跟风”者，约束钻营者，惩处腐败者。

狄仁杰是唐高宗、武则天时期的诤臣、贤相。公元675年，治理地方政绩卓著的狄仁杰被提升为大理寺丞，负责折狱断罪，“周岁断滞狱17000人，无冤诉者”。武则天听说狄仁杰办事公平、执法严明，知其人可用，信赖有加，提拔他为宰相。武则天对他说：“你在河南颇有政绩，可是有人在我面前谗毁你，你想知道是谁吗？”狄仁杰回答：“陛下认为臣在豫州所作所为是错误的，请陛下指出，臣加以改正。如果陛下认为臣无过，臣之幸也。至于谁在背后说臣不是，臣并不想知道。”武则天听罢，赞叹他有长者风范，因而更加赏识他。

狄仁杰敢于犯颜直谏，但刚愎自用的武则天也基本上言听计从。狄仁杰能成就一番事业，也反映出武则天的慧眼识珠、知人善用。狄仁杰利用武则天对他的信任，举荐了大批人才，如桓彦范、敬晖、姚元之、张柬之等。武则天对狄仁杰十分尊重，称呼他为“国老”，而不叫他的名字。狄仁杰见她时，她叫他不要下拜：“看见你下拜，我的腰感到痛。”武则天对狄仁杰的信赖和礼遇，使得狄仁杰充分发挥出了自己的才干，成为“功盖一时、人不及知”的历史名臣。史籍中记载了许多狄仁杰清正爱民的故事，千百年来人们传颂着他的事迹。

政权的兴亡与人才有着密切的内在联系。从政者必须崇尚、尊重、任用贤能的人。“我劝天公重抖擞，不拘一格降人才。”（清代龚自珍）——我劝老天爷重新振作起来，不要拘泥于一定的规格，把人才降临到人间。领导干部一定要坚持德才兼备、以德为先的干部标准，把政治上靠得住、工作上有本事、作风上过得硬、人民群众信得过的干部选拔上来。

用人应当从大处着眼，不求完美。一些能为社会立功的人，因才气纵逸，难入俗格，有其明显缺点，但不应求全责备。“才干越高的人，其缺点也往往越显著；有高峰必有深谷。”（意大利彼特拉克）世间没有完美无缺的人，即使是人才也难免有些毛病，只要无伤大雅，何必苛求完美、过分计较呢？

1952 年 7 月，48 岁的邓小平被任命为政务院常务副总理。毛泽东在八大召开之前的最后一次中央全会上，推举邓小平担任新设立的中央总书记。邓小平说：对总书记这一职务，我有六个字，一不行，二不顺。当然，革命工作决定了也没有办法，我自己是诚惶诚恐的。我还是比较安于担任秘书长这个职务。毛泽东说：他愿意当中国的秘书长，不愿意当外国的总书记，实际上外国的总书记就是中国的秘书长。他说不顺，我今天给他宣传几句。接着，毛泽东评价他：“比较公道，比较有才干”，“会办事，比较周到”，

"比较顾全大局，比较厚道。"①

1956年9月召开的八届一中全会上，邓小平当选为中共中央政治局常委、总书记。1957年毛泽东访苏时，曾对赫鲁晓夫说："看见那个小个子了吗？他才智过人，前途远大。"邓小平担任总书记的十年间，为社会主义制度的建立和社会主义建设的展开，为探索适合中国情况的建设社会主义的道路，为总结经验、纠正失误、调整政策、克服主要因"左"的错误而出现的三年经济困难，担负起繁重的任务，提出了许多正确主张，进行了卓有成效的工作。

人总是各有长短，都有最适合自己的岗位。领导者要根据不同之短采取相应的对策。用人应该容人之短。容人之短和用人之长是一个问题的两个方面，要真正做到用人之长，就必须容人之短。有些人特长明显又很能干事，其缺点也很突出：有的不拘小节，有的恃才自傲，有的不明世故。宁可用有明显缺点的人才，也不用无明显缺点的庸才。林肯说："没有突出缺点的人，也就没有突出的优点。"善于运用人之优点，不苛求其缺点，从而使人才成为事业的顶梁柱，这不仅显示了领导者的善良和宽宏，同时也是一种高明的领导智慧。

党的十八大以来，习近平同志提出坚持德才兼备、以德为先的用人标准，并对好干部的标准作出了科学的概括：信念坚定、为民服务、勤政务实、敢于担当、清正廉洁。坚持德才兼备、以德为先的用人标准，抓住了新时代我国干部队伍建设的关键，为我们正确培养和选拔干部提供了根本遵循。习近平同志在党的十九大报告中指出："党的干部是党和国家事业的中坚力量。要坚持党管干部原则，坚持德才兼备、以德为先，坚持五湖四海、

①《毛泽东评点当今人物》，红旗出版社1998年版，第905页。

任人唯贤，坚持事业为上、公道正派，把好干部标准落到实处。”①习近平同志在参加十三届全国人大一次会议重庆代表团审议时强调领导干部要讲政德，并深刻阐明了讲政德的重要内涵和实践途径。用人以德为先，不仅是领导者施政之要，也是检验领导者水平高低的重要标志。

求贤若渴，以德为先，就要以广阔的视野、开阔的胸襟去寻觅、延揽人才。“表扬了溜须拍马的，提拔了指鹿为马的，冷落了当牛做马的”，“现在有的地方用人提干全靠巴结领导和关系”……这些话从一个侧面反映出官吏不清明、用人有问题、“朝里有人好做官”，也是对这种状况的忧虑之心和批评之意，应予以重视。人才在基层、在一线、在生动的创新实践中。要改进和完善人才评价机制，不唯学历、不唯职称、不唯资历、不唯身份，及时有效地发现人才、开发人才，为优秀人才脱颖而出创造良好的社会环境。

关键在于落实

2018年春晚小品《提意见》有一个细节：员工请领导解决宿舍供暖问题，却在领导热情的虚与委蛇中，几个月都没有得到解决，将“脸好看、事难办”的官僚主义作风刻画得入木三分。

在一些机关，程度不同地存在着“门难进、脸难看、事难办”，或“门好进、脸好看、事不办”，任你急得“团团转”，他却一副悠然自得的样子，“研究研究”“等等看”。互相推诿慢作为，漫

① 习近平：《决胜全面建成小康社会 夺取新时代中国特色社会主义伟大胜利——在中国共产党第十九次全国代表大会上的报告》，人民出版社2017年版，第64页。

不经心缓作为，已然是一些人的惯用套路。有些事情没有马上就办，强调客观原因，寻找主观理由，搪塞、敷衍，结果问题在“你先听我说”中被拖延，矛盾在“确实没办法”中被放大。不办事、不执行、缓作为，半点生命力都没有。此种境况之下，应力倡“马上就办”的工作理念，督促机关人员做好本职工作，提高办事效率。

电视剧《亮剑》里，李云龙同赵刚商量搞一个特别小队，挑选会武功的战士。赵刚说:“那好，这事你尽快去办！”李云龙说:“不用尽快，我马上就去办。”高效的执行力是干事成事的关键所在，是提升战斗力、焕发生命力的必要条件。

一分部署，九分落实。制定出一个好文件，只是万里长征走完了第一步，关键还在于落实文件。习近平同志多次强调“问题意识”，既包括看到问题，更要求解决问题。群众推崇实干家，认干不认说。评判该领导干部作风的最高标准，就是要看有没有解决实际问题，有没有给群众带来实惠。习近平同志说过，不管你做多少工作，变多少花样，群众不满意，一切工作都是白做。我们所做的工作着眼点、落脚点都在群众。要看真正解决了多少实际问题，解决实际问题到什么程度。可以说，不解决问题，就是最大的形式主义，只会导致矛盾在推诿中升级，问题在拖延中爆发。

为政之要，贵在落实；落实之要，贵在执行。在 2017 年 12 月 25 日至 26 日召开的中共中央政治局民主生活会上，习近平同志提出：抓落实，是党的政治路线、思想路线、群众路线的根本要求，也是衡量领导干部党性和政绩观的重要标志。要有真抓的实劲、敢抓的狠劲、善抓的巧劲、常抓的韧劲，抓铁有痕、踏石留印抓落实。

一代人有一代人的使命，工作切莫慢半拍。西点军校二十二条校规中，极重要的一条就是“立即行动”。如果平时萎靡不振、互相推诿，对上级的要求部署马虎凑合，对群众的诉求推三阻四，就会导致机遇在敷衍中错失。“马上就办”体现的是共产党人始终具有的对于国家、民族和人民的强烈历史使命感和责任感，始终具有的求真务实、高度认真的科学态度和勇于担当，充分体现了“不忘初心、继续前进”的精神动力。

1990年春天，习近平同志从福建宁德调任福州市委书记，他一上任就以雷厉风行的举措释放强烈信号；第二年年初，他向全市提出了“马上就办”、狠抓落实的要求，并身体力行。力倡马上就办，来自于对群众高度负责的感情。1992年，习近平同志指出，“马上就办”加上“真抓实干”，我们就能切实转变作风，把工作落到实处，开创新局面。他还说，事情定了就办，办就办好，决不允许拖拖拉拉，半途而废。作为党员干部，要时刻牢记宗旨意识，充满激情、怀着热情、饱含真情为基层、为群众办好事、办实事，不断将“心中有民”付诸行动。马上就办，应担起责任办，要实办、快办、办好，不马虎应付，不是盲办、乱办。为官要为民做主，须有强烈的责任担当，在其位就要谋其政，破除“懒政”“怠政”思维，践行“马上就办”的工作作风，今日事今日毕，对群众的要求迎难而上、尽心尽力、履职尽责。

新时代是奋斗者的时代，需要体现高效执行力。每一名党员、干部，都要在“执行力”上下大气力。当前，我们正处在滚石上山、爬坡过坎的关键时期，党员干部要发挥以上率下的“头雁效应”，不断强化“一日无为、三日难安”的紧迫感，撸起袖子加油干，事事马上办。要主动介入、主动服务，努力做到中央和各级党委的决策部署到哪里，督促检查就跟踪到哪里。提前谋划、提前准备，努力做到党委重要会议闭幕之际、上级文件下发之日、领导批示到达之时，就是督查工作的开始。想领导所想、急领导所急，紧贴党委领导决策意图开展工作，努力使督查工作与党委决策步调一致、同频共振，努力作为，确保政令畅通，决策落地生根，落实到位。

时代出考卷，人民来阅评。一个时代有一个时代的问题，每一个党员、干部，都必须以高度的责任感，处理好每一件“小事”。可见，小事并不代表事小，有时小事关联大事、关系全局。要严谨地、一丝不苟地用处理大事的态度来办好每一件小事。心有余而力不足，大多是因为平时处理小事不够精心。应当做到越是不急的事情，越是抓紧时间办，早办完早静心、早见成效，早办完早解脱出来。要严格要求自己努力做到：信息不在我手里梗塞，文件不在我手里积压，事情不在我手里拖延，工作不在我手里耽误。在日常工作中，对人对事，都不能马虎，做事也必须精准恰当，否则就会让领导、同事、群众心生疑问，工作无法正常展开，更无法精益求精。许多事实证明，有时候1%的细节错误，会导致100%的失败。将大的工程分解，细化、细分到微小的环节，每一个环节都处理得准确无误，就能积小胜为大胜，赢得成功。

正气方立天地间

为人，做事，做官，需要正气，需要正义感，需要原则性，需要当好解决问题的“主攻手”。缺少正气的人，就如同骨头缺少钙质，迟早要患软骨病，成为软骨头。一个人如有谄媚之色，就丢掉了朗朗人格，就不能称其为大写的人。不要有高高在上的傲气和霸气，摒弃官气、匪气、江湖气等不良习气，应有顽强不屈的傲骨和铁骨，坚持真理，维护正义，无私无畏地巍然立于天地之间。

屈原的名字穿过2000多年的时空，至今仍熠熠闪光，令人景仰。世界各国人民，差不多都知道中国有屈原这么一个正直为人、忧国忧民的伟大诗人。毛泽东说，屈原“不仅是古代天才的歌手，而且是一名伟大的爱国者：无私无畏，勇敢高尚”。感慨于斯，本书作者诗曰：

高阳苗裔求索身，贞节高洁铸国魂。
辅佐怀王修法度，善识君佞抗强秦。
谗夫嫉恨郑妃侮，张仪离间楚子昏。
仰慕灵均昭日月，每思投浪泪沾巾。

刘秀是个好皇帝，具有君子之风，对贪赃枉法行为决不宽容，对皇亲国戚严加约束。都城洛阳县令董宣，是一位严行法纪、刚正不阿的清官。他认为皇亲国戚犯法，也该同样治罪。否则，怎么能治理好京师呢？

《后汉书·酷吏传·董宣传》记载了“强项令”的故事。有一次，刘秀的姐姐湖阳公主的奴仆，仗着权势，行凶杀了人，逃匿在公主的宫中，搜捕的官差不敢进去搜查。董宣当然也知道不好到湖阳公主家里抓人，便派人天天在她家门口守着。有一天湖阳公主带着奴仆出来了，董宣得到这个消息，立即带人上去把她的仆人逮了起来，当面责备公主不该放纵奴仆杀人，并叫衙役把那个奴仆拖下来，立即将他正法。

湖阳公主急得跑到皇帝面前大哭大闹。刘秀听了一面之词，十分恼怒，传唤董宣，准备用乱棍打死他。董宣昂首挺胸，说：“靠着陛下的圣明，汉朝才得到中兴。现在却放纵奴仆，在光天化日之下杀人，如何向天下昭示法律的尊严呢？不用皇上处置，我自己死吧。”一边说，一边向房柱猛撞，血流满面，摔倒在地上。

刘秀猛然醒悟，认为忠臣不能杀，但是得给自己姐姐个面子，于是要董宣给公主磕个头，认个错。董宣宁死不磕头求饶。刘秀就叫人按着他的脑袋，但董宣两手撑着地，挺直脖子，就是不低头。

刘秀挥着手说："强项令！"（意为刚强不肯低头的县令）。随即命令董宣退了下去，赏给董宣 30 万钱，奖励他执法严明。董宣自己分文未受，分给了手下官吏。

由于董宣一身正气，无所畏惧，那个狗仗人势的豪门家奴才得以制裁，正义得到了伸张；由于刘秀醒悟、撑腰，才弘扬了董宣的浩然正气，首都洛阳的皇亲国戚，无不震栗。

唐高宗仪凤年间（676—679），狄仁杰任大理寺丞，他刚正廉明，一年中判决了大量的积压案件，涉及 17 万人。676 年，武卫大将军权善才误砍昭陵柏树，唐高宗大怒，命令将其杀死，受理此案的狄仁杰执奏，称罪不当死。高宗指诉狄仁杰断罪不当，"令即诛之"。狄仁杰仍不退让，引经据典，入情入理地启发高宗尊重法律："今陛下以昭陵一株柏杀一将军，千载之后，谓陛下为何主？此臣不敢奉旨杀善才，陷陛下于不道"，终于迫使唐高宗改变了主意，赦免权善才死罪，转而赞扬狄仁杰道："卿能守法，朕有法官！"

过了几天，高宗破格提拔狄仁杰为侍御史，负责审讯案件，弹劾百官。五丁扶造化，一柱定乾坤。出任侍御史后，狄仁杰更是以匡正持法为己任，对一些巧媚逢迎、恃宠恪权的权臣进行弹劾。

时左司郎中王本立恃宠用事，群臣畏之。狄仁杰抓住他犯法的事实，当庭弹劾他的罪过，请求交付法司审讯。宠信他的高宗却下旨特赦，免他无罪。狄仁杰以身护法，"国家虽乏英才岂少本立之辈！陛下何惜罪人而亏王法？必欲曲赦本立，请弃臣于无人之境，为忠贞将来之诫！"高宗只好将王本立交付法司，依法论处。朝廷肃然。

浩然正气，蕴含着传统文化和高尚的道德，展示出迷人的魅力与夺目的光辉。宁做毁弃之黄钟，不做雷鸣之瓦罐。文天祥英勇抗敌，被俘后，元世祖忽必烈亲自劝降，许以中枢宰相的职位。

文天祥不为所动，拒不投降，宁愿在阴暗潮湿的地牢里生活，饱受凌辱折磨，始终不屈，大义凛然，一腔忠烈。他用热血书写的《正气歌》及《过零丁洋》所表现出的不屈的气节，描述的精神力量，仍然流淌在中华儿女的血液里，刻进了中华民族的文化基因中，至今激励着后人。后人赞扬他："殉国亡身，舍生取义。气吞寰宇，诚撼天地。"

浩然正气，是指刚直不阿、锐意进取、刚健向上的正义之气，是光明磊落、公正无私、廉洁奉公的作风。浩然正气，是为了人民的利益不怕牺牲、勇于献身的精神境界，是一种顶天立地的人格和节操。据《中国共产党人的故事》（中国方正出版社 2017 年 9 月出版）记载，杨匏安（1896—1931），是中国共产党最早的党员，理论家之一。

1927 年，蒋介石发动反革命政变，南京政府将杨匏安列入"秘字第一号令"通缉的"共产党首要"名单。7 月 15 日，汪精卫把持下的国民党中央宣布"分共""清党"。杨匏安被免职，开除国民党党籍并受到武汉政府通缉。杨匏安不畏惧白色恐怖，他以中央监察委员会委员身份出席中共中央召开的紧急会议，即八七会议，受命协助广东党组织接应南昌起义部队南下，并在国民党部队中开展统一战线工作。正当杨匏安冒着危险为革命事业四处奔波之时，"左"倾盲动主义在党内取得了支配地位。在"左"倾错误思想影响下的中央临时政治局扩大会议上，毛泽东、周恩来、杨匏安等被指责为"机会主义"。杨匏安受到留党察看的严厉处分，还被撤销了中共中央监察委员会委员的职务。

在这种情况下，杨匏安对共产主义和共产党的信念依旧坚定不移，没有怨言也没有消沉，奉命到国外完成了党交给他的任务，于 1929 年回国来到上海，参与党报、党刊的编辑出版工作。

1930 年，杨匏安担任中共中央农民运动委员会农民部副部长。

他身患肺癌，家庭人口又多，日子过得极为艰难，七个孩子中有两个因无钱治病而夭折。但他深知党正处在危难中经费紧张，从不向党组织叫苦、伸手，总是自己想办法克服困难。此时，杨匏安白天在党报秘密机关当编辑，晚上写作译书赚稿费补贴家用。他编译成的20万字的《西洋史要》，是国内第一部用唯物主义观点写成的西洋史著作。那时出版革命书籍发行困难，稿费很低，杨匏安还要经常帮家人推磨做米糍，让老母和孩子清晨上街叫卖，以此换点钱维持全家的生活。鉴于杨匏安在国民党内的影响，蒋介石先后派淞沪警备司令熊式辉、国民党中央监察委员吴稚晖和广东香山籍的国民党政府委员吴铁城面见杨匏安，劝他自首，脱离共产党投向国民党。面对这些熟人、同乡的劝降，杨匏安坚决地说："我从参加革命开始，早就把生死置之度外。死可以，变节不行！""杀了一个杨匏安，杀不尽千千万万个杨匏安。"

劝降进行到最后一幕时，蒋介石亲自把电话打到狱中要杨匏安接，他却将话筒摔到墙上。蒋介石恼羞成怒，下令就地处决。1931年8月，杨匏安被枪杀于上海龙华。就义前，杨匏安作一首五律诗《示难友》：

慷慨登车去，相期一节全。
残生无可恋，大敌正当前。
知止穷张俭，迟行笑褚渊。
从兹分手别，对视莫潸然。

共产党人保持浩然正气，是党性的综合体现，是共产党人优秀品质的集中概括，是永葆党的先进性的必然要求。党员干部保持浩然正气，不是一劳永逸的，只有保持和发扬浩然正气，才能保持党的先进性和纯洁性，才能具有坚持真理、实事求是的无畏精神和革命气概，才能改善党群干群关系。

有了浩然正气，就可转化为无所畏惧的力量，体现在实际行动中，使人立于天地之间。党员干部保持正气，是在实践中生成、在奋斗中赢得、在发展中保持的。党员干部要保持和发扬正气，以好的党风政风带动社会风气的好转。习近平同志在《之江新语》中引用了顾炎武的话，“百官，当以激浊扬清为第一要义”，并指出兴国安邦正百官，稳社固稷泽百姓，就必须惩恶扬善，扶正祛邪，弘扬正气。文官不爱钱，武官不惜命，国家才有希望，社稷才能稳固。我们要学习习近平同志一身正气、刚直不阿的品格。他以抓铁有痕、踏石留印的作风推行“八项规定”，反对“四风”。他对于丑恶现象，从来不留情面，出重拳，用重典，强调“老虎”“苍蝇”一起打，不管涉及谁，都要一查到底。

正直为人，伸张正义，公道正派，是党员干部的“硬盾牌”，是构建政德体系的一个支撑点，是衡量官员政德的重要尺度，是体现权力本质的政治要求，是治国理政的基本原则，是防止权力滥用和异化的根本保证。主持、伸张正义，具体体现在领导干部的政德上首先是正直，并能把它内化为道德自觉，在关键时刻、危险关头，以强烈的正义感，挺身而出，坚持真理，同错误行为做不妥协的斗争，义无反顾地维护国家和人民的利益，不向权势低头，不做墙头草随风倒。

这种浩然正气靠培植、培养，是在内心积累起来所产生的，不是由外入内而取得的。这种“浩然之气”就形式来看，是“至大至刚”，就内容来看，是一种品格高洁、精神雄健的人格美。通过养气提升精神境界，战胜非分之想，克服卑微和渺小，就可以立于天地之间而无所愧怍，因而无所畏惧，“至大至刚”，身上没有任何奴性和卑鄙的东西，不媚权贵、不通流弊，坚守志节决不改变……

他是同事眼中的“活字典”，23 年坚守在执纪审查一线，主办大案要案 200 余起，点子多办法活；他是群众眼里的“铁包公”，组织查处侵害群众利益问题300余起，为群众挽回直接经济损失5000余万元。他，就是江苏省泗洪县纪委副书记、县监委副主任纪洪奎。

2017年9月，纪洪奎被中央纪委等授予“全国纪检监察系统先进工作者”荣誉称号，成为当时江苏省唯一获此殊荣的个人。面对嘉奖和荣誉，他却谦虚地说：“我只是一个普通人，没有惊天动地的业绩，只是凭着做人的责任和良知，坚守在自己的工作岗位上。”2017年，泗洪县纪委开展专项行动，整肃非法采砂领域存在的涉黑涉恶“保护伞”问题。纪洪奎带领同事对县水利系统7名干部进行纪律审查，在审查过程中，他敏锐地注意到“吃点拿点不算事”等思想在县水利系统较为普遍。

为了让更多的党员干部把自己摆进去，从典型违纪违法案件中吸取教训，纪洪奎带领同事编印了受处分党员干部忏悔录和警示教育片，并组织召开专题警示教育大会、旁听庭审活动。一系列活动对县水利系统党员干部产生巨大触动，10余名党员干部主动向组织说明违纪问题。

弘扬正气，主持正义，就必须做一个树正气，扶正气，保护一身正气、坚持真理的人。如果政德严重缺失的人不受谴责和追究，反而稳坐官位、得到利益，就会带来负面作用，歪风邪气就会蔓延，党员干部、人民群众遵守道德的动机就会减少，就可能出现道德淡漠甚至道德退化。

各级领导要带头讲正气，关心、爱护、保护坚持真理讲正气而敢于得罪人的人，让主持正义、无私无畏的人吃香，不让他们遭受挫折、屈辱和暗算，让政德丧失、搞歪风邪气的人受谴责、“吃不开”，让违法违纪者受到应有的查处。

气节作为立场原则之本，是道德的本质要求，为真理和正义的鼓与呼，即使身处逆境也坚定不移，生死关头不苟且偷生，淫威之下不卑躬屈膝，诱惑面前不低头弯腰，带兵打仗能披坚执锐，说理评说能震撼人心。英国阿狄生说：“世上没有比正义更伟大更神圣的美德。”莎士比亚说：“世上没有比正直更丰富更宝贵的财产。”共产党人的浩然正气有如一种坚强的防御机制，能帮助我们抵御各种歪风邪气的侵蚀。有了这种浩然正气，才能排除世俗的纷扰，才能见淤泥污秽而不染，视不义之财而不贪；说话才有底气，干事才有勇气，碰硬才有锐气，才能增添人格魅力，产生凝聚力和号召力；才能做到不畏强权，不怕压力，不虑“乌纱”，不顾安危。要敢于和歪风作斗争，在邪气面前要敢于碰硬，执行铁的纪律，做到是非清楚、赏罚分明。

坚持公正的赏罚观

陈寿在《三国志·蜀志·诸葛亮传》中，赞扬诸葛亮为官公正廉明、赏罚分明和在赏罚上的远见卓识。对时世有用的人，即使是仇人也奖赏；违犯法令、怠慢国家的人，就是亲人也要严惩。认罪后肯改悔的人，从轻处理；死不认错还狡辩的人，重罚。善没有成绩不赏，恶没有坏果不贬。奖小善方能养大善，惩小恶方能灭大恶。如果认为小善不屑一顾，则无异于欲栋材而弃苗木；如果认为小恶不必除，则无异于欲去毒而养蛇蝎。

诸葛亮不因情废法，执法不忘情，在执法中能喻之于理，动之以情。诸葛亮北伐，对李严治其失职之罪，由蜀中二号人物的高位拉下，却关照他的生活，其子仍留在丞相府任中郎参军之职，并致书鼓励他努力上进，劝诫其父改过自新，争取再用。对此，李严父子十分感激。

包拯（999—1062），曾任天长县知县，人称“黑包公”，意指他严肃峭刻，执法如山，敢唱“黑脸”。黑脸，即铁面无私，主持正义，公平合理。包拯在京在朝期间，流传着民谣：“关节不到，有阎罗包老。”大意是，穷苦小民打官司，不用钱去通关节，自有阎罗王包大人为你做主。“阎罗王”是佛教说的地狱之神，铁面无私。

一次，包拯遵照皇帝圣旨，到陈州查处奸商“趁灾打劫”案件。一些奸商趁久旱无雨，颗粒无收，囤积粮食，投机倒卖，敲诈勒索。奸商中最猖狂者庞玉，是皇上的二国舅。包拯立马前去，大声吆喝：“备轿！上路！”没出大堂，庞玉的父亲庞太师迎面走来，双手作揖：“包大人远行，老朽前来送别。”说罢，给包拯塞过一个礼盒。包拯打开一看，是两只玲珑剔透的玉马。他不动声色，退回礼盒说：“请太师放心，包某人当奖则奖，当罚则罚，绝不会徇私情！”包拯没有动摇，他一到陈州，查个水落石出，严惩了庞玉。陈州的百姓纷纷奔走相告：“包青天连国舅也敢铡，真是铁面无私啊！”

历史上许多成功的领导者，手中的威武之剑和慈悲之玉，总是被紧紧地握在一起。明朝初年，抗倭名将戚继光从浙江只身被调到蓟门一带任总兵官，以抵御蒙古的侵扰。他看到这里的军队纪律松懈，士卒过于冥顽，如果骤然用军法约束他们，恐怕会适得其反。他马上上书请求从浙江一带派来一支纪律严明的部队。朝廷给他派来了三千名“戚家军”老兵。戚继光命令他们在野外列队，正赶上下大雨，雨水打在这些老兵脸上，淋得睁不开眼，浑身上下也都湿透了，可没有一个人去擦脸上的雨水，这一举动使那些纪律不甚严明的士兵受到震动。

既然是惩罚，那就是无情的。作为领导者，在使用这一手段时，应做到合情合理。所谓合情——惩处方式不能过于偏激，施威不宜把话说过头，言辞不可生硬，莫把事情做绝，要留余地，能为对方心里所接受。特别是在大庭广众之下，话说得过头，则骑虎难下，不好收场。应留下感情补偿的余地，有一点人情味，使对方既不能翻脸，又不敢轻视，也不耿耿于怀。所谓合理——惩处要有理有据，符合有关纪律、制度的精神，分寸适度，使被惩处者心服口服，无话可说。

心理学家发现，在对别人进行肯定或否定、奖励或惩罚时，并不是一味地施行肯定和奖励最能给人好感，也不是一味地施行否定和惩罚最能给人恶感。事实是，先否定后肯定，能给人最大的好感，而相反，先肯定后否定则给人的感觉最不好。先唱黑脸，后给甜枣，这两个动作，体现了管理方法的两个要件。惩罚、批评、教育与奖励、安慰、表扬，同时并用，一抑一扬，相得益彰。如果只抚慰不惩罚、只激励没约束，也是不行的。

为了树立领导者的权威，培养一支过硬的队伍，必须具有大家遵循的行为准则。当一个组织的行为准则的底线被突破的时候，必须给予恰当的惩罚。对违反规章制度的人，该罚多少即罚多少，来不得半点仁慈和宽厚。在运用这种先黑脸、后白脸的方法的时候，顺序不能变。如果先扮白脸，对犯了过错的下属述说一番两个人的交情，再换上一副黑面孔，就容易被人看作是鳄鱼的眼泪，产生逆反心理。

《中国党政干部论坛》刊登《习近平的领导风格及特点》一文记载，柔中带刚、以柔克刚，是习近平同志行事风格的重要特征。一方面，他作风硬朗，刚正不阿，颇具铁腕风格；另一方面，他有情有义、情真意切，性情率真、真诚坦然。在反腐倡廉、惩贪肃纪、消除丑恶现象、整治干部作风等问题上，习近平从来都是铁面无私、毫不留情。当年任宁德地委书记时，他曾大力清查干部违规私建住宅，果断处理一批违纪干部。每到一处工作，他都会告诫亲朋好友“不能在我工作的地方从事任何商业活动，不能打我的旗号办任何事，否则别怪我六亲不认”。他反复强调“打铁还需自身硬”，并以抓铁有痕、踏石留印的作风推行“八项规定”“六项禁令”，反对“四风”。面对干部作风上的问题，他从来都是直言不讳，“唱黑脸”“撂重话”，用他的话来说，“拍桌子是必要的，拍桌子比不拍桌子好。不拍不足以震慑，不拍不足以引起重视”。

惩罚的目的是为了教育人，帮助人。因此，一定要从关心爱护的愿望出发，开诚心，布公道，坚持与人为善，力戒盛气凌人。齐景公问晏子，贤君是怎样治国的？晏子说了两句话：“不因喜以加赏，不因怒以加罚。”（《晏子春秋·问上》）——不要自己高兴时就乱加赏赐，也不要自己生气时就随便处罚人。有功则赏，有过必罚，功过要分明。决不能因为某人过去工作有特殊贡献或立过功，就对他所犯的错误姑息迁就，以功抵过。不能因为一个人有了错误，而一笔抹煞他过去的成绩，或对他犯错误后所做的成绩不予承认，不予奖励。

强化对领导干部考核，促进赏罚落实到位。2018年1月10日，《人民日报》刊登的《干部不干事　真会摊上事》一文，报道了长春市委组织部创立新的考核机制，重在一个“实”字，考的都是干部的“必修课”。如果说过去是“一把尺子量到底”，现在则是“几驾马车牵着跑”，好干部会在这个过程中脱颖而出。通过创新完善政绩考核机制，实行季度跟踪考核，真正把干部们“愿为”的觉悟境界提升上来、“善为”的实际本领增强起来、“有为”的内生动力激发出来、“不为”的懈怠思想矫正过来。

长春市委组织部根据考核及时调整干部。能者上，庸者下。2017年，根据季度考核、年度考核结果，长春已先后组织调整干部17批次，涉及346人，其中提拔170人，调整81人，免职95人。以季度考核结果为依据，建立与各班子成员约谈机制，帮助他们查找不足、分析原因。2016年全年，因工作不力、状态不佳、作风不实，被部长约谈的干部就有49人次。每次约谈都在区县干部中引起震动，特别是被约谈的干部普遍感到“压力山大”，确实“上了不少火”，经历了“吃不香、睡不着”的反思与彻悟，激发出“咬紧牙关、搏他一回”的干劲。

赏罚，要掌握一定尺度，不能颠倒，也不能滥用。弄清情况，赏罚严明，就可以达到惩恶扬善的目的，端正风气。这里有一则故事：有一个名叫西弗森的美国老妇人，2010年的某一天在家整理房间时，发现一本旧书。细看里面的书签，让她大吃一惊，原来这是县图书馆的藏书，是去世多年的丈夫1936年借的，已逾期74年。老妇人觉得自己应当为丈夫的失误承担责任，自觉归还这本书。

图书馆接受了这本逾期未还的书，要求西弗森妇人缴纳2701美元的罚金。老妇人有备而来，如数缴纳了罚金。图书管理员又宣布了决定：鉴于西弗森为人诚实，主动归还这本逾期达74年的书，图书馆领导层决定奖励她2701美元。对此，图书馆负责人作了解释：罚款是执行法律，谁也没有权力改变和不执行法律规定，谁也不能逃避法律的惩处。而奖励是对善行的表彰，奖励善行是各个团体和个人的权利；也只有充分奖励善行，社会才会有更多的善行。

有一天，美国IBM公司董事长沃森带着一个国家的王储参观工厂，走到厂门口时，被两名警卫拦住：“对不起，先生，您不能进去，我们IBM的厂区胸牌是浅蓝色的，行政大楼工作人员的胸牌是粉红色的，你们佩戴的粉红色胸牌是不能进入厂区的。”董事长助理彼特对警卫叫道：“这是IBM的董事长沃森，难道你不认识吗？现在我们陪重要客人参观，请放行吧！”警卫说：“我们当然认识沃森董事长，但公司要求我们只认胸牌不认人，所以必须按照规定办事。”沃森看到这样尽责的警卫非常高兴，非但没有责怪，而且给予表扬，并安排助理赶快更换了胸牌。

善于发现别人身上积极的闪光的亮点，并适时表达出来，予以称赞，不吝惜赞美，以此可开发人才，和谐人际关系。有位成功的领导说：“现在许多人习惯于骂人和警告人，如果能反过来称赞他，反而能使对方有信心，发挥潜能。”美国作家马克·吐温曾幽默地说：“靠一句美好的赞扬我足能活上两个月。”当下属圆满完成了一项任务的时候，心里期待着领导的赞美。因此，领导者不可忽略这一点，应及时予以赞扬。赞美或肯定对方时，要看着对方的眼睛以表达你的真诚。不要东张西望，给人以言不由衷、虚情假意的感觉。要养成在第一时间给人以肯定的习惯。

法令的生命就在于公正，赏罚是一定要适当的。首先，赏罚要据实，其依据就是实际的功过。其次，要公平，不分贵贱恩仇。对下属态度过分严厉，处罚过重，则对方可能畏而不敬，易折易损，“破罐破摔”。正如老子所言：“民不畏死，奈何以死惧之？”——民都不怕死了，拿死来恐吓他们，是徒劳的，只会适得其反。

赏罚并重必须坚持严字当头，而且必须适度，防止过头和不及。过头为过度，不足为失度。赏罚做到恰到好处，才是高水平。平时对下属要求过于严格、苛刻，也收不到预期效果。下属犯了错误而惩罚过严，打击面过大，会带来负面影响。

领导者在管理上宽严得体非常重要，要建立起威信，才能让下属谨慎做事。对于那些犯了条规的，就应该举起“钟馗剑”，狠狠砍下，绝不姑息。平时还应以温和、商讨的方式引导部属自动自发地做事。当部属犯错误的时候，则要立刻给予严厉的纠正，并进一步地积极引导他走向正确的路子，绝不可敷衍了事。一个上司如果太照顾人情世故，对部属纵容过度，工作的秩序就无法维持，也培养不出好人才。

奖励是对一个人才贡献的实实在在的肯定，可以激发人的荣誉感，培养人的上进心。有贡献就得奖励，奖励要奖励得合适。确实是工作做得好，贡献大的，要多奖；做得一般的，一般地奖；做得差的，不奖或罚。

意志品质怎样炼成

人的意志品质，并不是先天就有的，却是人人都可以获得的，关键在于培养和锻炼。《菜根谭》有句妙语：“欲做精金美玉的人品，定从烈火中锻来；思立掀天揭地的事功，须向薄冰上履过。”——要想具备精金般赤纯美好、美玉般光彩照人的品格，必定经过烈火的锤炼；要想成就惊天动地之功业，必须时刻如履薄冰般地要求自己。只有如同烈火炼精金一样，经历炙热的考验，才能使人格高尚、初心永葆。只有如同临渊履冰一般，坚守道德的原则，才不会走向堕落、邪路，才能最终创建伟业丰功。

马克思家境富裕，23 岁拿到博士学位，25 岁娶了出身贵族家庭的燕妮，还是《莱茵报》主编。但他抛弃了优渥的生活，选择了“最能为人类福利而劳动的职业”，为工作和革命颠沛流离 40 年。在最为困难时，马克思写道，“因为外衣进了当铺，我不能再出门，因为不让赊账，我不能再吃肉”，甚至不得不借钱安葬生病去世的女儿。一位学者写道，“还没有人像他那样，写了如此多关于金钱的文字，却仍财资寥寥”。这样的人格魅力，就连当时的欧洲贵族也由衷叹服，“马克思是由能量、意志和不可动摇的坚定信念组成的那种人”。

意志品质是一个人的心理素质，是蕴藏于心、执着于信仰的力量，是保持自身的奋斗能力和战胜无所作为思想、成大事、立大业的保证。一个聪明的人，辅之以意志品质，乃是走向卓越的重要途径。一个天分不高的人，只要脚踏实地地坚持求知探索，求真实干，在困难面前不退缩，在压力面前不屈服，不为艰苦环境所左右，就能够使天堑变通途。

《史记·张仪列传》描述了张仪的故事。张仪满腹经纶，笃信"连横"之策，为此周游列国，百折不挠。一次，他在南下楚国与丞相论强国之道、游说连横之策时，被门客诬为偷了相国的玉璧，身受鞭笞之辱、驱逐之窘，回家时又为妻子所讪笑，但张仪并不后悔，且为后人留下一段幽默的对白。

其妻说："嘻！子毋读书游说，安得此辱乎？"张仪说："视吾舌头尚在否？"妻子笑着说："舌还在。"张仪曰："这就足够了！"后来，张仪凭他的口才和毅力，当上了秦国的相国。

坚强的意志、顽强的毅力，是人生中最宝贵的东西，比天资聪明更为重要。"伟大人物最明显的标志，就是他有坚强的意志，不管环境变换到何种地步，他的初衷与希望决不会有丝毫的改变……"（美国爱迪生）

没有挫折和失败的痛苦，哪来成功的欢欣？《做最好的自己》一书作者李开复有言："挫折不是惩罚而是学习的机会。"如果说成功不是永远的标签，那么挫折和失败也不是终身的注册。挫折不一定是坏事，乃是一种必要的投资。挫折一次，即增一分学识，长一分经验，是一次新的开始。故挫折愈多，经验愈多，成功也就愈大。

唐代黄檗希运《凌雪腊梅》云："不是一番寒彻骨，怎得梅花扑鼻香。"正是：冰心疏影铮铮骨，雪蕊霓裳淡淡香。笑看夭桃含惭色，羞同岸柳傍春光。

李时珍为了编著《本草纲目》，一生行医济世，救死扶伤，历经27年艰辛，走遍湖广、浙江、江西等地的崇山峻岭，涉过长江、湘江、赣江等河流。冬去春来，花开花落，年复一年，李时珍的头发变白了，腰也佝偻了，但他没有动摇。有时钱用完了，便回家行医，待积攒些路费，又出去采药。他向农民、渔人、樵夫、猎户、和尚、道士和药农求教，同时参阅了800多部医学书籍，经过3次修改，终于完成了药学巨著《本草纲目》。全书190多万字，收藏1892种药物，记录11096个药方。《本草纲目》出版之后，很快流传到全世界，被翻译成日、英、德、法、俄、拉丁文等多种文字。

拥有坚强的意志，对人的成长、成就事业起着重要作用。古希腊哲学家苏格拉底说过："逆境是磨炼人的最高学府。"法国科学家巴斯德有言："字典里最重要的三个词，就是意志、工作、等待。我将要在这三块基石上建立我成功的金字塔。"达·芬奇曾说："不经受巨大的痛苦，就得不到完美的才能。"最强的灵魂常常出于忧苦，最伟大的个性往往灼满伤痕。

做一名优秀的共产党人、卓越的领导干部，不仅在于智商较高、才能出众，更需要有坚韧不拔、刚毅奋进的意志品质。停留在此岸无须劳心费神，抵达彼岸却要翻山越岭、踏平坎坷。马克思在一封信中写道，"我至今始终确信，凡是真正坚强的人……即使遇到失败，也总是能从中汲取新的力量。"《莱茵报》被普鲁士政府查封，辗转四国却多次被驱逐，被"长期的艰苦工作以及多年贫困所造成的极坏的健康状况"折磨，但马克思也从未气馁，"在其生命的途程中每走一步都得经过战斗"。现实中，一帆风顺的工作少之又少，困难是人生的常客。一个人的持久的意志力越强，就越能义无反顾地向着既定目标前行。不可把自己的力量估计得太小，不要把环境的束缚力量估计得太大。只要抱定必胜必成、不死不休的精神，进行艰难的跋涉，以不懈努力投身伟大事业，在奋斗中实现价值、在奋斗中收获光荣，就能到达目的地。

有些人平庸，有些人失败，一个原因是心态出了问题，"我不行了，还是退缩吧。”结果失败了，心理造成压力。有的人不作为、缓作为，一有任务能躲就躲，能推就推，马虎凑合不在乎，凡事以“退却”为上策，荒废了解决困难的本领，又怎能有新业绩？打垮自己的往往不是别人而是自己，不要把一次的失败看成是人生的终审。胜固可喜，败亦欣然。胜亦不骄，败亦不馁。如果一生无失败、无挫折，未免太单调、太无趣、太乏味了。没有失败的痛苦，哪来成功的欢欣？如果说成功不是永远的标签，那么失败也不是终身的注册。失败不一定就是坏事，乃是一种必要的投资。修炼意志品质，要把人生的种种“不如意”变成个人成长成熟的“磨刀石”。

郑板桥因开仓赈济饥民而忤犯权贵，终致罢官革职。郑板桥罢官后靠卖画度日，翰墨遣兴，坚强乐观地度过晚年。《竹石》画中题诗，是他坚强意志的表白：“咬定青山不放松，立根原在破岩中；千磨万击还坚劲，任尔东西南北风。”——竹子咬定青山，把根扎在破裂的岩石中，经受种种磨难打击，仍然坚韧挺拔，任凭狂风刮来，不能把它吹倒，不能让它屈服。

一个人只有在苦难岁月、恶劣环境、复杂斗争、重大挫折中，屡仆屡起、屡败屡战、不屈不挠，才能逐渐磨炼和培养出意志品质。就像凤凰必须在烈焰中诞生一样，卓越的领导者都曾经历过残酷的身心考验。回眸历史，记载着那些在挫折和逆境中英勇不屈的英雄传奇。孙中山具有愈挫愈奋的毅力。他历经无数坎坷，屡败屡战，百折不挠，艰苦卓绝地奋斗了40余年，领导民众推翻了统治中国几千年的封建专制制度。他在总结十落十起的奋斗经历时说：“有志竟成。”

综观马克思的一生，他虽然生活动荡、饥寒交迫、贫病交加、备受迫害，却始终充满了坚不可摧的革命意志、英勇无畏的斗争精神、精益求精的学习精神、奋斗不息的崇高品格和无怨无悔的奉献精神。他为创立科学理论体系，付出了常人难以想象的艰辛，最终达到了光辉的顶点。马克思曾说："对于我从来就不让步的偏见，我仍然遵循伟大的佛罗伦萨诗人的格言：走自己的路，让人们去说吧。"习近平同志在纪念马克思诞辰200周年大会上指出，马克思的一生，是胸怀崇高理想、为人类解放不懈奋斗的一生；马克思的一生，是不畏艰难险阻、为追求真理而勇攀思想高峰的一生；马克思的一生，是为推翻旧世界、建立新世界而不息战斗的一生。

毛泽东在20世纪30年代，在党内和军内屡受排挤和打击：他被撤销了党内和军内的一切重要职务，最后只剩下一个苏维埃主席的空头衔，他在政治和军事上的所有正确建议丝毫不被采纳。毛泽东当时非常落魄，连当时发放供应物品的后勤人员也对他"狗眼看人低"：给人发供应品时，别人都有份，却唯独没有毛泽东的。用他自己的话说：当时门可罗雀，家中不仅没人上门，而且连鬼都不来，连鬼都嫌我晦气。尽管如此，毛泽东仍然坚守着自己的理想，最终成了新中国的缔造者。

毛泽东对待挫折的态度说明，挫折并不可怕，只要能正确地对待它，最终是能摆脱困难，再度奋起的；更重要的是，可以从挫折中学到许多东西，使自己变得更加坚强、更加聪明。一个经不起挫折，受不了委屈的人，永远成不了大器。我们要跟毛泽东学克制容忍以成大谋，首先要学他顾全大局，服从组织决定；坚持真理，坚韧不拔；冷静总结经验教训，韬光养晦，以待时机。实践证明，这对于一个领导者的成长和工作是非常重要的。

"面壁十年图破壁，难酬蹈海亦英雄。"周恩来为了救国救民，潜心钻研广博学问，深刻磨炼坚强的意志。可见百折不回的意志与不屈不挠的精神，是一切成功的钥匙，也是建功立业之人的特征。周恩来是一位近乎完美的伟人，高尚的人格让他赢得了世人的敬爱。周恩来的一生柔中有刚，经受了常人难以想象的磨难，却从没有被困难所吓倒，一次次在逆境中奋起，愈挫愈勇，渡过了一道一道难关。在“文化大革命”期间，他支撑危局，力挽狂澜，鞠躬尽瘁。尼克松在《领导者》一书中，称周恩来有坚韧的耐久力。

越是出色的人越会被人说。世间没有不被评论的事，也没有不被评说的人。应当感谢绊倒你的人，因为他强化了你的能力；应当感谢伤害你的人，因为他磨炼了你的心志；应当感谢轻视你的人，因为他激发了你的潜能。我们应当感谢挫折和逆境，它使你磨炼出坚强的意志，“咬”住目标不放松，走出人生低谷，将我们的生命演绎得波澜起伏、跌宕有致、日臻完美。

没有意志品质不足以维持崇高的志向，不足以彰显刚劲的操守。面对“山重水复”之关卡，唯有勇往直前，持之以恒。在《习近平谈治国理政》（第二卷）中，有这样一段精辟论述：“对那些盘根错节的复杂问题、年代久远的遗留问题、长期形成的惯性问题，要以燕子垒窝的恒劲、蚂蚁啃骨的韧劲、老牛爬坡的拼劲，坚持不懈，攻坚克难，善作善成。”

凡事在最困难之日，就是快要成功之时，如同黎明前的黑暗一样。拿破仑有句妙语：“最困难的时候，也就是我们离成功不远的时候。”越到后来越要坚持，不因穷厄而退，自强不息，至死方休，不因艰险而挫。柏拉图有句名言：“成功的唯一秘诀，在坚持到最后一分钟。”经得起挫折和失败，忍辱负重，卧薪尝胆，这是小到完成任务、大到成就事业的要诀。台湾一位名人说过：“再长的隧道也有出口，再黑的夜晚也有天亮的时候！”

“登山不以艰险而止，则必臻乎峻岭矣。”习近平同志在2013年的一次讲话中说：“彩虹往往出现在风雨之后。有句话说得好，没有比人更高的山，没有比脚更长的路。再高的山、再长的路，只要我们锲而不舍前进，就有达到目的的那一天。”走过风雨征程的岁月，方知来路的艰辛；走出失败和挫折的阴影，才知苦痛并快乐着的内涵；捧起成功的金杯，方知历练之珍贵。

每一名党员干部都要着眼于本职岗位的特殊性，从出色完成领导交付的具体任务出发、从所处的特殊工作环境出发、从自身存在的不足出发，以坚忍不拔之意志、百折不回之精神、纷扰不烦之耐性，加强自身的党性修养，做到明得知失，勤于“盘点”；勇于创新，减少“盲点”；求真务实，多出“亮点”；谨言慎行，注意“检点”。“行百里者半九十”，越是接近目标越不能松懈，必须坚忍不拔、锲而不舍地持续奋斗。作为“特殊材料制成的”的共产党人，一定能够以艰苦的磨炼，来作为自己的修身之道，在困难、挫折中锤炼意志，在艰险、患难中铸造品质，忍辱负重，勇于担当，不懈拼搏，书写自己磨炼意志的奋斗之歌，在奋斗中抵达心中的美好生活，书写无悔的奋斗人生。

后　记

岁月如流，韶华易逝，春与秋其代序。充满回忆的 2018 年挥手别兹去，蕴含希望的 2019 年来到身边。拙著《领导干部的六重修为》即将付梓了，作者百感交集、思绪翩翩。

记得我上初中一年级的时候，写过一篇《谈人生观》的稿件，叙述了一个人活着应当有理想，不能用碗筷打发生活，引用了屈原的名句“路漫漫其修远兮，吾将上下而求索”，引用了雷锋有理想、做好事的事例，向鞍山日报社投稿。一个月后，鞍山日报社给我回信了，很客气地说稿件没发表，热情鼓励我以后继续努力学习，多写稿件。信的结尾还有“此致”“敬礼”的字样。

青年时代，我喜欢读经典著作。印象特别深的是拜读《共产党宣言》，被书里阐述的真理、蕴涵的激情、优美的文笔所震撼、所倾倒。此后通读了《资本论》第一卷、《列宁选集》、《毛泽东选集》，写下了数十万字读书笔记。

故园旗帜心尤熠，华表红船意更绵。写一本宣传真理、指点江山、激扬文字且在全国有影响的书，是我青年时代的志向。在繁忙的工作之余，历经两年的灯火爬格，我于 2001 年写出了 30 万字的《党员干部修养镜鉴》书稿。该书于建党 80 周年之际面世，一些读者拿到此书爱不释手。2004年，该书经过专家们无记名投票，获第九届全国优秀党建读物奖。2018年7月，中国方正出版社郑重推出了《党员干部修养镜鉴》修订本。

这部《领导干部的六重修为》，是《党员干部修养镜鉴》的“姊妹篇”。本书立意深远，淡化说教色彩，注重以事说理，在思想性、知识性、可读性方面，下了较大功夫。该书的一大亮点，是以赤子的情怀、随笔的风格和全新的视角，叙述59个专题。该书将形象化论述与逻辑性思辨融为一体，以事说理，事理结合，用正确的思想引导人，用高尚的品格影响人，用凛然的正气鼓舞人，使各个岗位的党员干部从历史和现实的经验与教训中，深悟党性修养和政德修养，内化于心、外化于行，砺党性、讲政治、正作风，努力做德才兼备的好党员、好干部。相信这部《领导干部的六重修为》，也会像当年编著的《党员干部修养镜鉴》一样，受到广大党员干部的喜爱和欢迎。

衷心感谢浙江人民出版社社长叶国斌的亲切关怀和指导，衷心感谢编辑张柄剑、陶辰悦的热情鼓励和编审，衷心感谢社里其他领导和工作人员的努力和付出，衷心感谢老领导、老朋友多年来的真诚关心和支持。

由于水平、资料所限，书中尚有不当之处，敬请诸位同志和朋友予以教正。

于立志

2019年2月20日

图书在版编目（CIP）数据

领导干部的六重修为 / 于立志著. —杭州 : 浙江人民出版社，2019.3

ISBN 978-7-213-08980-0

Ⅰ. ①领… Ⅱ. ①于… Ⅲ. ①中国共产党-党员-党性-修养-学习参考资料 Ⅳ. ①D263.3

中国版本图书馆CIP数据核字(2018)第252355号

领导干部的六重修为

于立志 著

出版发行：浙江人民出版社（杭州市体育场路347号 邮编 310006）

市场部电话：(0571)85061682 85176516

责任编辑：张炳剑 陶辰悦

责任校对：陈 春

责任印务：陈 峰

封面设计：大漠照排

电脑制版：杭州兴邦电子印务有限公司

印 刷：杭州丰源印刷有限公司

开 本：710毫米×1000毫米 1/16 印 张：17.5

字 数：208千字 插 页：2

版 次：2019年3月第1版 印 次：2019年3月第1次印刷

书 号：ISBN 978-7-213-08980-0

定 价：48.00元